Frédérique Guéret

Fensterrosetten

Frédérique Guéret

Fenster Rosetten

aus Seidenpapier

Im Andenken an Helga Meyerbröker
für ihre frühe Pionierarbeit
Transparente Bilder und Rosetten

Inhalt

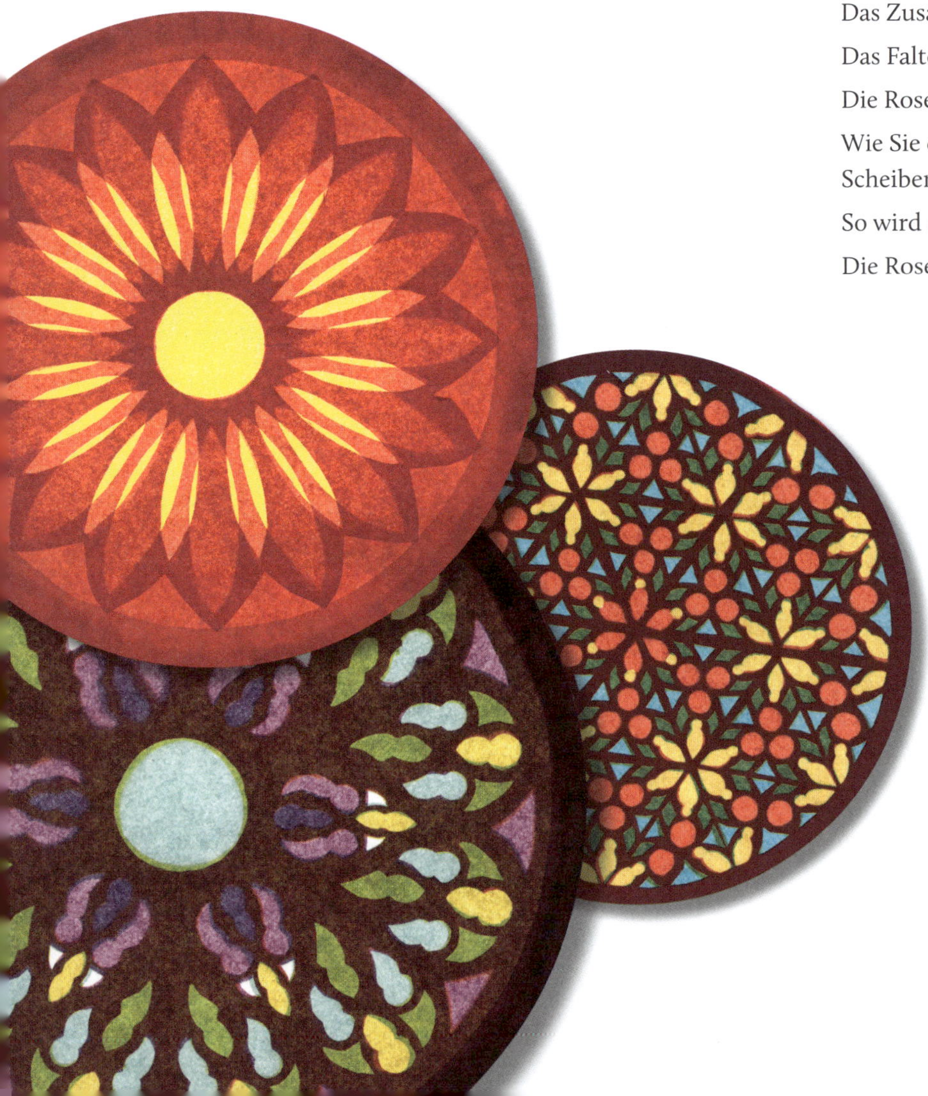

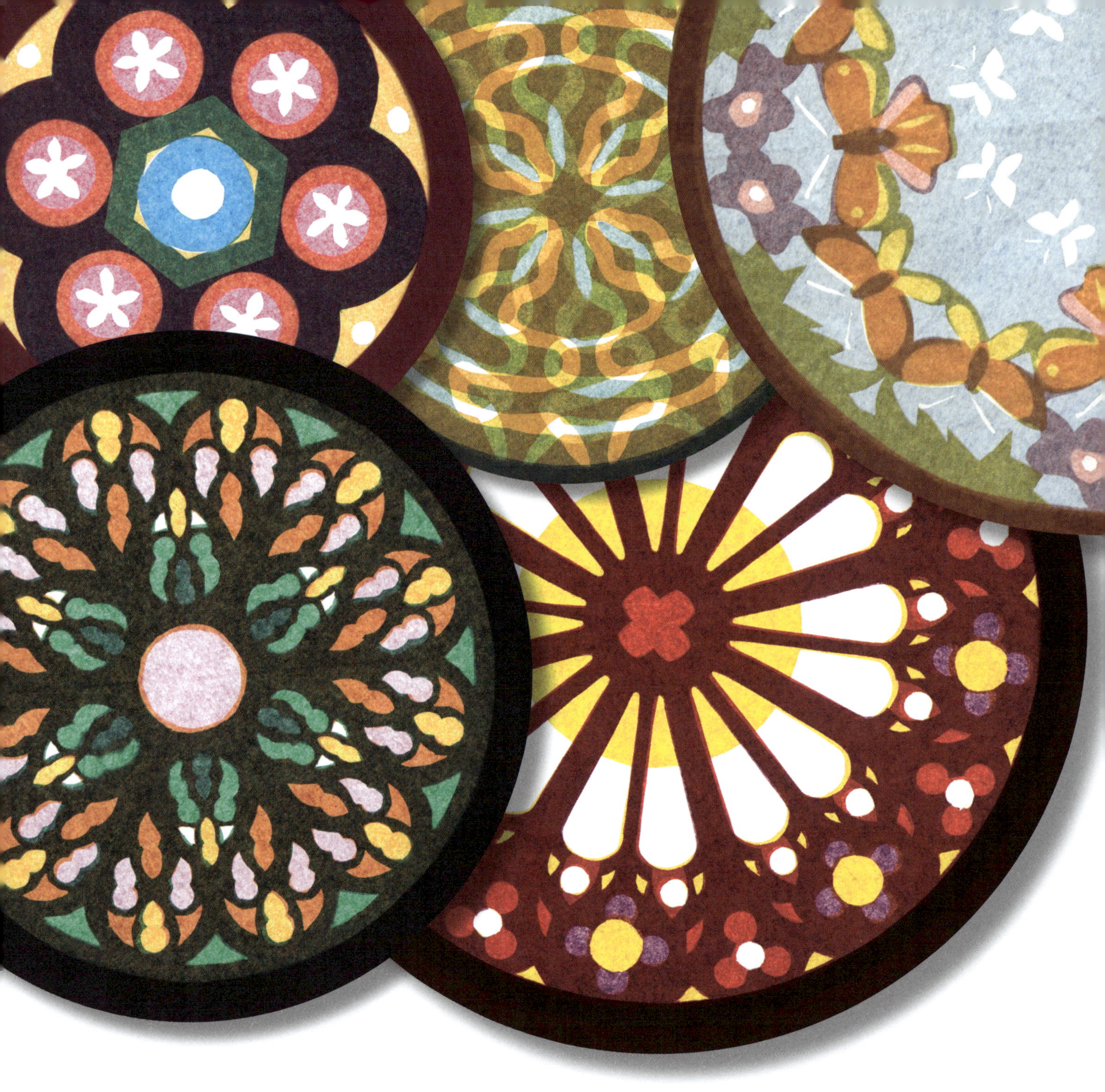

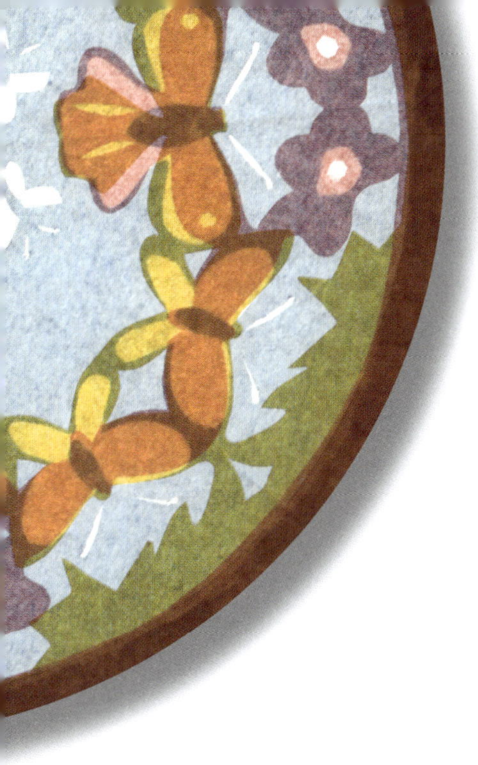

Vorwort

Das Falten mit Papier bereitet immer wieder neue freudige Überraschungen. Es gibt viele verschiedene Faltmöglichkeiten, und die Entdeckungsreise durch die vielfältigen Prozesse und Gestaltungsformen scheint endlos zu sein. Als besonders interessantes Gebiet erweisen sich zum Beispiel die berühmten Origami-Kreationen.
Da ich die lichte und farbige Transparenz besonders attraktiv finde, bevorzuge ich stets das feine, lichtdurchlässige Seidenpapier. Alle meine bisherigen, im Verlag Freies Geistesleben veröffentlichten Bücher* zeigen meine ausgiebige schöpferische und spielerische Suche nach lebendigen, strahlenden und harmonischen Formen aus Seidenpapier. Bewegte farbige Geometrie, für und durch das Licht gewebt! Stimmungsvolle Fenstertransparente für jede Jahreszeit erfüllen Herz und Seele. Und die Inspirationsquelle ist schier unerschöpflich …
Dank einer freundlichen Anfrage von Martin Lintz, Lektor im Verlag Freies Geistesleben, wurde vor anderthalb Jahren meine Aufmerksamkeit auf eine andere Arbeitsmethode gelenkt, bei der sich das Falten mit dem Ausschneiden verbindet. Die Anregung hat mich dann sofort angesprochen, und ich habe diese Methode im Nachhinein neu gegriffen und weiterentwickelt. Das Ergebnis zeigt jetzt das vorliegende Buch, das eigene Kreationen sowie Fensterrosen

* Frédérique Guéret, *Leuchtende Fenstersterne aus Seidenpapier*, Stuttgart ^{4}2022; *Zauberhafte Fenstersterne aus Seidenpapier*, Stuttgart ^{4}2023; *Funkelnde Fenstersterne aus Seidenpapier*, Stuttgart ^{2}2021; *Magische Fenstersterne aus Seidenpapier*, Stuttgart 2021.

einiger Kathedralen enthält. Der besondere Reiz dieser Technik entsteht durch die übereinandergelegten farbigen Kreisschichten, deren Motive dadurch entstehen, dass die Formen mit einer Spitzschere ausgeschnitten und entfernt werden (das Seidenpapier wird gewissermaßen «ausgehöhlt»). Mit diesen durchlichteten Schichtungen entstehen auch neue Farben und stimmungsvolle facettenreiche Effekte, die den Betrachter in Staunen versetzen.
Dieses Buch ist so aufgebaut, dass sich Rosetten aus eigener Fantasie, meistens mit jahreszeitlicher Thematik, und Fensterrosen berühmter, vorwiegend gotischer Kathedralen aus verschiedenen europäischen Ländern abwechseln. Arbeitsgrundlage für Letztere war das hochinteressante exakte Nachzeichnen der Maßwerkstrukturen dieser wundervollen Rosenfenster.
Mit den nachfolgenden praktischen Anleitungen werden sich auch Anfängerinnen und Anfänger dieser begeisternden künstlerischen Bastelarbeit leicht zurechtfinden können. Die Technik bereitet keine besonderen Schwierigkeiten. Man muss lediglich vor allem beim Ausschneiden der gezeichneten Motive für die verschiedenen Seidenpapierschichten etwas Aufmerksamkeit und Geduld aufbringen.
Am Ende des Anleitungstextes zur jeweiligen Rosette finden Sie die Farbangaben mit zwei möglichen Varianten. Tauchen Sie also in diese bunte Welt der frei gestalteten Rosetten und der streng strahlenden Fensterrosetten bekannter Kathedralen ein und pilgern Sie innerlich von Ort zu Ort durch Zeit und Raum …
Viel Freude beim Bewundern Ihrer transparenten Rosetten am Fenster!

Frédérique Guéret

Allgemeine Anleitung zum Herstellen einer Rosette

Die Seidenpapierauswahl

Für die Gestaltung der hier vorgestellten Fensterrosetten wird Seidenpapier in einer vielfältigen Farbskala benötigt. In den Papiergeschäften ist das Farbensortiment meistens leider nicht sehr reich; dagegen bieten die Versandfirmen für Künstler- und Bastelbedarf eine besonders große Auswahl von Farben an. Dabei können je nach Hersteller die Bezeichnungen der verschiedenen Abtönungen variieren. Auf S. 10 finden Sie die Internetadressen einiger Firmen mit einem schönen und reichen Sortiment an Seidenpapierfarben.
Sie können je nach Stimmung der Motive Ihre Rosette aus Seidenpapier gestalten – angefangen mit Weiß über alle wärmeren und kühleren Farbtöne bis hin zum dunklen Violett. Bei den in diesem Buch vorgestellten Gebilden werden Sie die auf S.11 wiedergegebenen Farben vorfinden.
Die Farbvorschläge der vorgestellten Rosetten sind das Resultat oft erprobter Zusammenstellungen, die zu einem möglichst harmonischen Ganzen führen sollen. Vor jedem Arbeitsbeginn ist es auf jeden Fall hilfreich, immer wieder eine «Gegenlichtprobe» zu machen, um zu prüfen, ob die Farbstimmungen miteinander harmonieren bzw. sich durch effektvolle Kontraste ergänzen. Falls eine bestimmte Seidenpapierfarbe nicht vorrätig sein sollte, können Sie es einfach mit einem ähnlichen Farbton versuchen. Selbstverständlich steht es Ihnen frei, aus eigener Initiative und Kreativität auch andere Farbstimmungen zu entwickeln.
Wichtig ist dabei jedoch – besonders bei den Fensterrosetten der

Kathedralen –, mit helleren Farbtönen anzufangen, um stufenweise in eine dunklere Steigerung zu kommen, ohne dass die Transparenz verloren geht. Bei den anderen, mehr aus der Fantasie entwickelten Rosetten, die eher mit den Stimmungen der Jahreszeiten zusammenhängen, sollte die angegebene Farbauswahl viel stärker an das eigentliche Motiv gebunden bleiben.
Lassen Sie sich überraschen, wie lebendig sich das Spiel mit den farbigen Seidenpapierschichten zeigen kann! Gerade bei ihrer Überlagerung entstehen andere Farbnuancen, am deutlichsten zwischen Blau und Gelb, die leuchtende Grüntöne hervorzaubern. Die Überdeckung verschiedener Rosa- und Blautöne ergibt besondere violette Schattierungen … An dieser traumhaften Magie der Farbstimmungen mit dem feinen Seidenpapier werden Sie gewiss Ihre rechte Freude haben!

Bei den folgenden Firmen finden Sie ein reiches Sortiment an Seidenpapierfarben:
gerstaecker.de
wendtundwendt.de
papeteries-montsegur.com

Farben

- Weiß
- Hellzitronengelb
- Zitronengelb
- Goldgelb/Maisgelb
- Hellorange
- Dunkelorange
- Zinnoberrot (Hellrot)
- Karminrot (Dunkelrot)
- Hellgrün
- Moosgrün
- Olivgrün
- Tannengrün
- Hellrosa
- Lachsrosa
- Magenta
- Helltürkis
- Himmelblau
- Türkis
- Ultramarin
- Lila
- Ultramarinviolett
- Violett
- Dunkelviolett
- Braun

Benötigtes Material und Zubehör

Schablonen und Passepartouts

- zwei Bögen (50x70 cm) aus leichtem, dünnem Tonkarton (220 g/qm) von heller Farbe (Beige)
- Zirkel und Lineal
- Bleistift
- Radiergummi
- Schere

Fensterrosetten

- reiche Auswahl an Seidenpapierbögen (50 x 70 cm) in den verschiedensten Farbnuancen (siehe links)
- kleine Schere mit kurzer und spitzer Schneide (Stickschere)
- kleine Pinzette
- Stecknadel
- flüssiger Bastelkleber, der transparent trocknet
- Zahnstocher aus Bambus zum praktischen und dünnen Auftragen des Klebstoffs

Arbeitsunterlagen

- kräftiger Karton
- glatte, durchsichtige Plastikfolie (A3)

Montage der Transparente

- Büroklammern, möglichst ganz aus Plastik

Passepartouts

- Seidenpapierblatt (1. Möglichkeit, S. 18f.)
- ein dünner Karton (Tonpapier 130 g/qm) mit derselben Farbe wie die obere, letzte Schicht der Rosette (2. Möglichkeit, S. 18f.)

Aufkleben am Fenster

- einseitiger, durchsichtiger Klebefilm von schmaler Breite (12 mm oder 15 mm)

Die Musterscheiben aus Karton zuschneiden

Sie brauchen für die Fensterrosetten drei verschiedene Kreisgrößen aus dünnem Tonkarton (220 g/qm), die Sie als Musterscheiben (Schablonen) verwenden:
eine große Scheibe von 28 cm Ø
eine mittelgroße Scheibe von 24 cm Ø
eine kleine Scheibe von 16 cm Ø

Eine Ausnahme hinsichtlich der Größe bildet das Rosenfenster von Lincoln (S. 67ff.) wegen ihrer anmutigen zweiteiligen Blattverzierung. Dafür wird zunächst eine Kartonscheibe von 20,5 cm Ø als Schablone verwendet. Zeichnen Sie zunächst mit dem Zirkel die jeweiligen vier Scheiben (Disken) nach den angegebenen Größen auf den Tonkarton. Mit der Schere schneiden Sie dann Ihre Musterscheiben (Schablonen) aus. Damit können Sie alle weiteren Seidenpapierscheiben, die Sie benötigen werden, ganz bequem anfertigen.

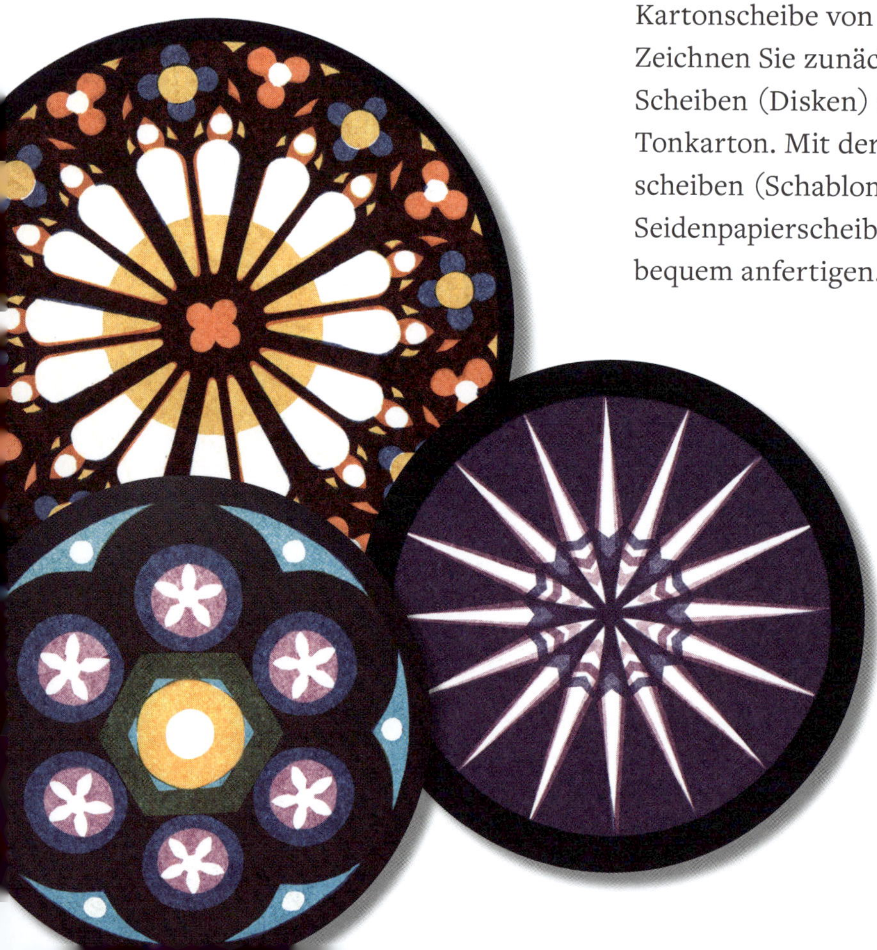

Das Zusammensetzen einer Rosette

Die drei Umfangsgrößen
Für jede Rosette gibt es in diesem Buch nur jeweils eine Größe:
Ø 28 cm für die großen Rosetten
Ø 24 cm für die mittelgroßen Rosetten
Ø 16 cm für die kleinen Rosetten
Nur die Gestaltung der Rosette von Lincoln (S. 67ff.) erfordert ausnahmsweise eine Scheibengröße von 20,5 cm Ø. Die **Größenangabe** steht immer unter der Überschrift zur jeweiligen Rosette. Auch der entsprechende **Schwierigkeitsgrad** (* bis *****) ist ausgewiesen. Die **empfohlenen Farben** der benötigten Seidenpapierscheiben werden in zwei Varianten am Schluss jeder Anleitung angegeben.
Eine Rosette besteht aus mehreren übereinandergelegten Scheiben. Die Grundscheibe muss weiß oder zumindest hell sein. Sie bleibt meist unbearbeitet. Die weiteren Schichten aus verschiedenen Farben werden je nach Motiv mit der spitzen Schere vorsichtig ausgeschnitten, übereinandergelegt und geklebt.
Am Beispiel der drei Scheiben für «Feuriges Sonnenkreuz» (S. 22ff.) lässt sich das Aufbauprinzip veranschaulichen:

Grundscheibe mit Kerbe

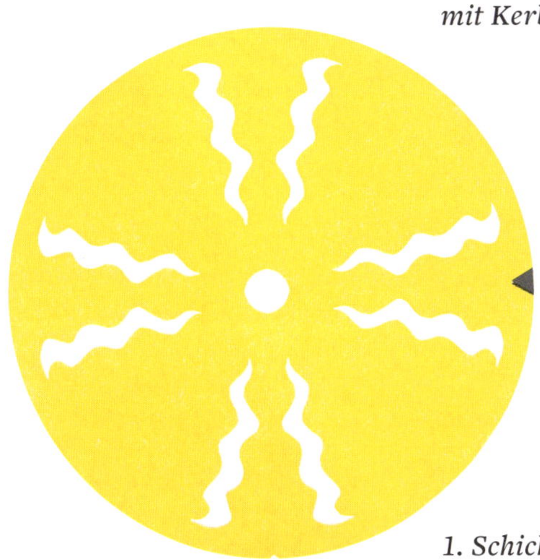

1. Schicht mit Kerbe

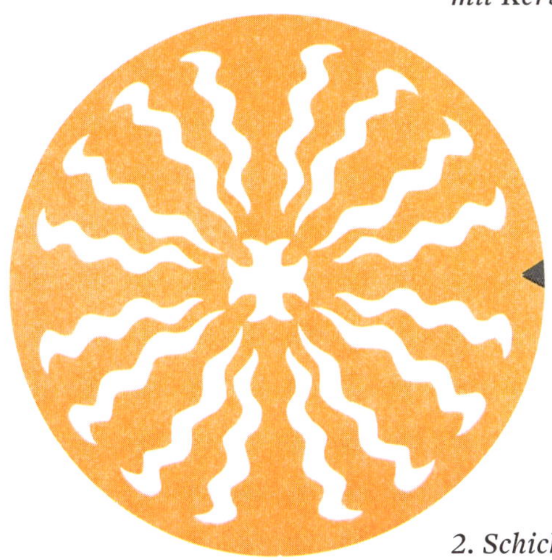

2. Schicht mit Kerbe

Das Falten der Seidenpapierscheiben

Mithilfe einer entsprechenden Musterscheibe aus leichtem Karton (S. 12) werden zunächst sowohl die Grundscheibe als auch die weiteren, farblich passenden Scheiben aus den großen Seidenpapierblättern ausgeschnitten. Die fünf ersten Zeichnungen (a) zeigen den Faltprozess der Scheiben für Rosetten mit **acht** und **sechzehn Strahlen** bzw. Radien.
1: Die Scheibe in zwei Hälften falten und gleich mit der Schere einen winzigen Einschnitt **rechts** an der angezeigten Stelle machen. *Dieser Einschnitt (die Kerbe) ist wichtig und hilfreich für die spätere Orientierung beim Zusammensetzen der Scheiben oder Schichten.* Die Markierung ermöglicht ein genaues Aufeinandersetzen der weiteren Schichten, bevor sie aufeinandergeklebt werden.
2: Zum Viertel falten. Es ist dabei ganz wichtig, exakt zu falten – mit einer richtig zulaufenden Spitze und mit glatt gestrichenen Seiten.
3: Zum Achtel falten.
4: Bei Bedarf zum Sechzehntel falten. Damit beim Faltprozess keine zu dicken Kanten entstehen, ist es notwendig, das keilförmige Gebilde jetzt zu wenden ↻ und dann auf der Kehrseite weiterzufalten.
5: Abschließend wird die linke Seite auf die rechte umgeschlagen. So entsteht ein Sechzehntelkeil.

Um **Schneekristalle** und **sechsstrahlige Fensterrosetten** zu gestalten, verfolgen Sie anhand der unteren drei Zeichnungen (b) die Faltschritte der Scheiben aus Seidenpapier, auf diese Weise können Sie Sechstelkeile bilden.
1: Zur Hälfte falten. Wiederum rechts den kleinen Orientierungseinschnitt (die Kerbe) anbringen.
2: Zu einem Drittel falten, wie mit dem Pfeil angedeutet.
3: Den fächerförmigen Teil wenden (↻), um weiter auf der Kehrseite die linke Seite umzuschlagen. Damit Sie exakt die gewünschte dreiteilige Ausgangsform erhalten, müssen Sie das Gebilde mehrmals auf- und zufalten, bis die Kanten an beiden Seiten richtig aufeinandersitzen.

Bei den jeweiligen Anleitungen zu den Rosetten werden diese verschieden gefalteten Formen mit dem Begriff «**Keile**» bezeichnet, z.B. Viertelkeile, Achtelkeile usw.

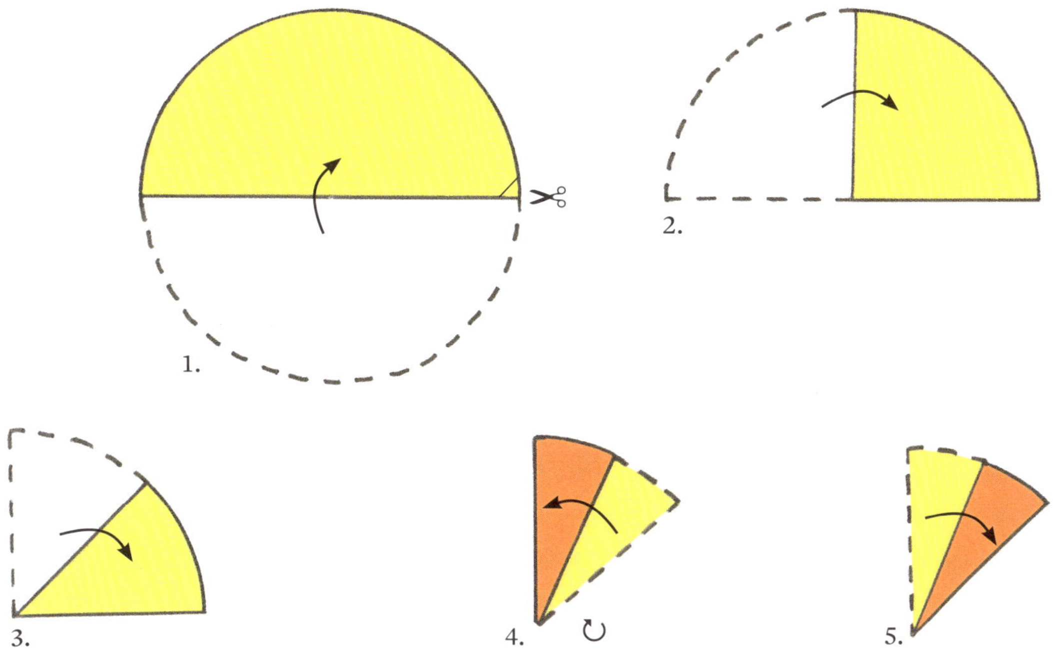

a) Faltprozesse für acht- oder sechzehnstrahlige Rosetten

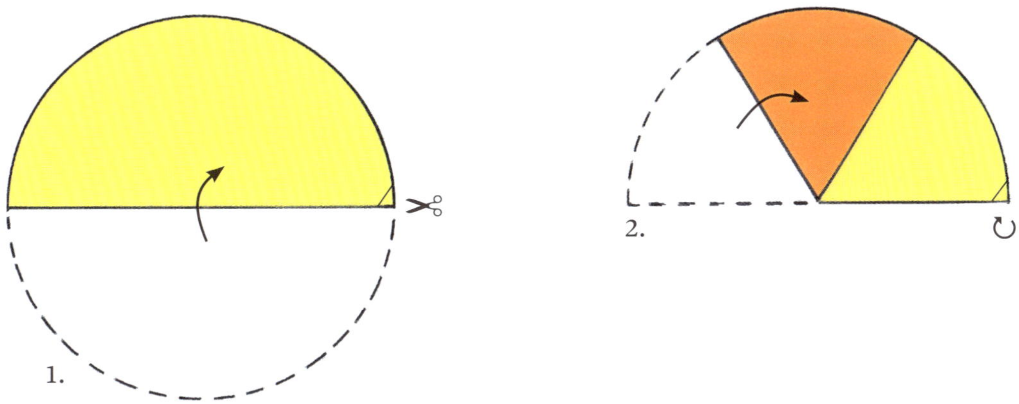

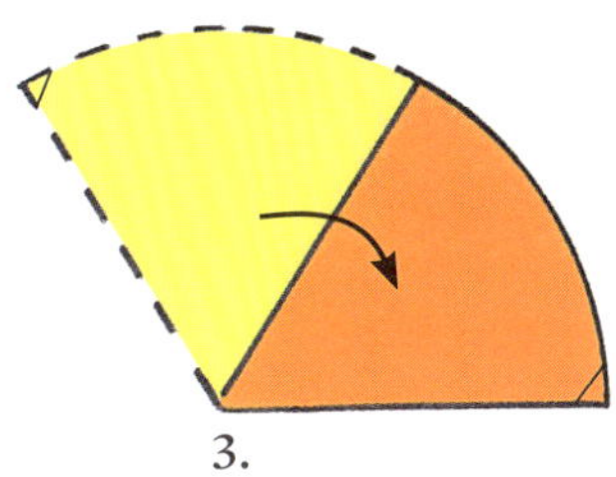

b) Faltprozesse für sechsstrahlige Rosetten oder Schneekristalle

Die Rosettenmotive ausschneiden

Ich habe die Gestaltung der verschiedenen Motive in diesem Buch so konzipiert, dass Sie die dafür nötigen Zeichnungen nicht selbst anzufertigen brauchen. Sie fotokopieren die Zeichnungen einfach maßstabsgetreu aus dem vorliegenden Buch, ohne also das Format zu ändern (Schnittvorlagen ab S. 118). Dann schneiden Sie diese keilförmigen Zeichnungen Ihrer Kopie aus. Dabei behalten Sie den äußeren grauen Randbogen von 1 cm Breite bei, damit die Rosette zum Schluss an einem runden Rahmen (Passepartout) befestigt werden kann.
Anschließend den kopierten «Keil» auf die entsprechende farbige, gefaltete Seidenpapierscheibe (bzw. die Keilform) legen und beides mit Büroklammern, die aus Plastik bestehen, zusammenheften. Plastikklammern sind zu bevorzugen, weil Metallklammern das zarte Seidenpapier zerreißen können.
Um das gewünschte Motiv zu erhalten, werden die angezeigten **nicht**-kolorierten Partien, d.h. alle weißen Partien, im Innenbereich und an den Außenkanten ausgeschnitten.

Ein wichtiger Tipp: Für die Motive im Innenbereich des Keils, die sich beim Ansatz schwerer mit der Schere anschneiden lassen – zudem sind die Schichten mit der Kopiervorlage dicker geworden –, nehmen Sie als Hilfswerkzeug zuerst eine Stecknadel. Stechen Sie mit der Nadel in der Mitte des Motivs hindurch; dank dieses Einstichs können Sie dann mit der spitzen Schere ohne Weiteres vorsichtig das Rosettenmotiv ausschneiden.

Sind alle notwendigen Motive der sogenannten «Keile» den Angaben entsprechend fertig ausgeschnitten, können Sie die Rosettenscheiben ganz vorsichtig öffnen. Ein spannender Augenblick – ein erstes überraschendes Erlebnis erfüllt uns! Wir staunen über die verschiedenen entfalteten Scheiben. Damit sie schön glatt werden, kann man die Falten des Seidenpapiers zwischen zwei weißen Papierblättern ein wenig ausbügeln. Anschließend werden diese ausgeschnittenen Scheiben als Schichten aufeinandergelegt; Sie erhalten dadurch einen ersten Eindruck von der endgültigen Rosette.

Wie Sie die aufeinandergesetzten Scheiben festkleben

Legen Sie auf die Plastikfolie – die als Arbeitsgrundlage dient – zuerst die helle bzw. weiße Grundscheibe. Danach kommen, eine nach der anderen, in der richtigen Reihenfolge die verschiedenen farbigen, ausgeschnittenen Schichten. Wichtig dabei: Orientieren Sie sich an den kleinen Einschnitten (Kerben). Die Schichten Kerbe auf Kerbe legen. Zugleich kann man die jeweiligen noch sichtbaren Knicke der Scheiben, die beim Falten entstanden sind, richtig übereinander anordnen. Wenn die erste Schicht exakt auf der Grundscheibe liegt, können Sie mithilfe eines Bambuszahnstochers sowohl am äußeren Rand als auch an einigen Stellen des Motivs diese beiden Scheiben mit sparsamen Strichen festkleben.
Beim Aufsetzen der nächsten Schicht werden Sie vielleicht feststellen, dass das Aufeinanderlegen an einigen Stellen nicht ganz exakt aufgeht. Besonders bei den geometrischen Formen der Rosenfenster von Kathedralen ist das der Fall. Das liegt jedoch einfach an dieser speziellen Falttechnik; auch wenn Sie die Scheibenkeile genau gefaltet und das Motiv präzise ausgeschnitten haben, lassen sich die minimalen Unregelmäßigkeiten nicht ganz vermeiden. Die Gesamtwirkung der Rosette wird dadurch jedoch nicht beeinträchtigt. Sie ist besonders effektvoll, denn beim Betrachten mit etwas Abstand wird man diese winzigen unregelmäßigen Details nicht mehr bemerken.

Tipp: Sie können auch mit mehr Zeitaufwand diese unvermeidlichen Ungleichmäßigkeiten korrigieren. Mit etwas Geduld und Liebe zum Detail kann man mit der spitzen Schere und der kleinen Pinzette vorsichtig hier und da feiner an kleinen unregelmäßigen Stellen arbeiten. Sie zeigen sich oft vor allem ab der dritten Rosettenschicht. Kleben Sie also die zweite und die dritte Schicht zunächst nur am Randumkreis fest. Schneiden Sie die kleinen herausragenden Stückchen vorsichtig ab, indem Sie mit der Pinzette die Schichtstelle leicht heben. Vergessen Sie nicht, alle diese winzigen Ausschnitte mit der Pinzette zu entfernen. Dann weiter am Motiv kleben.

Sitzen alle benötigten Schichten richtig, befestigen Sie die Rosette zuletzt mit leichten Klebestrichen. Nun können Sie die harmonische Farbgestaltung am Licht bewundern.

So wird das Passepartout gestaltet

Ist Ihre Rosette fertig zusammengestellt, könnten Sie ihre wirkungsvolle Strahlkraft eigentlich schon an der Fensterscheibe bewundern (siehe dazu den nachfolgenden Abschnitt «Die Rosette am Fenster befestigen»). Um dem zarten farbigen Aufbau eine noch stabilere und schützende wie auch eine dekorative passende Umrahmung zu verleihen, ist es jedoch empfehlenswert, für die Rosette einen runden Rahmen – ein **Passepartout** – zu gestalten. Hierfür bieten sich **zwei Möglichkeiten** an.

1. Möglichkeit: Das Passepartout aus demselben *Seidenpapier* in einer stimmigen Farbe anfertigen. Da ich stets die farbige Transparenz bevorzuge, empfehle ich Ihnen diese Variante.
2. Möglichkeit: Sie können für die Herstellung des Passepartouts aber auch ein festeres dünnes *Tonpapier* (130 g/qm) verwenden.

Zuvor müssen Sie auch hier drei **Musterringe** (Schablonen) aus Karton anfertigen, die Sie dann für die drei Rosettengrößen immer zur Hand haben. Zeichnen Sie hierfür mit dem Zirkel auf einem Tonkarton drei verschieden große Ringe von je 2 cm Breite und schneiden Sie sie entsprechend aus.
Musterring 1 (für große Rosetten): Mit dem Zirkel einen Kreis von 30 cm (Außendurchmesser des Rings) und einen kleineren Kreis von 26 cm (Innendurchmesser des Rings) ziehen. Den Ring ausschneiden.
Musterring 2 (für mittelgroße Rosetten): Mit dem Zirkel einen Kreis von 26 cm (Außendurchmesser) und einen kleineren Kreis von 22 cm (Innendurchmesser) zeichnen. Den Ring ausschneiden.
Musterring 3 (für kleine Rosetten): Einen Kreis von 18 cm (Außendurchmesser) und einen kleineren Kreis von 14 cm (Innendurchmesser) zeichnen. Den Ring ausschneiden.

1. Möglichkeit (Passepartout aus Seidenpapier): Den Musterring (die Schablone) auf ein Seidenpapierblatt legen – am besten ein Blatt in der dominanten Farbe der Rosette nehmen – und den 2 cm breiten Ring ausschneiden. Für diese Art von Passepartout genügt *ein* Ring. Wenn Sie Ihre Rosette gegen das Licht halten, sehen Sie an der Peripherie der Scheiben einige kleine Unregelmäßigkeiten, die Sie mit der Schere gleich beseitigen können.

Anschließend legen Sie den eben ausgeschnittenen Seidenpapierring auf die Vorderseite der Rosette und achten darauf, dass der Innenrand ringsherum überall den gleichen Abstand zu den Motiven hat. Mit ein wenig Klebstoff zunächst leicht ringsherum ankleben. Dann wenden Sie die Rosette mit dem erst zur Hälfte geklebten Ring auf ihre Kehrseite. Es kann sein, dass der noch nicht geklebte Ringumfang, der dann im nächsten Schritt auf diese Rückseite der Rosette geklappt und festgeklebt wird, etwas zu breit ausfällt – je nachdem, wie die Rosettenmotive angeordnet sind. In diesem Fall kürzen Sie ihn mit der Schere rundherum so viel, dass keine Motive überdeckt werden. Um die Ringrückseite richtig bis zu den geklebten Schichten umschlagen zu können, müssen Sie mit der Schere zuerst lauter kurze Einschnitte im Abstand von etwa einem Zentimeter vornehmen. Dann diese kurzen Ringklappen, die sich auf der Rückseite des Gebildes ruhig etwas überlappen dürfen, nach und nach festkleben. Anschließend wird das ganze Passepartout dort, wo es erst leicht geklebt war, mit dem Klebstoff noch richtig stabilisiert.

2. Möglichkeit (Passepartout aus dünnem Tonpapier): Bei dieser Möglichkeit ist der Vorgang einfacher, dafür brauchen Sie jedoch *zwei* Ringe von gleicher Größe. Legen Sie auf die Vorderseite der Rosette einen Ring und passen Sie seine Breite den Motiven entsprechend an. Vor dem Kleben etwaige Bleistiftstriche wegradieren. Dann den zweiten Ring auf die Rückseite der Rosette kleben – und zwar so, dass er exakt auf dem Ring der Vorderseite liegt. Mit Klebstoff eventuell weiter stabilisieren.

Am Fenster erscheinen die Farben dieser Passepartouts wegen ihrer Dichte nur dunkel, doch verleihen die Passepartouts den Gebilden ein rundes, abgeschlossenes Aussehen, und sie sind praktisch für das Befestigen der Rosetten an der Fensterscheibe (s. S. 21).

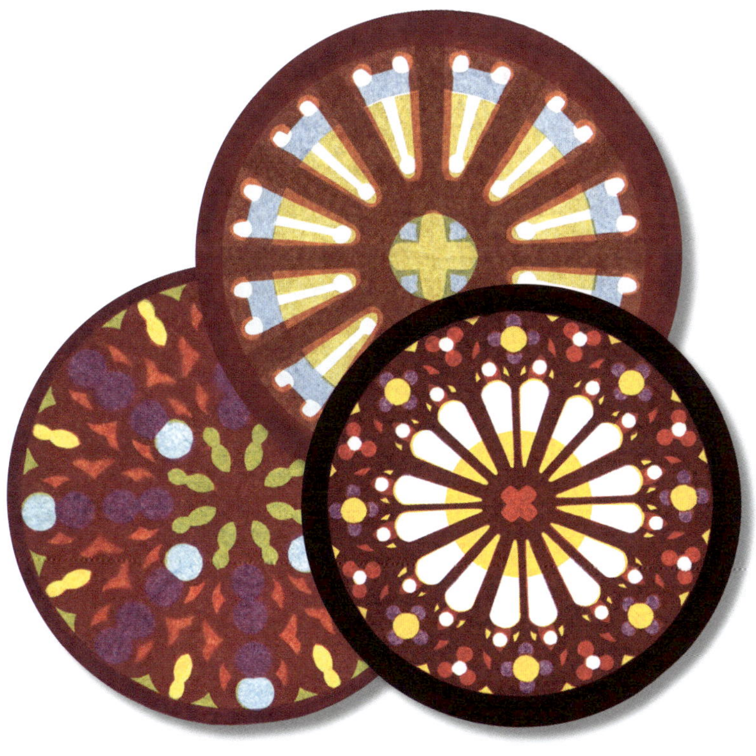

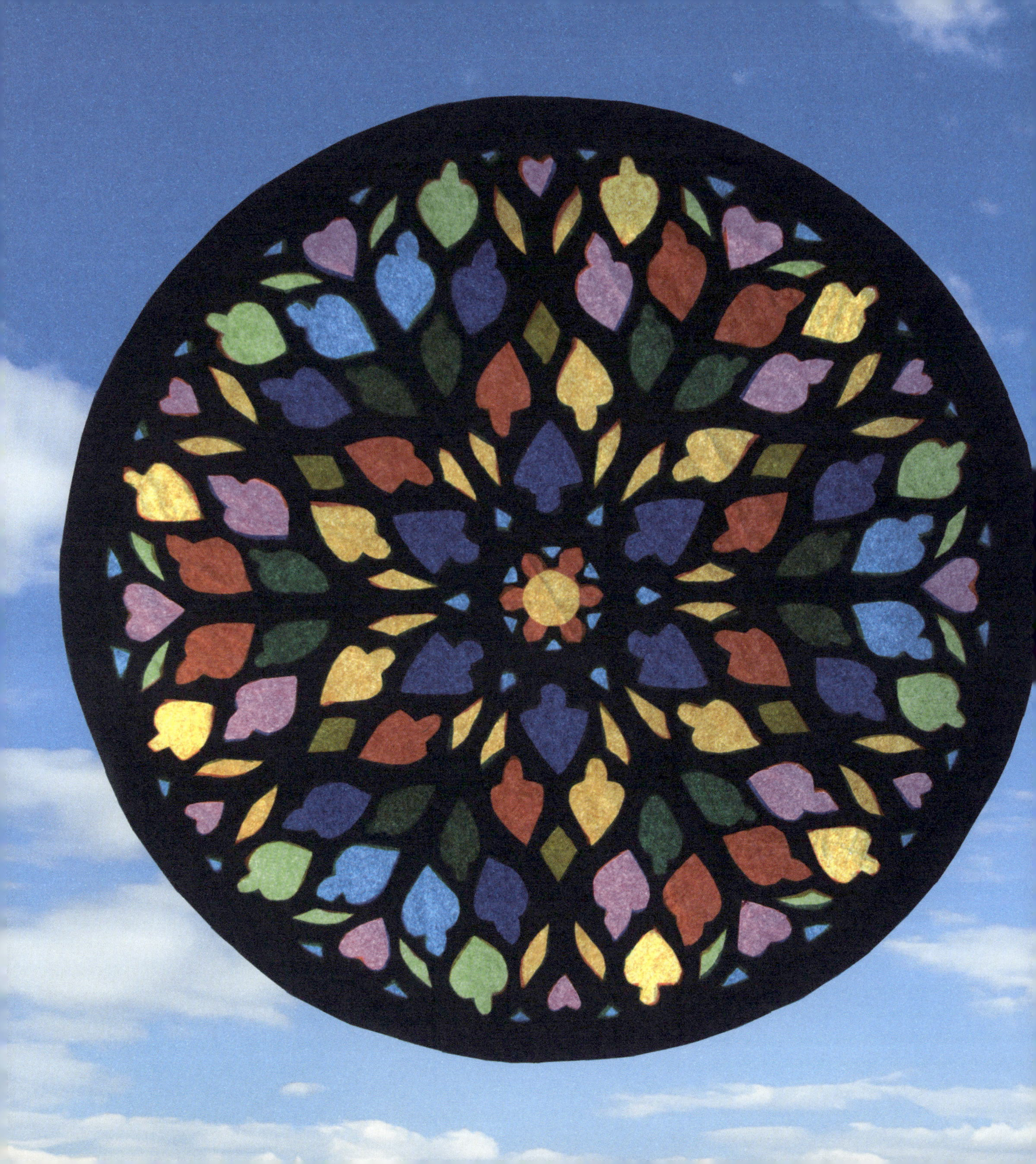

Die Rosette am Fenster befestigen

Die Rosetten und Rosenfenster aus Seidenpapier zeigen ihre geheimnisvollen Strukturen und farbige Wechselwirkungen nur ganz, wenn sie von Tageslicht durchleuchtet werden. Wenn das Sonnenlicht durch die verschiedenen Papierschichten dringt, entfalten die Motive ihre harmonische Farbenpracht. Die neu entstandenen Farben infolge der Überdeckung der Schichten werden sichtbarer und belebter. Je nach Lichteinfall stellt sich beim Betrachten ein ganz besonderes, stets neues Erlebnis ein. So zeigt sich etwa die geheimnisvolle Tiefe mancher Violetttöne oder die überraschende Frische neuer Grüntöne in ihrer stimmungsvollen Präsenz nur, wenn die Rosetten direkt an einer Fensterscheibe befestigt sind.

Achten Sie darauf, dass Ihre Transparente möglichst nicht feucht werden – also Vorsicht beispielsweise bei nächtlichem Kondenswasser, das sich vor allem im Winter an Dachfenstern bildet.

Um die Rosetten zu schützen, bringen Sie zuerst einige kurze Klebefilmstreifen an der Rückseite der Passepartouts an. Je nach Umfangsgröße der Transparente reichen wohl drei bis sechs Streifen. Dann mit den Fingern kleinere Klebefilmstreifen zusammenrollen und auf die vorigen Streifen legen. Diese Röllchen sind sehr praktisch, sie wirken wie kleine Magnete und sind daher mehrfach einsetzbar. Dadurch können Sie auf schonende Weise die Position der Rosetten am Fenster beliebig ändern bzw. sie entsprechend auswechseln, je nach jahreszeitlicher Stimmung oder Ihrer momentanen Vorliebe. So können Sie sich jahrelang immer wieder an den Rosetten erfreuen.

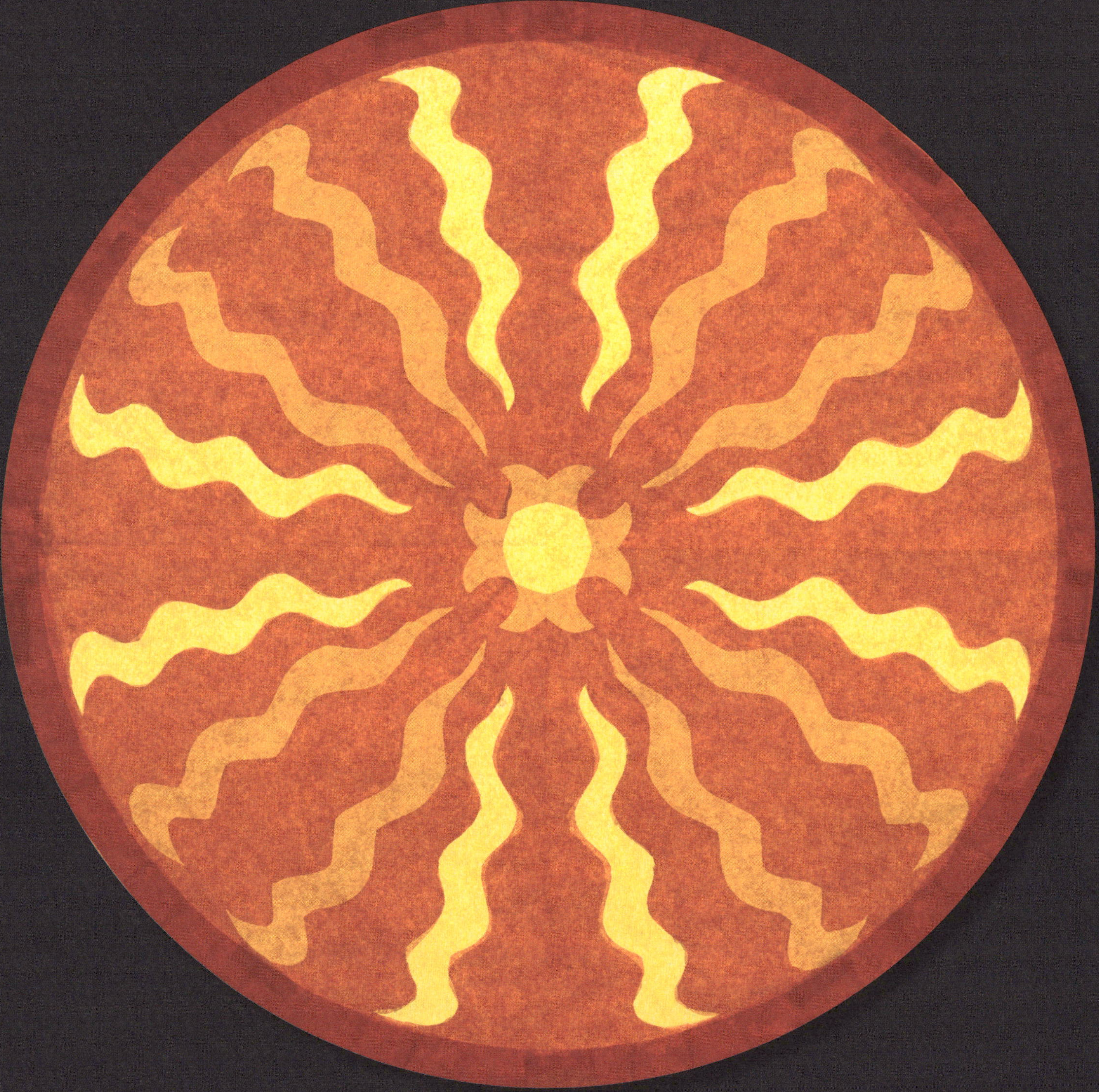

Feuriges Sonnenkreuz **

Mittelgroße Rosette, Ø 24 cm, 3-lagig

Schlicht und dynamisch zugleich, erinnert diese sommerliche Rosette an ein mittelalterliches Sonne-und-Kreuz-Motiv. Während im Umkreis lodernde Sonnenflammen hin und her vibrieren, strahlt in der Herzmitte ein kleines Kreuz still und bescheiden seine milde Ruhe aus … Als ich dem Zentrum dieser Sonne eine belebende Gestaltung verleihen wollte, trat beim Entfalten der Seidenpapierscheibe erstaunlicherweise diese schöne Kreuzform hervor. Jede Kreation bietet spannende Erlebnisse!

Der Aufbau ist bei jeder Rosette eigentlich gleich. Daher werden die Anleitungen nicht jedes Mal wiederholt. Orientieren Sie sich immer wieder an den Grundanleitungen des Anfangskapitels (S. 13 ff.).
Noch ein wichtiger Hinweis zu den Farben der Keilzeichnungen (ab S. 118): Diese Farben beziehen sich stets auf die erste Farbvariante jeder angeführten Rosette.

Von den keilförmigen Zeichnungen her ist es ersichtlich, dass bei diesem Sonnenkreuz die benötigten Scheiben (Ø 24 cm) aus Seidenpapier erst zum Achtel gefaltet werden (Angabe S. 14f.), bevor die Motive mit der kleinen spitzen Schere (Stickschere) vorsichtig ausgeschnitten werden. Zuvor den wichtigen kleinen Orientierungseinschnitt (die Kerbe) machen, wie auf S. 15 gezeigt. Die Grundscheibe bleibt unbearbeitet. Das Ausschneiden der

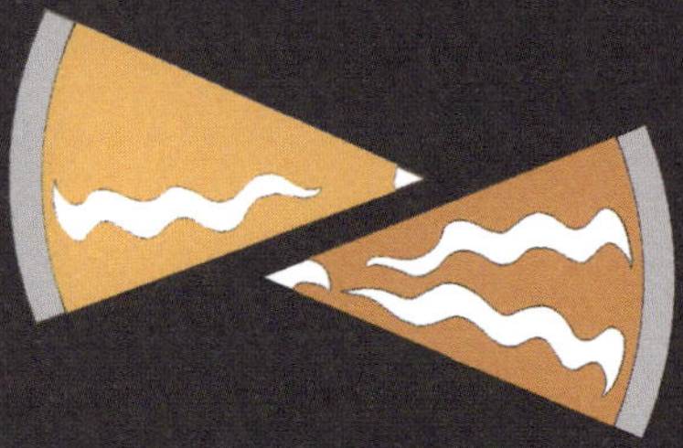

Schnittvorlagen
in Originalgröße auf S. 118

Motive beginnt ab der ersten Schicht (Zeichnung 1. S. 118). Für das Zusammensetzen der drei Lagen siehe S. 13.

Nun kommen wir zu einer passenden Farbauswahl für die drei benötigten Seidenpapierscheiben. Um die sommerliche Atmosphäre dieser Rosette nachzuempfinden, suchen wir warme, leuchtende Farben aus. Als erprobte Zusammenstellung hat sich hier besonders bewährt (s. das Foto der Rosette mit dem Seidenpapier-Passepartout, S. 22):

- Grundscheibe Zitronengelb
- 1. Schicht Hellorange
- 2. Schicht Dunkelorange

Als zweite Möglichkeit bietet sich folgende Farbvariante an (s. Foto rechts, dieses Mal mit dem breiteren Passepartout aus Tonpapier):

- Grundscheibe Zitronengelb
- 1. Schicht Hellrosa
- 2. Schicht Hellrot (Zinnoberrot)

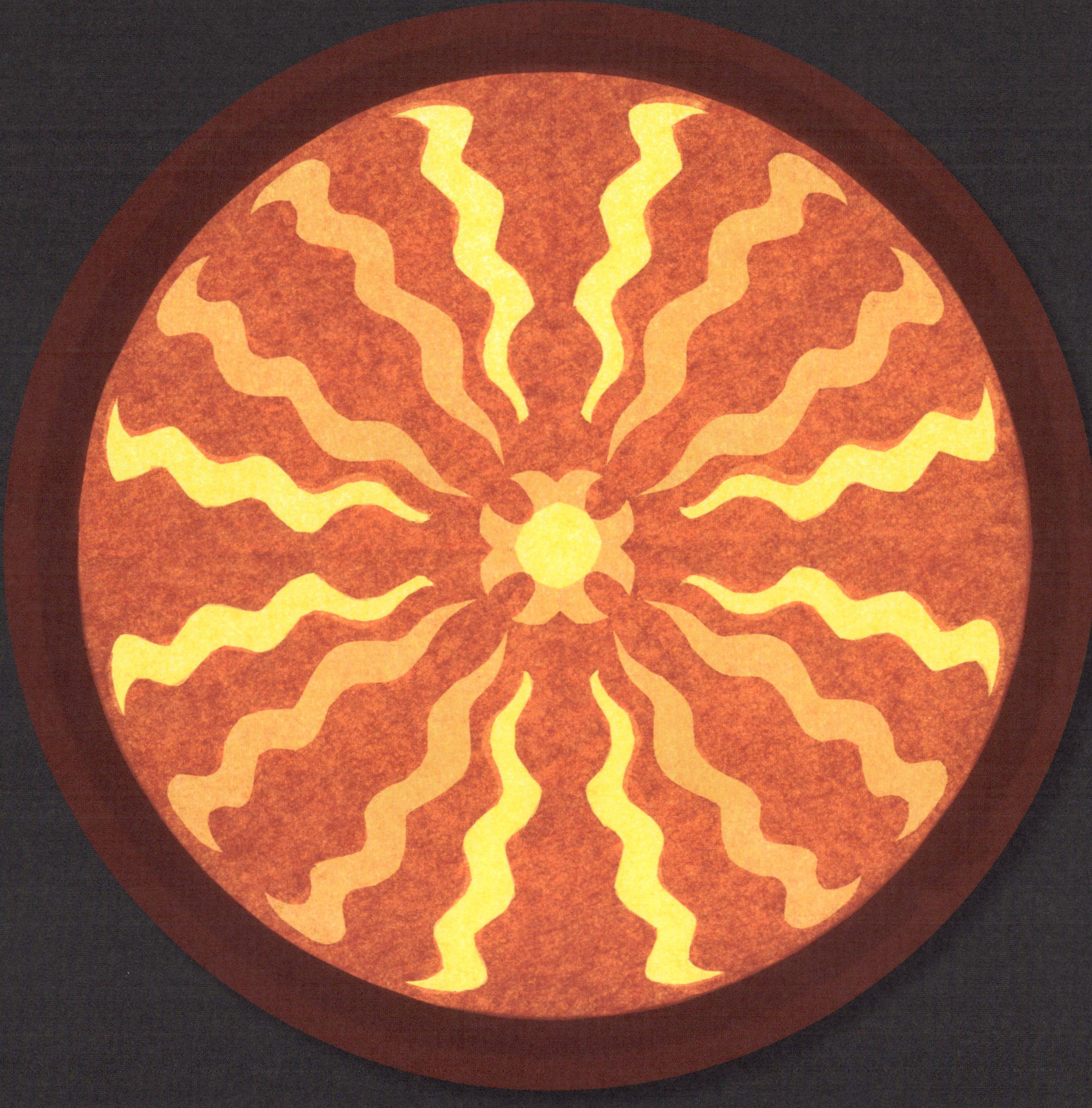

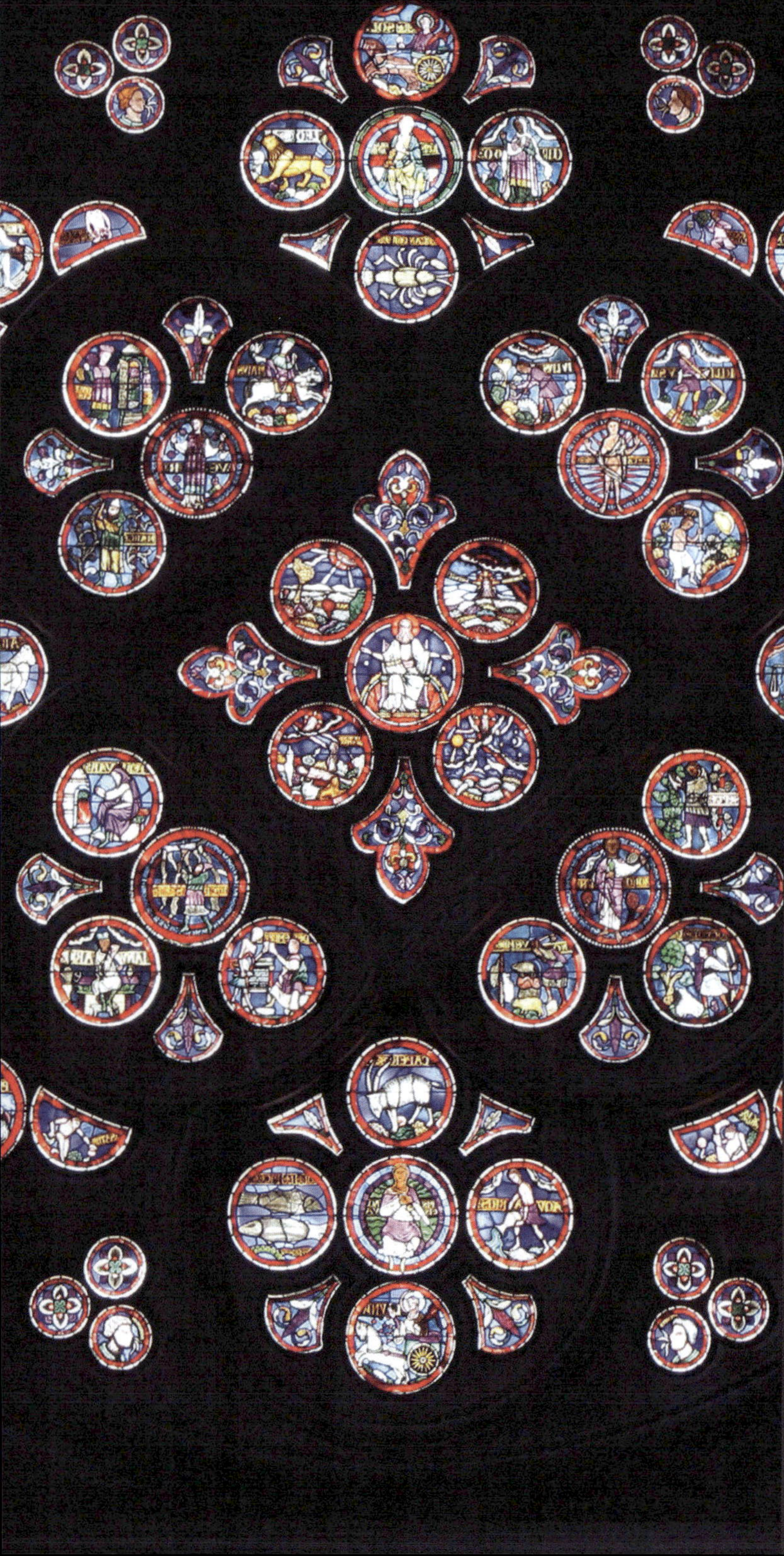

Rosenfenster *** Kathedrale von Lausanne

Große Rosette, Ø 28 cm, 4-lagig

Das Maßwerk der großartigen Westrose (um 1230) in der Kathedrale von Lausanne stellt ein kosmisches Weltbild dar. Es ist eine Glanzleistung der mittelalterlichen Symbolik mit Darstellungen u.a. der vier Jahreszeiten, der vier Elemente und der zwölf Tierkreiszeichen ... Die Grundstruktur basiert auf einer harmonischen Verbindung von Kreisen und Vierecken. Dieses geometrische Werkornament habe ich zeichnend nachgebildet. Es ist die Grundlage für die folgende Rosette aus Seidenpapier.

Beim Aufbau dieser großen Rosette richten Sie sich wieder nach den Grundanleitungen (S. 13 ff.). Die vier Seidenpapierscheiben (Ø 28 cm) müssen für die Keile zum Achtel gefaltet werden (Angaben S. 14f.). Dabei die kleinen wichtigen Einschnitte (Kerben) rechts nicht vergessen.

Allgemeiner Tipp:
Damit die angehefteten Papierlagen der Keile beim Ausschneiden der vielen Motive möglichst genau übereinander bleiben, ist es gut, erst alle kleinen weißen Motive im Innenbereich der Keile (nach Einsatz der Stecknadel) auszuschneiden. Danach die weißen Motive an den Außenkanten ausschneiden.

Bei dieser Rosette beginnt das Ausschneiden der weißen Motive ausnahmsweise gleich bei der Grundscheibe (Zeichnung 0, S. 118). Nach dem Ausschneiden der Motive setzen Sie die vier Lagen Kerbe auf Kerbe zusammen. Die erste Schicht (Zeichnung 1, S. 119) muss exakt auf die Löcher der hellblauen Grundscheibe gelegt werden.
Für die vier Scheiben brauchen Sie vier verschiedene Farben. Bei der ersten Farbauswahl mit dem Seidenpapier-Passepartout (Foto S. 28) habe ich eine etwas kühlere Farbstimmung ausgesucht:

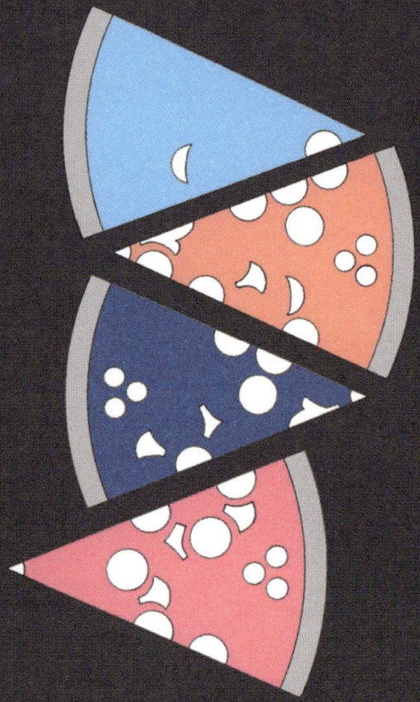

Schnittvorlagen
in Originalgröße auf S. 118, 119

- 0: Grundscheibe Hellblau
- 1. Schicht Hellrot (Zinnoberrot)
- 2. Schicht Ultramarinblau
- 3. Schicht Magenta

Eine andere Farbstimmung zeigt die Rosette mit dem Passepartout aus Tonpapier, rechts:

- Grundscheibe Helllila
- 1. Schicht Türkis
- 2. Schicht Magenta
- 3. Schicht Hellorange

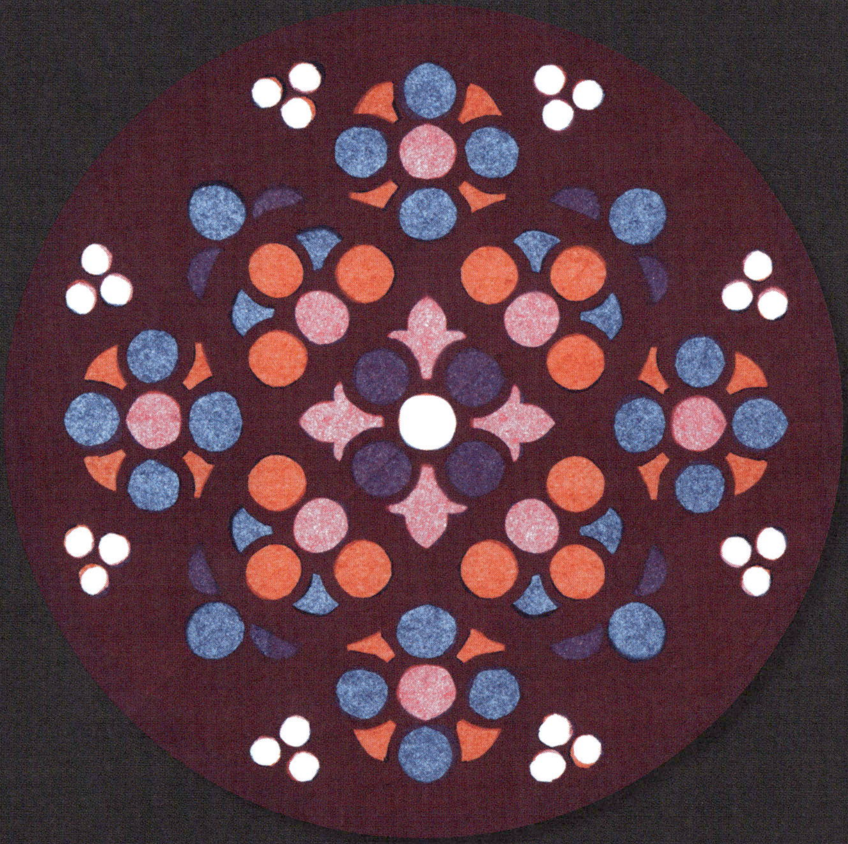

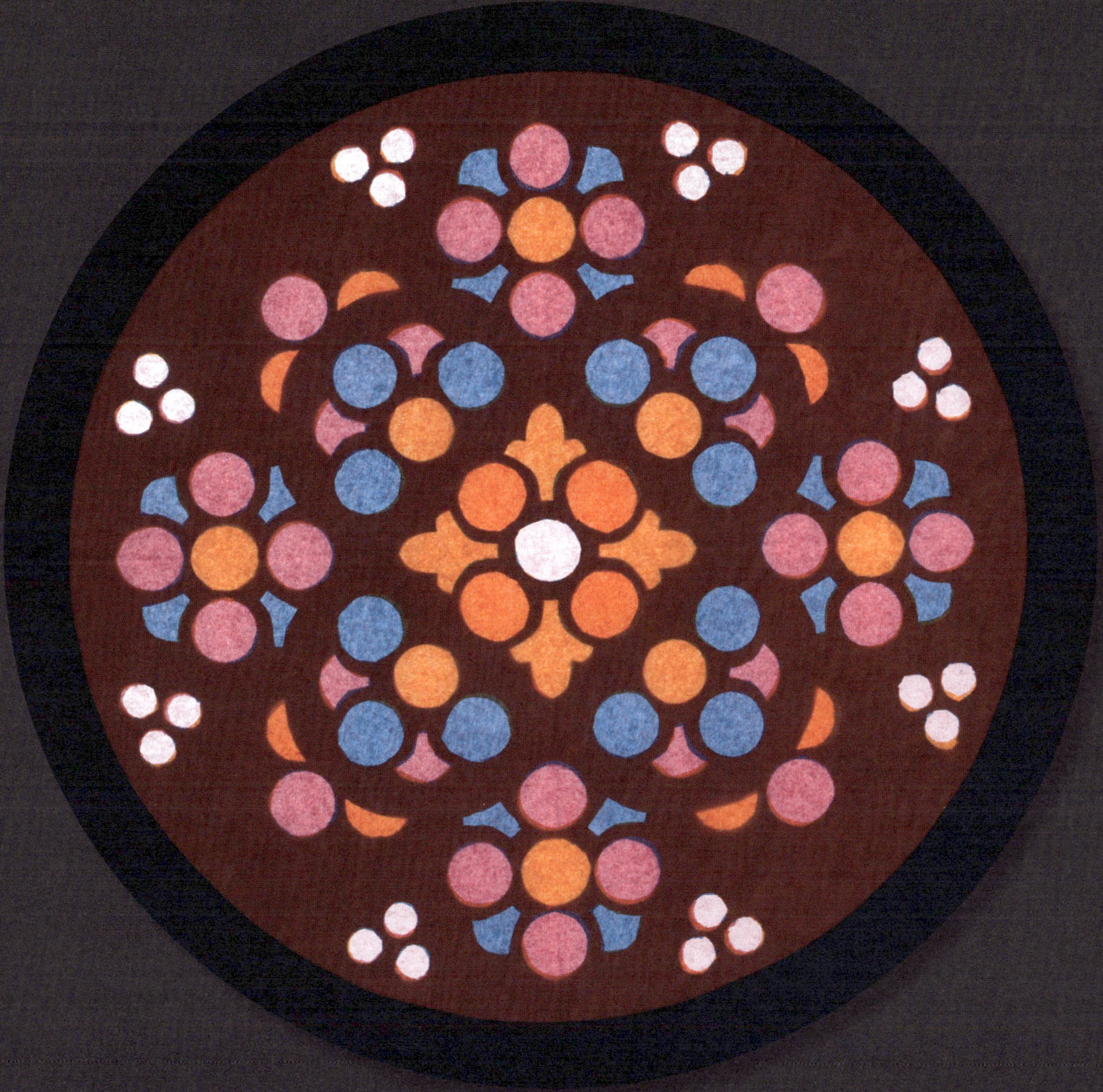

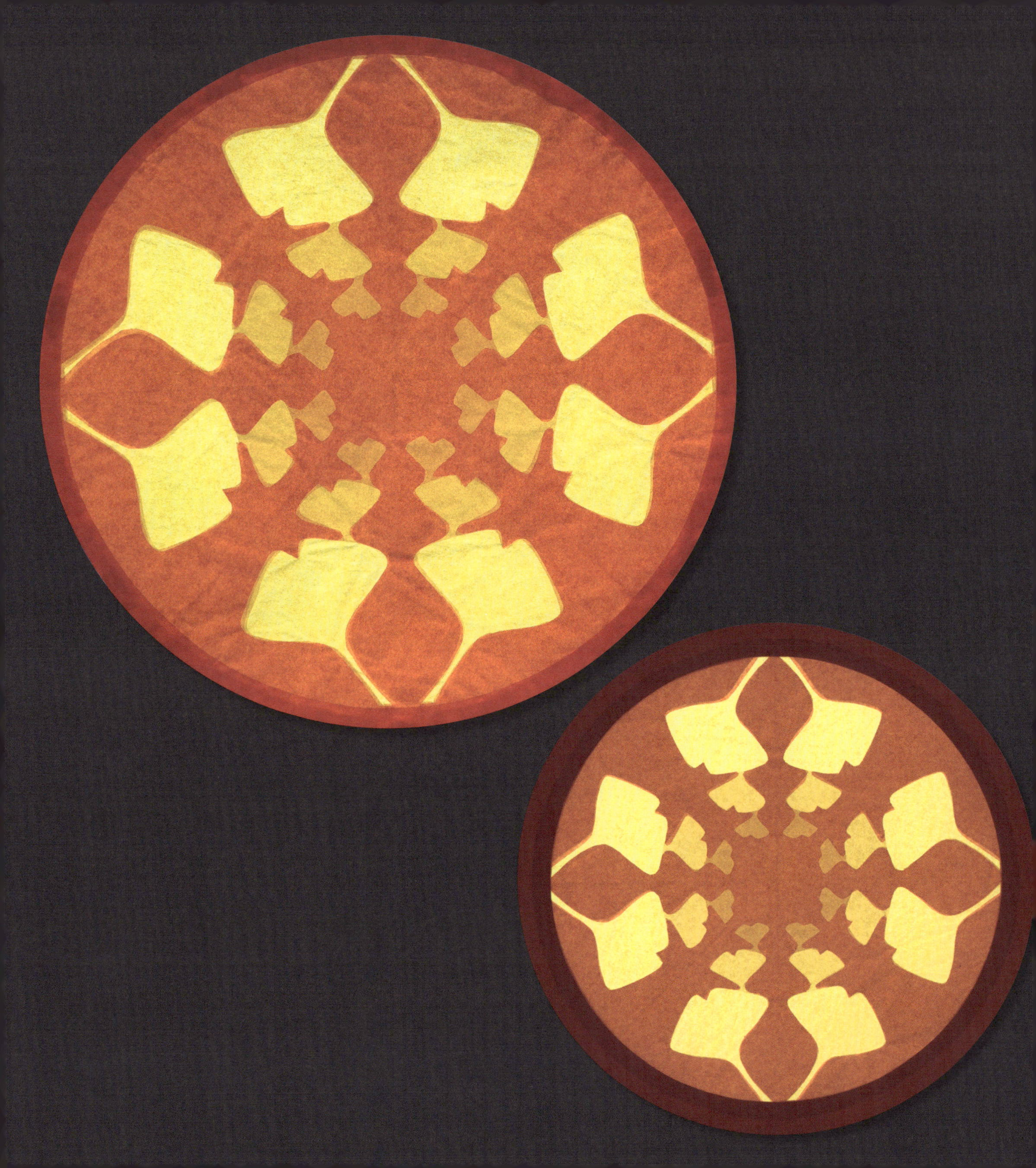

Wirbelnde Ginkgoblätter **

Große Rosette, Ø 28 cm, 4-lagig

Der robuste Fächerblattbaum Ginkgo biloba ist ein einmaliges Naturwunder. Er steht als lebendiges Sinnbild für Hoffnung, Freundschaft, Fruchtbarkeit und ein langes Leben. Ganz besonders an sonnigen Herbsttagen bietet er mit seinen einzigartig strukturierten goldenen Fächerblättern einen herrlichen Anblick. So schön leicht und fröhlich, ein wirbelndes Blätterspiel im Wind!

Für den Aufbau siehe die Grundanleitungen des Anfangskapitels (ab S. 13). Vergessen Sie nie den kleinen Einschnitt (die Kerbe) für alle Scheiben. Die vier Seidenpapierscheiben (Ø 28 cm) müssen für die Keile zum Achtel gefaltet werden (Angaben S. 14f.). Die Grundscheibe wird nicht bearbeitet.
Das Ausschneiden der Blättermotive beginnt hier ab der ersten Schicht (Zeichnung 1, S. 120). Für das Zusammensetzen der vier Lagen siehe S. 17.
Wie von selbst ergibt sich folgende Farbauswahl:
- Grundscheibe Zitronengelb
- 1. Schicht Zitronengelb
- 2. Schicht Goldgelb (auch als Maisgelb bezeichnet)
- 3. Schicht Dunkelorange

Durch die Schichtung wird ein warmes, herbstliches Orange als Hintergrund dominant.
Die beiden Rosetten links unterscheiden sich diesmal nur durch die Passepartouts (einmal aus Seidenpapier, einmal aus Tonpapier).

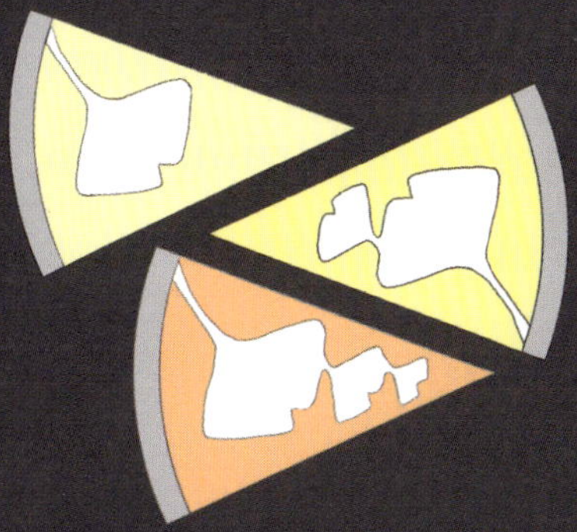

Schnittvorlagen
in Originalgröße auf S. 120

Rosenfenster **
Kirche von La Rochefoucauld

Mittelgroße Rosette, Ø 24 cm, 4-lagig

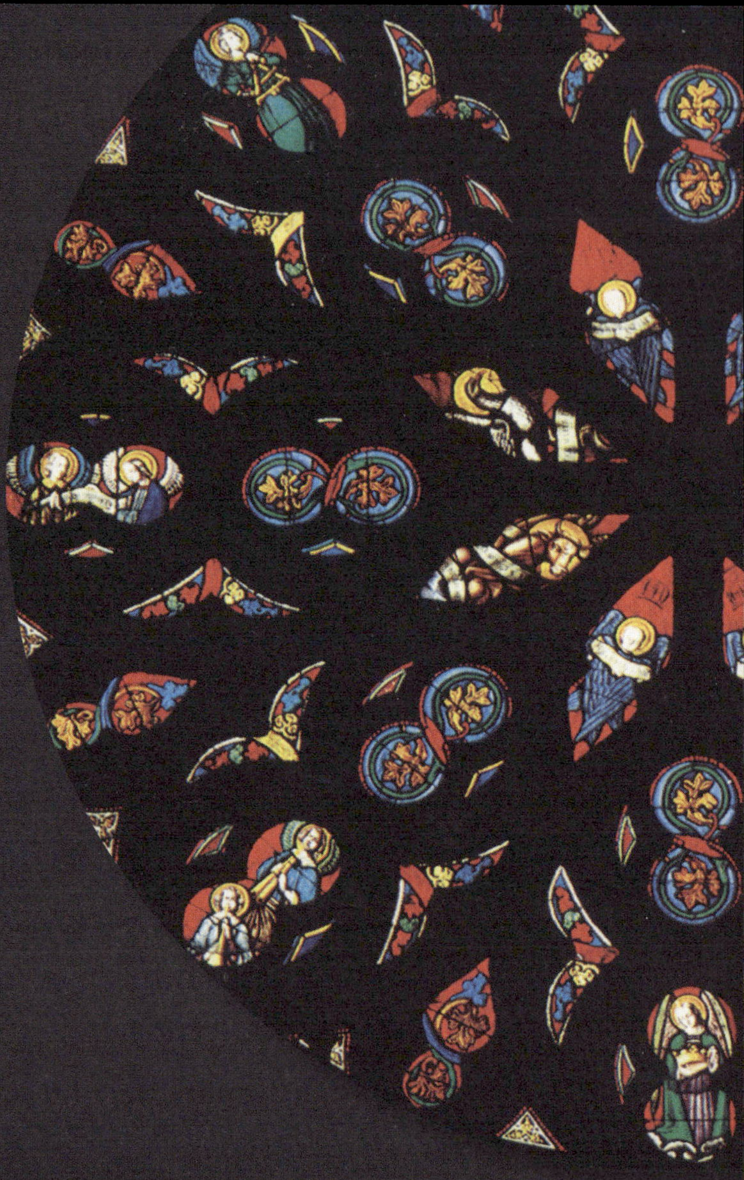

Die spätgotische Fensterrose der Stiftskirche Saint-Cybard (16. Jahrhundert) in La Rochefoucauld – einer kleinen Stadt nordwestlich von Angoulême (Département Charente) – zeigt im Flamboyant-Stil Myriaden kleiner Glasformen. Alle Farben sind anwesend, aber keine ist wirklich dominant. Ganz eigenartig sind die acht herzförmigen Funkenfluggebilde am Zentrum der Rose. Sechzehn Lemniskaten, umflattert von vielen «Glasflügelchen»; sie vermitteln den Eindruck eines fröhlichen und bunten Splitter-Wirrwarrs. Doch aus dieser beweglichen Lebendigkeit strahlt perfekte geometrische Harmonie.

Mit verschiedenen Farben habe ich versucht, die genaue Gestalt des Maßwerks dieses Rosenfensters in Seidenpapier wiederzugeben.
Wiederum schneiden Sie vier mittelgroße Scheiben (Ø 24 cm) aus und bilden rechts die wichtigen kleinen Kerben.

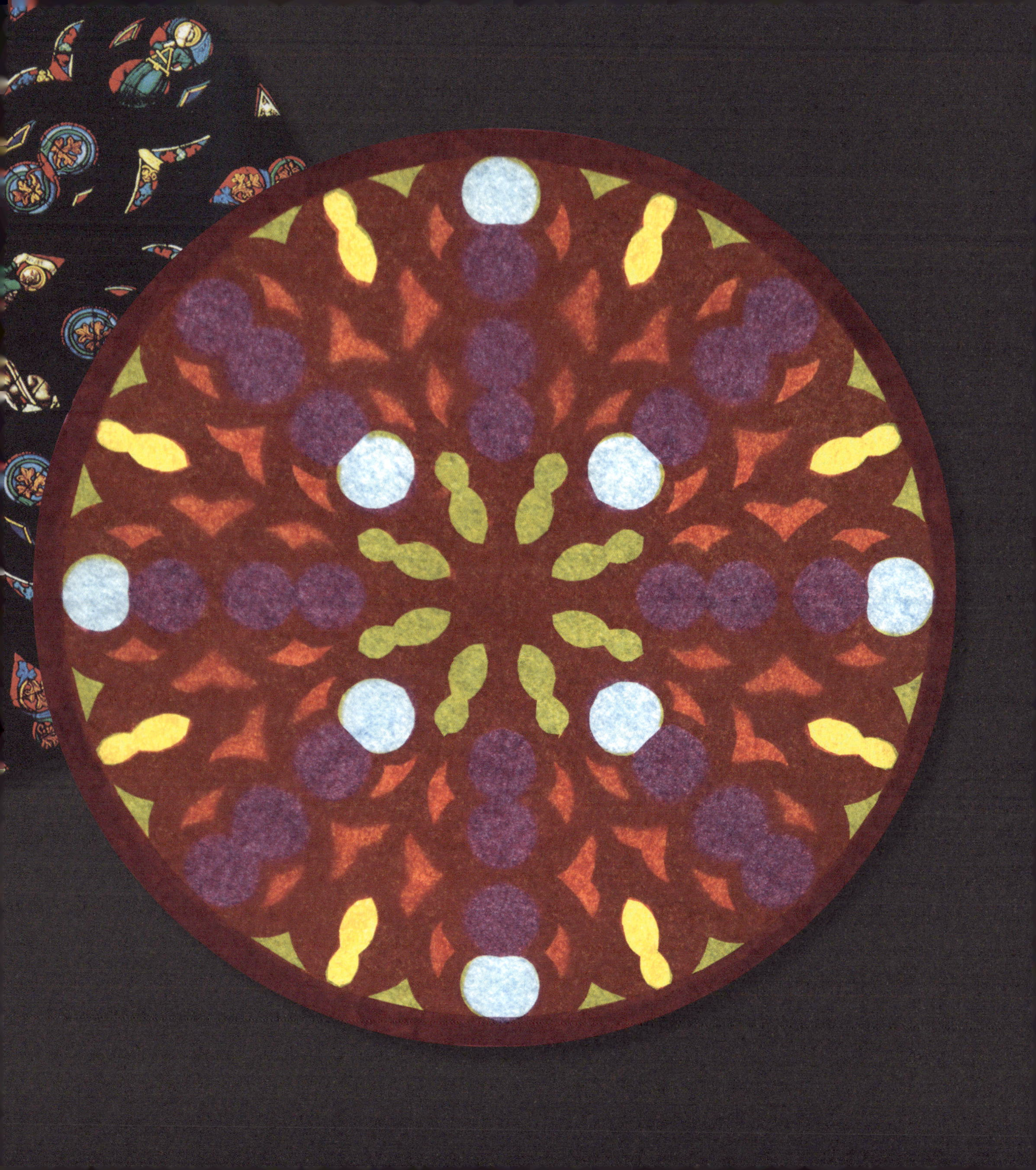

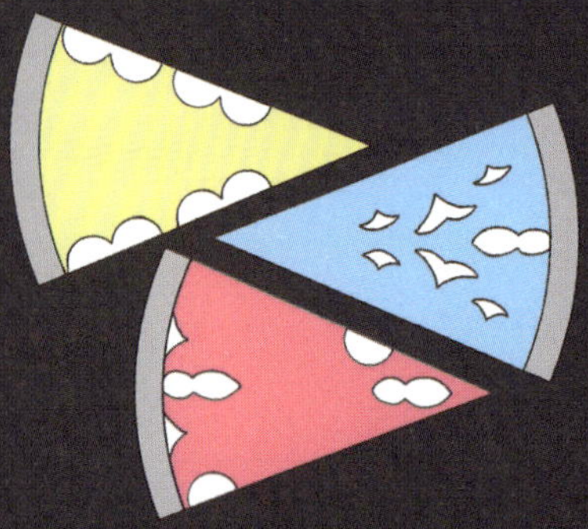

Schnittvorlagen
in Originalgröße auf S. 121

Falten Sie die vier Scheiben zu Achtelkeilen (s. S. 14f.). Die Grundscheibe wird nicht bearbeitet. Erst ab der ersten Schicht (Zeichnung 1, S. 121) beginnen Sie die weißen Muster herauszuschneiden. Für das Zusammensetzen der vier Lagen siehe S. 17. Sie können, wie bei der Rosette mit dem Seidenpapier-Passepartout (S. 33), folgende Farben auswählen:
- Grundscheibe Weiß
- 1. Schicht Zitronengelb
- 2. Schicht Hellblau
- 3. Schicht Magenta

Durch das Aufeinanderlegen von Magenta auf Gelb erscheinen dann die «Flügelchen»-Motive in einem leuchtenden Rot. Andererseits ergeben sich in der Rosenmitte durch Hellblau und Gelb acht frische hellgrüne Funkenfluggebilde.

In eine eher träumerische Stimmung lässt uns die folgende, zweite Farbkombination eintauchen (Rosette mit dem Tonpapier-Passepartout, rechts):
- Grundscheibe Weiß
- 1. Schicht Hellzitronengelb
- 2. Schicht Türkis
- 3. Schicht Rosa

Die zuvor hellgrünen Motive der Rosenmitte verdunkeln sich jetzt zu einem Tannengrün. Die kleinen flatternden «Flügelchen» wirken nun in einem Orangeton noch belebter.

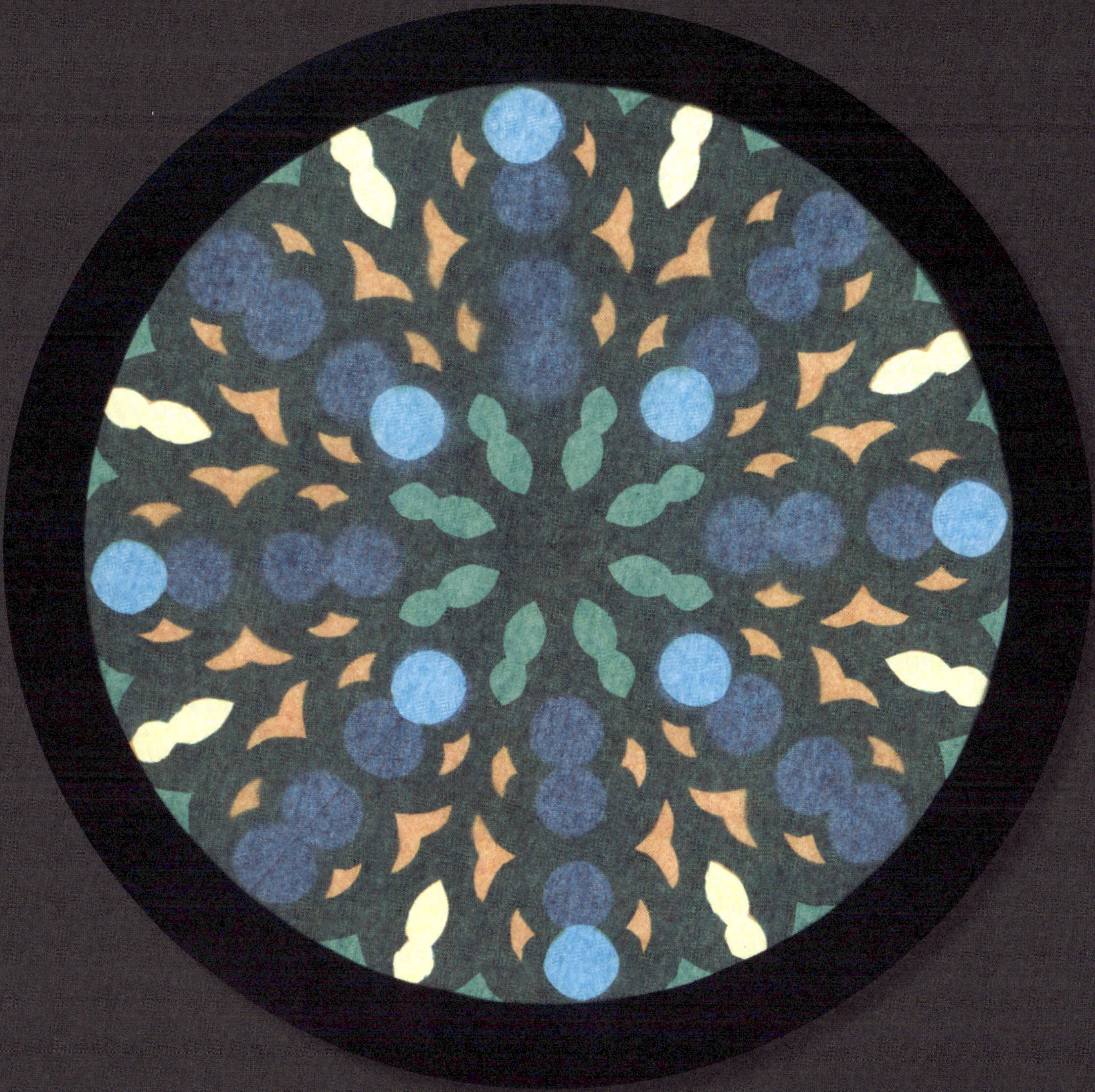

Limettenscheibe **

Mittelgroße Rosette, Ø 24 cm, 4-lagig

Die Natur verbirgt viele Geheimnisse, die von außen nicht sichtbar sind. Welch eine erstaunliche und interessante Beobachtung, wenn man bei manchem Obst oder Gemüse im Querschnitt die regelmäßige, strahlige Anordnung der inneren Linien entdeckt! Auch eine frische grüne Limettenscheibe kann durch einen feinen Mikrokosmos verzaubern.

Für den Aufbau der «Limettenscheibe» vier mittelgroße Seidenpapierscheiben (Ø 24 cm) ausschneiden, die alle mit der kleinen Kerbe versehen werden. Falten Sie dieses Mal alle vier Scheiben zu Sechzehntelkeilen (s. Anleitungen S. 14f.). Die Grundscheibe wird nicht bearbeitet. Erst ab der ersten Schicht (Zeichnung 1, S. 121) mit dem Ausschneiden der Muster beginnen.
Zunächst werden die ovalen «Kerne», anschließend die Strahlen herausgeschnitten (Zeichnung 1 und 2). Zeichnung 3 zeigt, wie bei der dritten Schicht die ganze untere Partie wegfällt. Es bleiben nur wie immer der obere Randbogen und der grüne Ring, der am Schluss wie eine «Schale» locker auf die Rosette gelegt wird. Wenn alle Faltlinien der Schichten sowie die Kerben beim Zusammensetzen richtig aufeinandergesetzt sind, fixieren Sie diesen dünnen Ring rundherum erst mit einigen Klebepunkten, damit er sich dabei nicht wölbt. Dann können Sie mit Klebstoffstrichen das ganze Gebilde befestigen.
Und die Farben? Natürlich «zitronenhaft»! Für die Farbauswahl mit dem Seidenpapier-Passepartout (oben) nehmen Sie:
- Grundscheibe Weiß
- 1. Schicht Zitronengelb
- 2. Schicht Hellblau
- 3. Schicht Hellgrün (grüner Ring)

Für die Variante mit dem breiteren Passepartout (unten) habe ich dunkelgrünes Tonpapier und folgende Farben verwendet:
- Grundscheibe Weiß
- 1. Schicht Hellzitronengelb
- 2. Schicht Helltürkis
- 3. Schicht Hellgrün (grüner Ring)

Diese zwei Farbkompositionen wirken am Fenster, besonders in der heißen Sommerzeit, wohltuend erfrischend!

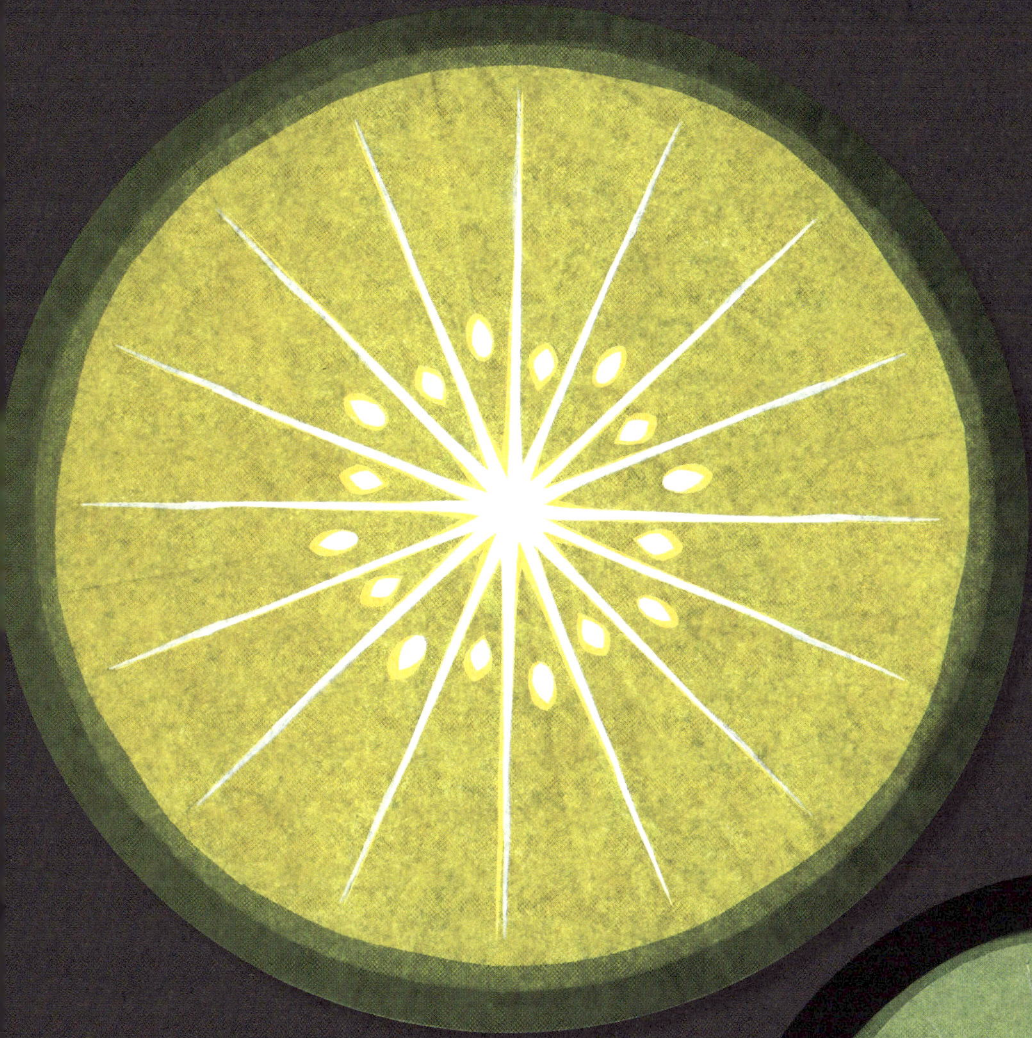

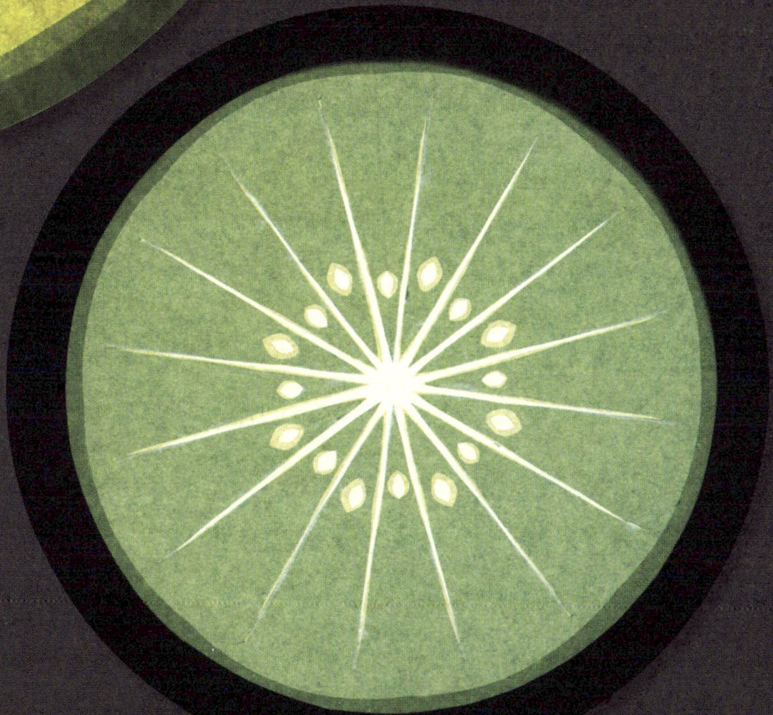

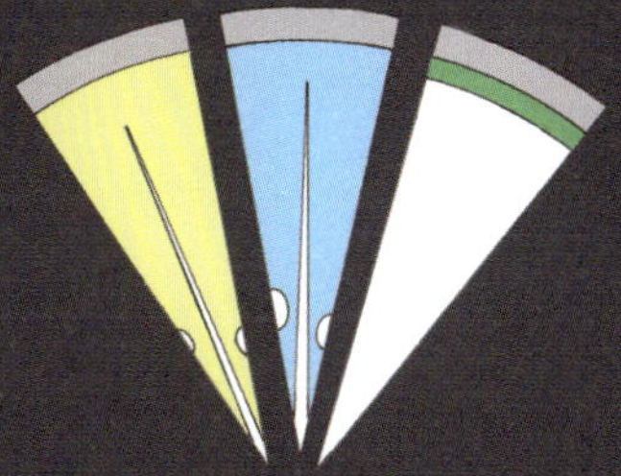

Schnittvorlagen
in Originalgröße auf S. 121

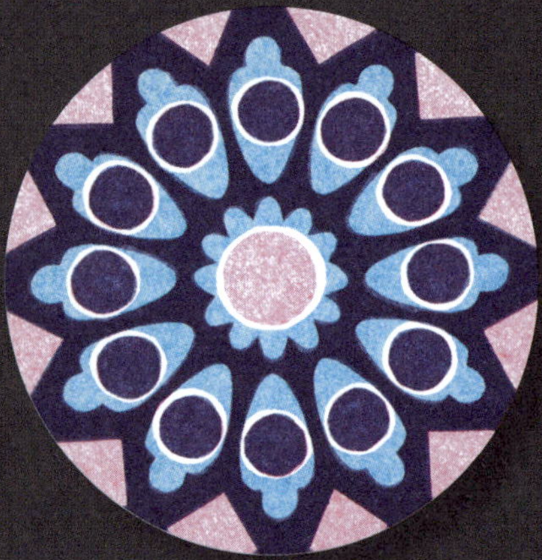

Rosenfenster ***
Kathedrale von Chartres

Große Rosette, Ø 28 cm, 4-lagig

Die weltberühmte Kathedrale von Chartres besitzt drei besonders eindrucksvolle Rosenfenster, in denen sich Geometrie und Zahl, Formen und Farben in einem harmonischen Zusammenklang zeigen. Als Vorlage diente hier die Nordrose im Querschiff (um 1230), wegen ihrer zahlreichen königlichen Lilienblütenemblemen auch «Rose de France» genannt. Sie basiert in allen einzelnen Formen auf der besonderen Zahl Zwölf. Sehr auffallend in der mittleren Ebene sind die zwölf «Quadrate», die außen jeweils einen leicht abgeflachten Winkel aufweisen. Es entsteht der optische Eindruck, als würden diese Quadrate eine sanfte Rotation ausführen.

Nach den Maßwerkzeichnungen dieser schönen großen Rosette ist der Aufbau mit Seidenpapier etwas anspruchsvoll, aber ganz und gar beglückend. Um die edle «Rose de France» an Ihrem Fenster leuchten zu lassen, benötigen Sie vier große Scheiben (Ø 28 cm) mit dem kleinen Einschnitt (der Kerbe) als wichtige Orientierung für den Aufbau (s. S. 14f.). Dieses Mal falten Sie die vier farbigen Scheiben zu Viertelkeilen, wie die Zeichnungen es deutlich zeigen. Die Grundscheibe bleibt unbearbeitet. Die Ausarbeitung der Muster beginnt ab der ersten Schicht (Zeichnung 1, S. 122).
Für die Rosette mit dem leichteren Seidenpapier-Passepartout (S. 39 unten) habe ich versucht, eine Farbzusammenstellung zu finden, die näher an die reale farbige Stimmung des Rosenfensters herankommt. Nehmen Sie dafür:

- Grundscheibe Weiß
- 1. Schicht Türkis
- 2. Schicht Ultramarin
- 3. Schicht Magenta

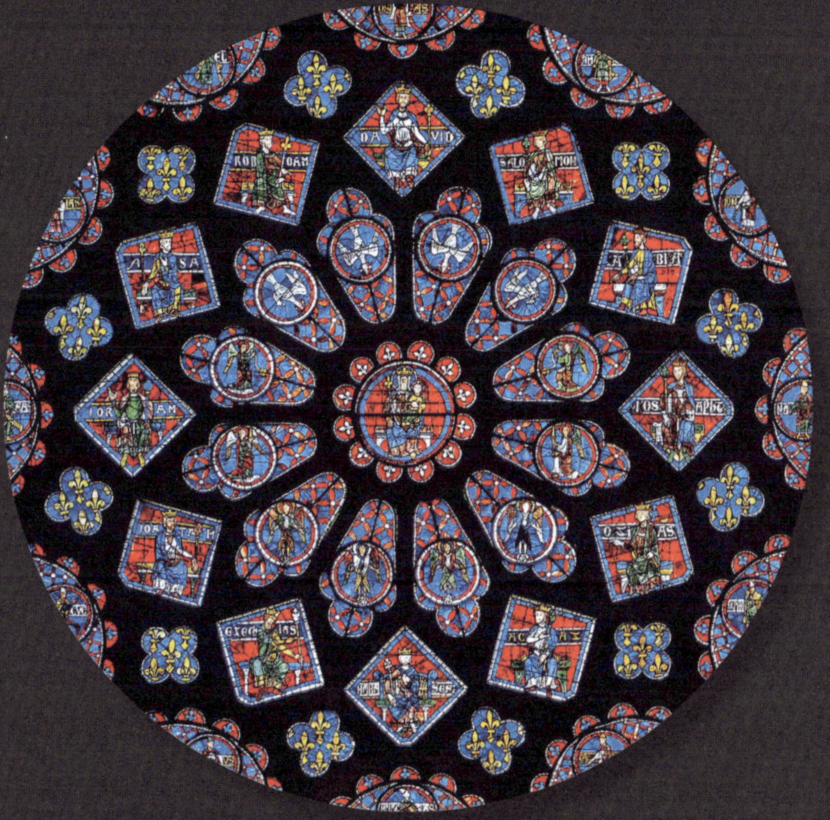

Bei dieser Fensterrose von Chartres sind sämtliche geometrische Motivformen zart mit Weiß umsäumt. Die weiße Umrandung verleiht dem ganzen Fenster einen besonderen glänzenden Lichteffekt. Bei der Gestaltung der runden Motive habe ich hier versucht, die reizenden silbrigen Ränder mithilfe der weißen Grundscheibe durchschimmern zu lassen.
Daher folgende wichtige Anmerkung: Vor dem Herausschneiden der Motivformen bei der zweiten Schicht achten Sie besonders beim Einsatz der Nadel darauf, nicht in die kleinen Kreise zu piksen, sondern leicht daneben, in ihren weißen Umkreis. Denn diese ausgeschnittenen kleinen Kreise werden Sie danach noch intakt brauchen. Legen Sie also sorgfältig alle diese (zweimal zwölf) kleinen Kreise beiseite. Beim Aufeinanderlegen der zweiten Schicht auf die erste werden diese ultramarinfarbenen Kreise im

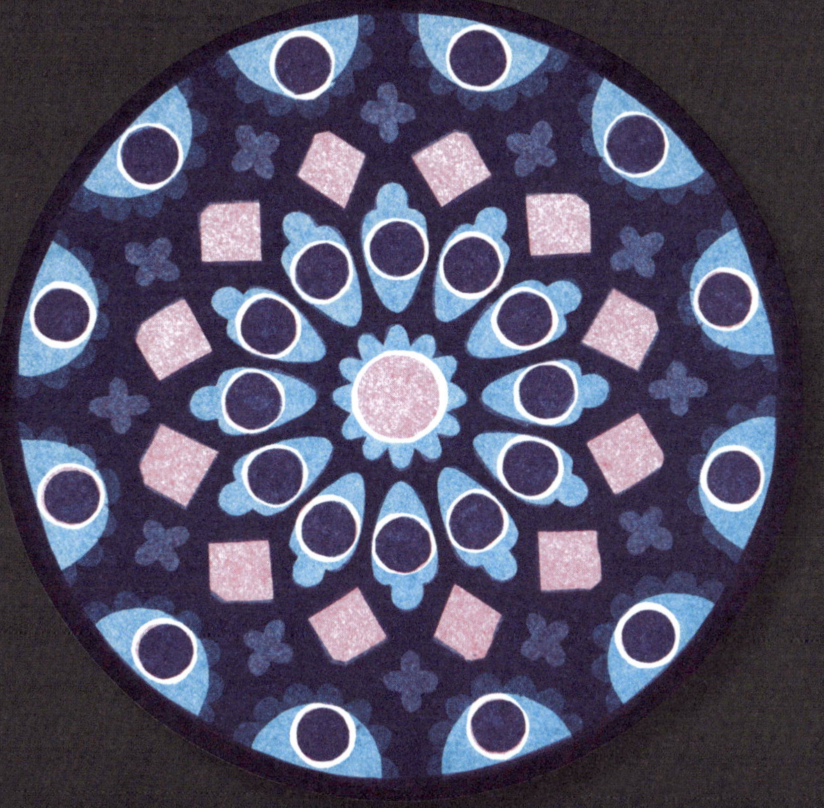

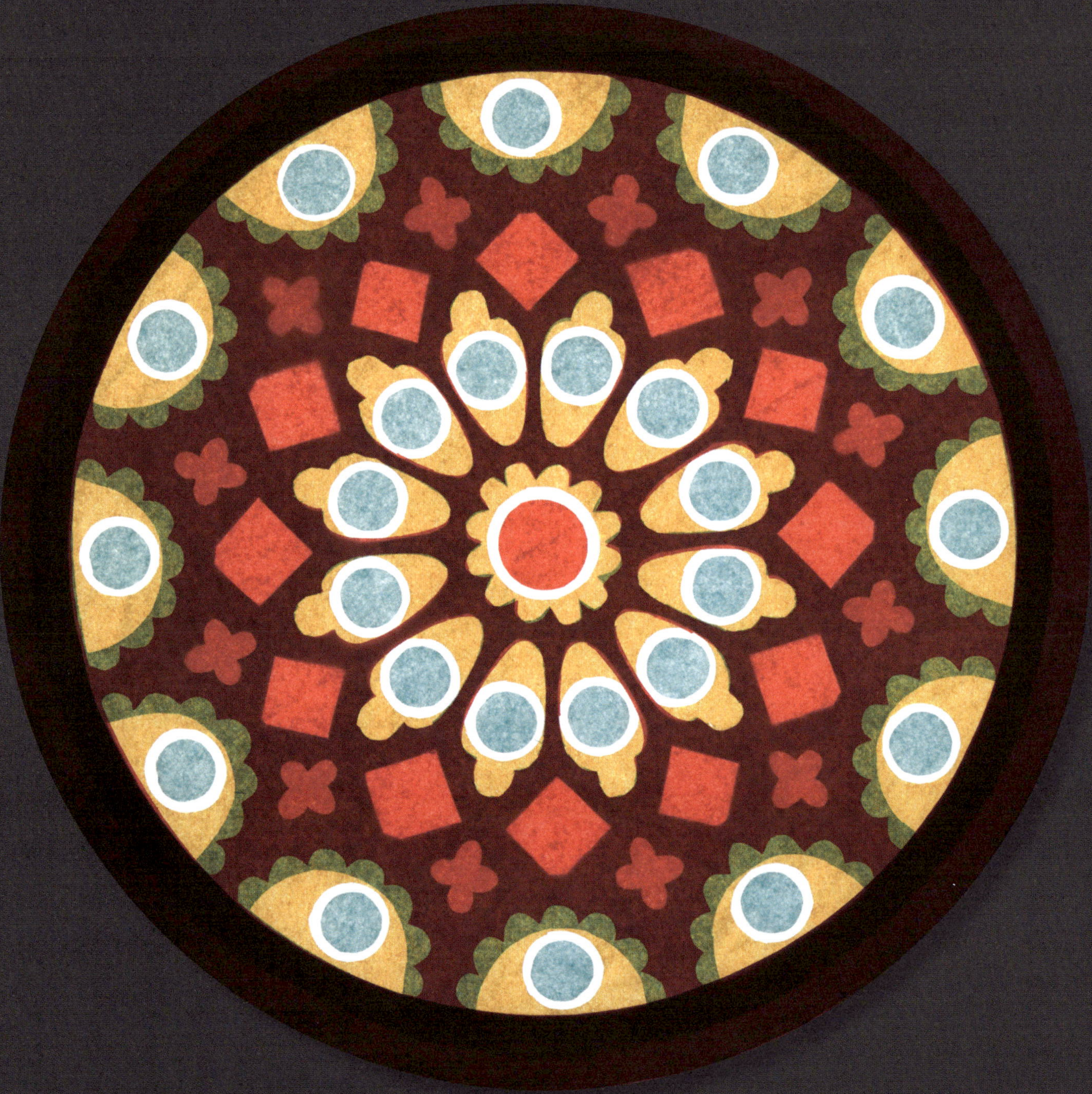

mittleren Bereich innerhalb der «urnenförmigen» Gebilde und in die peripheren Halbkreise geklebt (s. Zeichnung 2, S. 122). Nach demselben Verfahren wie bei der zweiten Schicht bearbeiten Sie dann die dritte Schicht mit den kleinen magentafarbenen Kreisen (Zeichnung 3, S. 123). Diese werden dann auf die ultramarinfarbenen Kreise der zweiten Schicht geklebt. Ins Zentrum der fertigen Rose wird der etwas größere, lose gewordene magentafarbene Kreis geklebt.

Nun zur Farbvariante mit dem breiteren Passepartout aus Tonpapier (siehe links und Coverabbildung): Meine Absicht dabei war, mehr Lichtkontrast in die Halbkreise der Peripherie einzufügen. So ergeben sich folgende Farben für die vier Scheiben:
- Grundscheibe Weiß
- 1. Schicht Goldgelb (auch als Maisgelb bezeichnet)
- 2. Schicht Helltürkis
- 3. Schicht Hellrot (Zinnoberrot)

Zeichnung 2: Verfahren Sie beim Herausschneiden mit dem extra Einsetzen der kleinen Kreise genauso wie bei der ersten Variante – jedoch mit dem wichtigen Unterschied, dass dann (Zeichnung 3) diese jetzt roten Kreise nicht wieder verwendet werden, weil beim Aufeinanderlegen von Rot auf Türkis kein schöner Farbklang entstünde. Die helltürkisblauen Kreise der zweiten Schicht bleiben also ungedeckt. Am Ende wird der etwas größere rote Kreis in der Mitte der Rose festgeklebt.

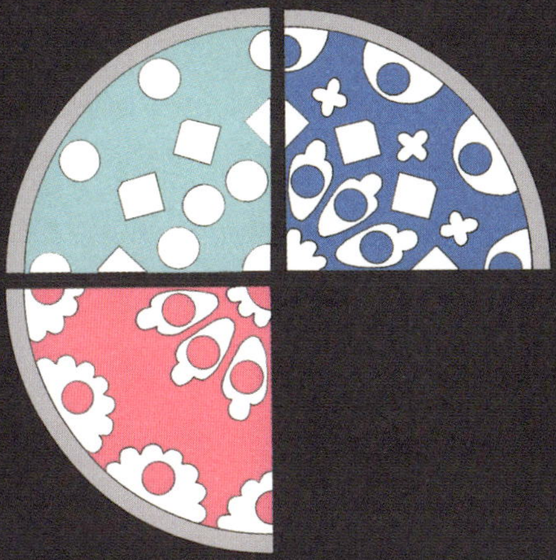

Schnittvorlagen
in Originalgröße auf S. 122, 123

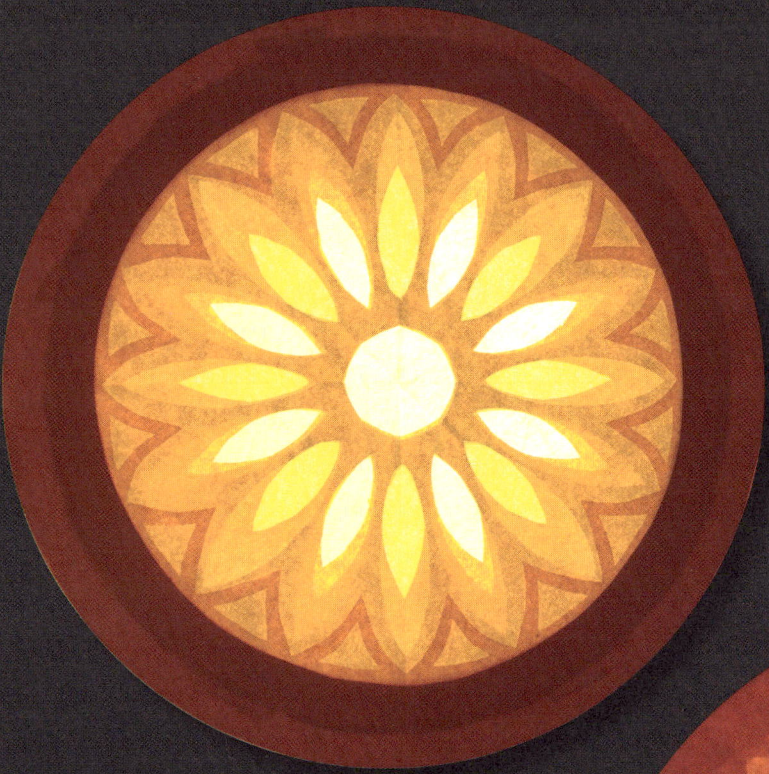

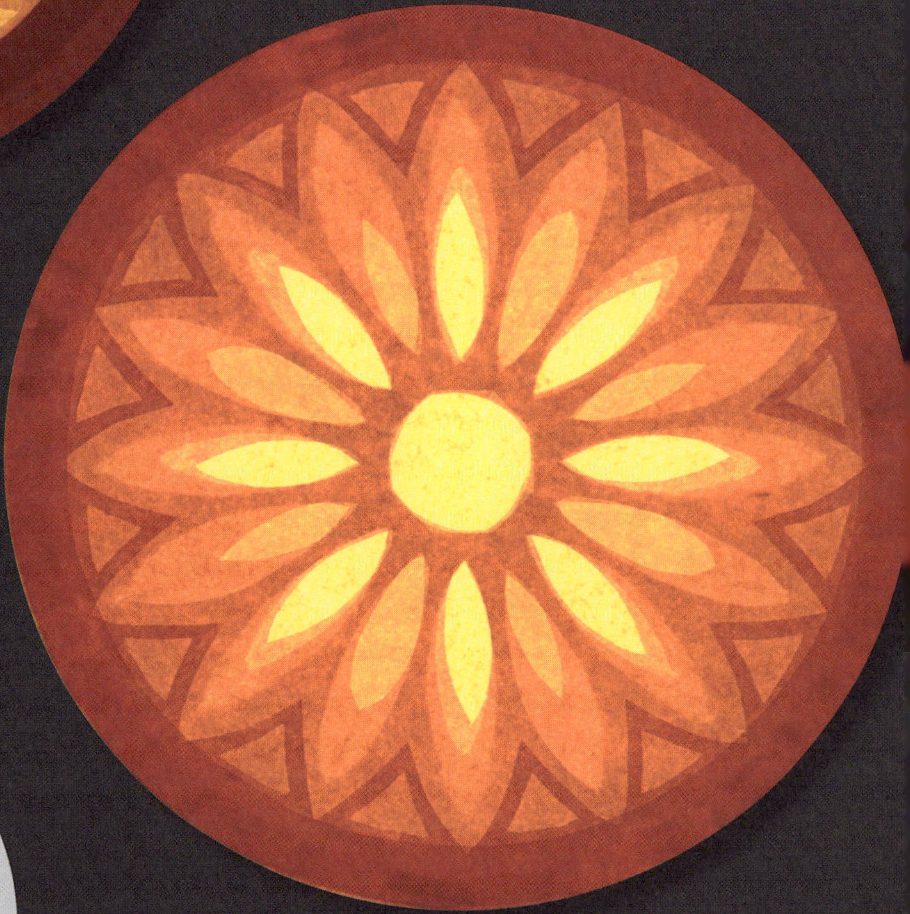

Schnittvorlagen
in Originalgröße auf S. 130, 131

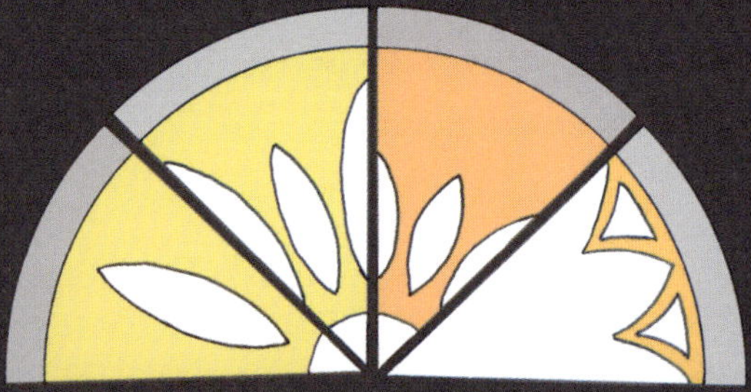

Calendula-Sonne **

Kleine Rosette, Ø 16 cm, 5-lagig

Sonnenhaft blüht in jedem Bauerngarten die Ringelblume. Die hübsche, dankbare Blüherin wird auch wegen ihrer zahlreichen Heilwirkungen sehr geschätzt. Diese bescheidene Rosette erzählt vom frohen Wechselspiel der Farben zwischen Gelb, Gold und Orange ...

Beim Experimentieren mit dieser Falt-und-Schnitt-Technik erwachte in mir die Frage, ob man mit den transparenten Schichten auch die harmonische Blütenblätterfülle einer Blume nachgestalten könnte.
Um die «Calendula-Sonne» in Seidenpapier zu kleiden, nehmen Sie fünf kleine Scheiben (Ø 16 cm), die Sie zu Achtelkeilen falten. Zuvor nicht vergessen: die kleinen Einschnitte! Für den Aufbau orientieren Sie sich an den Angaben ab S. 13. Die Grundscheibe wird nicht bearbeitet. Ab der ersten Schicht (Zeichnung 1, S. 130) werden die Motive ausgeschnitten, indem Sie mit Nadelansatz und Schere am besten mit den Blumenblättern im Inneren der Keile beginnen.
Wenn Kerben und alle Faltlinien der Schichten richtig aufeinandersitzen, werden Sie feststellen, dass die vierte Schicht (Zeichnung 4, S. 131) wie eine Krone aussieht. Am äußeren Rand der Blume wird diese zarte Krone zum Schluss mit Klebepunkten rundherum fixiert, sozusagen als Krönung des Ganzen ...
Nehmen Sie als erste Auswahl für die fünf Scheiben (Foto links unten, Variante mit dem Seidenpapier-Passepartout) die folgenden Farben; damit erhalten Sie eine Blüte im kräftigen Orangeton:

- Grundscheibe Goldgelb (Maisgelb)
- 1. Schicht Goldgelb
- 2. Schicht Goldgelb
- 3. Schicht Hellorange
- 4. Schicht Hellorange

Eine hellere Blume ergibt die Variante mit dem Tonpapier-Passepartout (Foto links oben):

- Grundscheibe Hellzitronengelb
- 1. Schicht Hellzitronengelb
- 2. Schicht Zitronengelb
- 3. Schicht Goldgelb (Maisgelb)
- 4. Schicht Hellorange

Am Fenster blüht sonnig die Freude!

Rosenfenster ***
Lorenzkirche Nürnberg

Große Rosette, Ø 28 cm, 4-lagig

Die überraschende Originalität der Westrose in der Nürnberger St. Lorenzkirche (Mitte 14. Jahrhundert) offenbart einen einzigartigen Übergang vom früheren Rosentypus zu einer Rose, die mehr im Flamboyant-Stil gestaltet ist. Die abwechselnd ein- und auswärts strahlenden Lanzetten scheinen in eine leichte Drehung zu kommen. Ihre strenge Starre bildet auch eine doppelte Kreuzform, die durch diese windmühlenartige Bewegung leichter und lichter wird. Alle dekorativen Elemente des Maßwerks beruhen auf den Zahlen Acht und Vier.

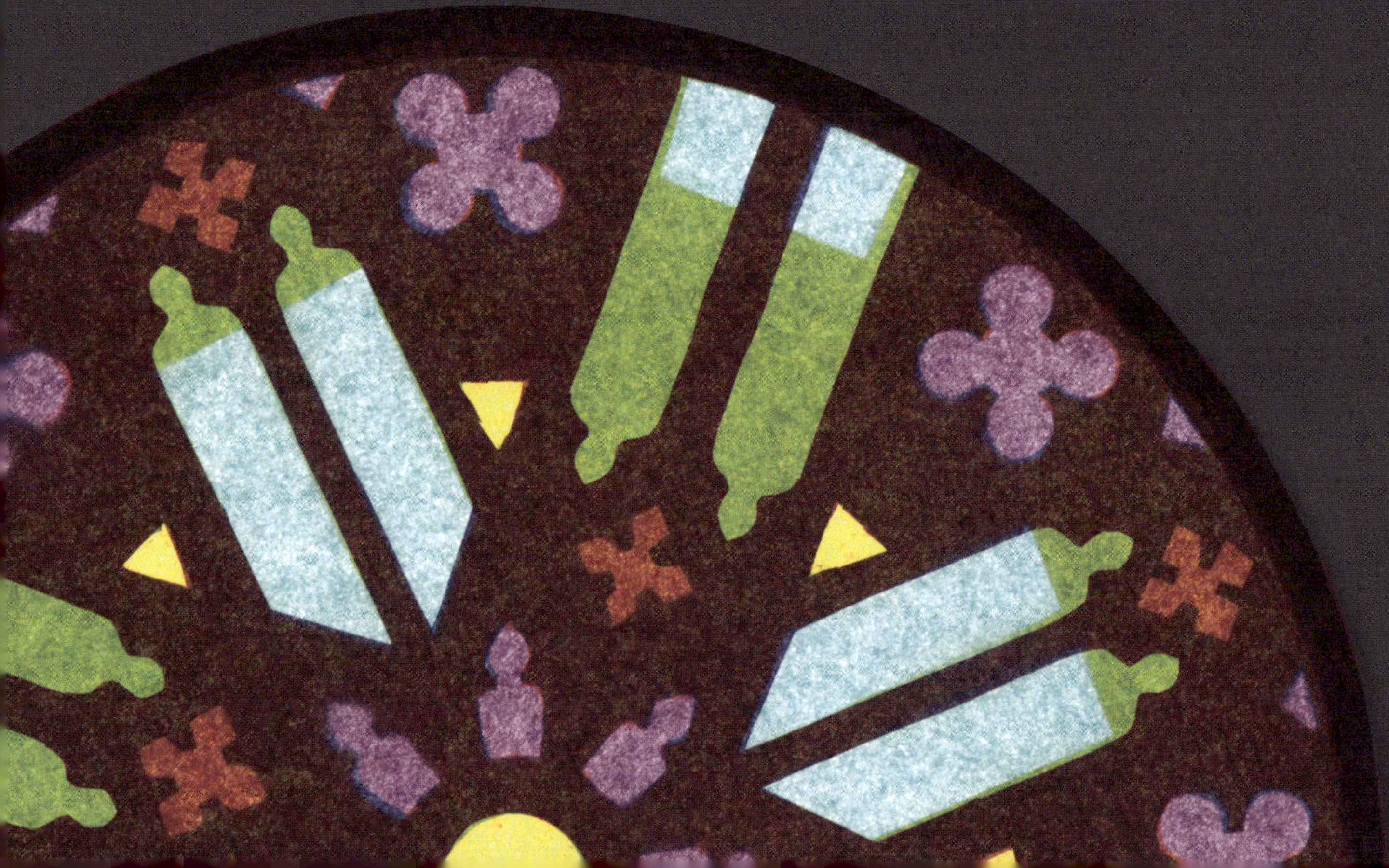

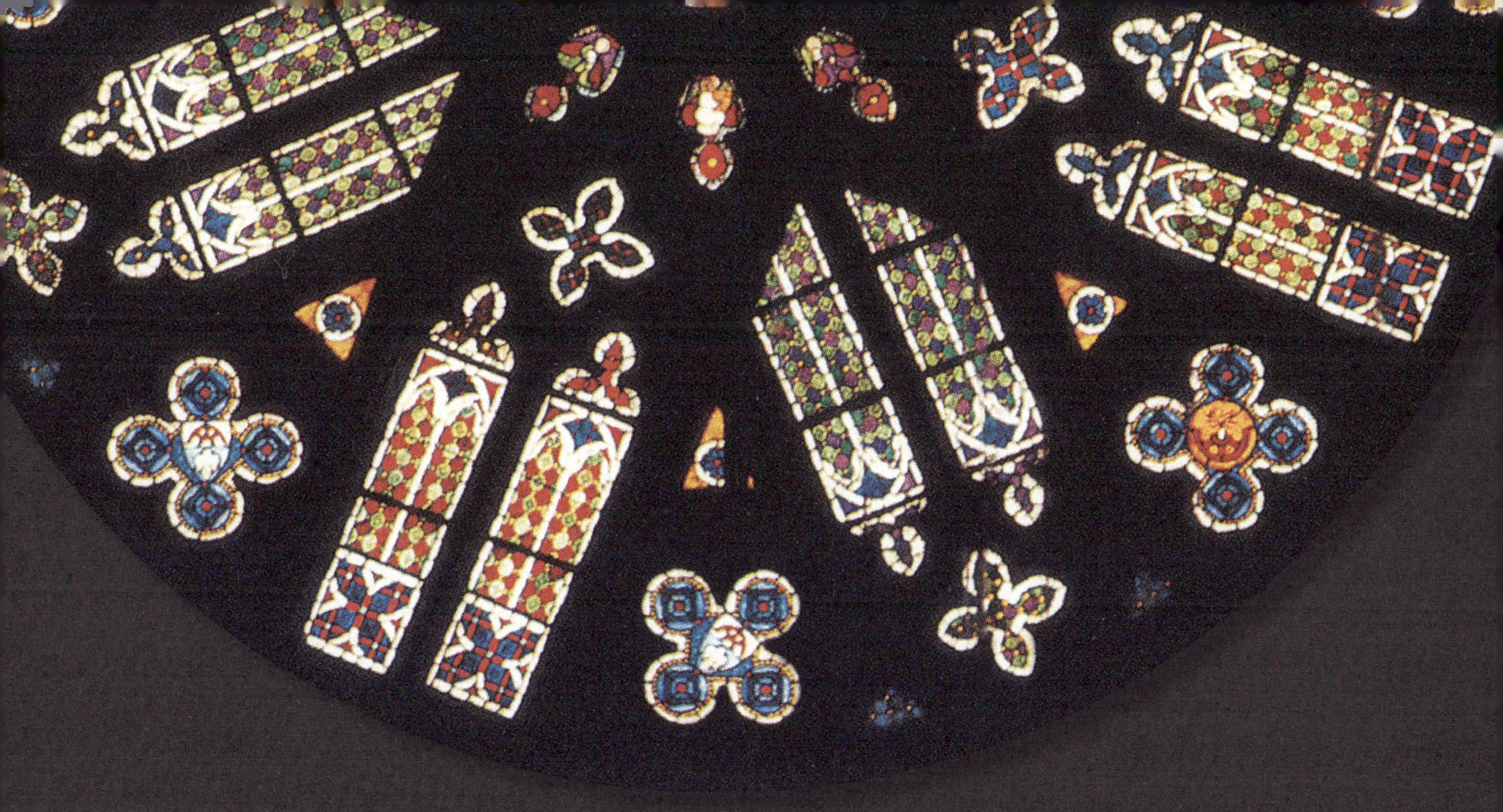

An diesem Nürnberger Rosenfenster ist die Unterteilung der langen spitzbogigen Lanzettenpaare eigentlich nicht im Maßwerk begründet. Sie werden durch extra Quersegmente für verschiedene feine dekorative Motive unterteilt. Von daher habe ich nur andeutungsweise, um die Farbfläche nicht zu eintönig zu gestalten, abwechselnd eine zweite Farbe mal oben, mal unten hervortreten lassen.
Schneiden Sie vier große Scheiben (Ø 28 cm) aus. Dann jeweils den kleinen Einschnitt (die Kerbe) für die Orientierung bilden. Die Scheiben zu Viertelkeilen falten (s. Grundanleitungen ab S. 14). Die Grundscheibe wird nicht bearbeitet. Das Ausschneiden der Motive beginnt ab der ersten Schicht (Zeichnung 1, S. 124) mit Einsatz der Stecknadel. Für das Zusammensetzen der vier Lagen siehe S. 17.

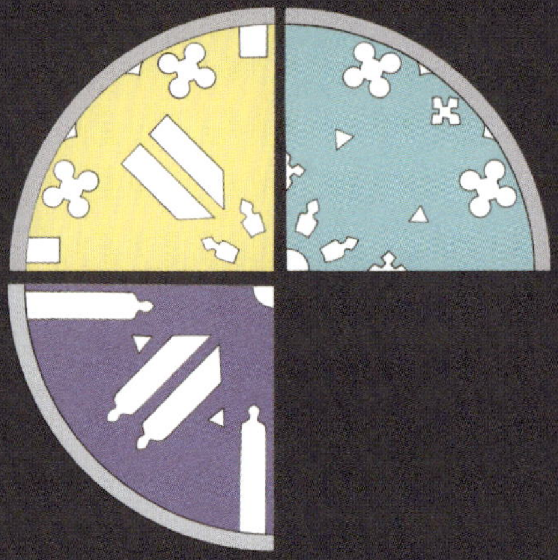

Schnittvorlagen
in Originalgröße auf S. 124, 125

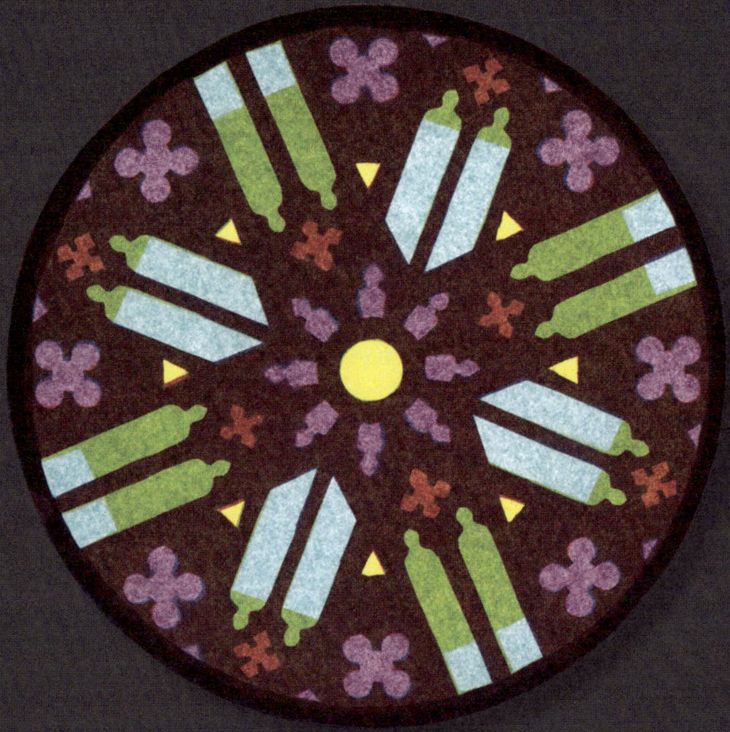

Nehmen Sie folgende Farben:
- Grundscheibe Weiß
- 1. Schicht Zitronengelb
- 2. Schicht Helltürkis
- 3. Schicht Dunkelviolett

Diese erste Farbkomposition (Rosette mit dem leichteren Seidenpapier-Passepartout, links) ruft mit dem schönen Violett eine tiefe, andächtige Stimmung hervor.
Die andere Farbzusammenstellung zaubert eine leichtere Stimmung herbei (Rosette mit dem Tonpapier-Passepartout, rechts). Dieses Mal erscheinen die acht kleinen Kreuze durch die Überdeckung der Schichten in einem träumerischen Grün. Dafür nehmen Sie:
- Grundscheibe Weiß
- 1. Schicht Goldgelb (bzw. Maisgelb)
- 2. Schicht Hellrosa
- 3. Schicht Türkis

Bei beiden Farbvarianten scheinen die zierlichen kleinen Dreiecke in leuchtendem Gelb heiter mitzutanzen!

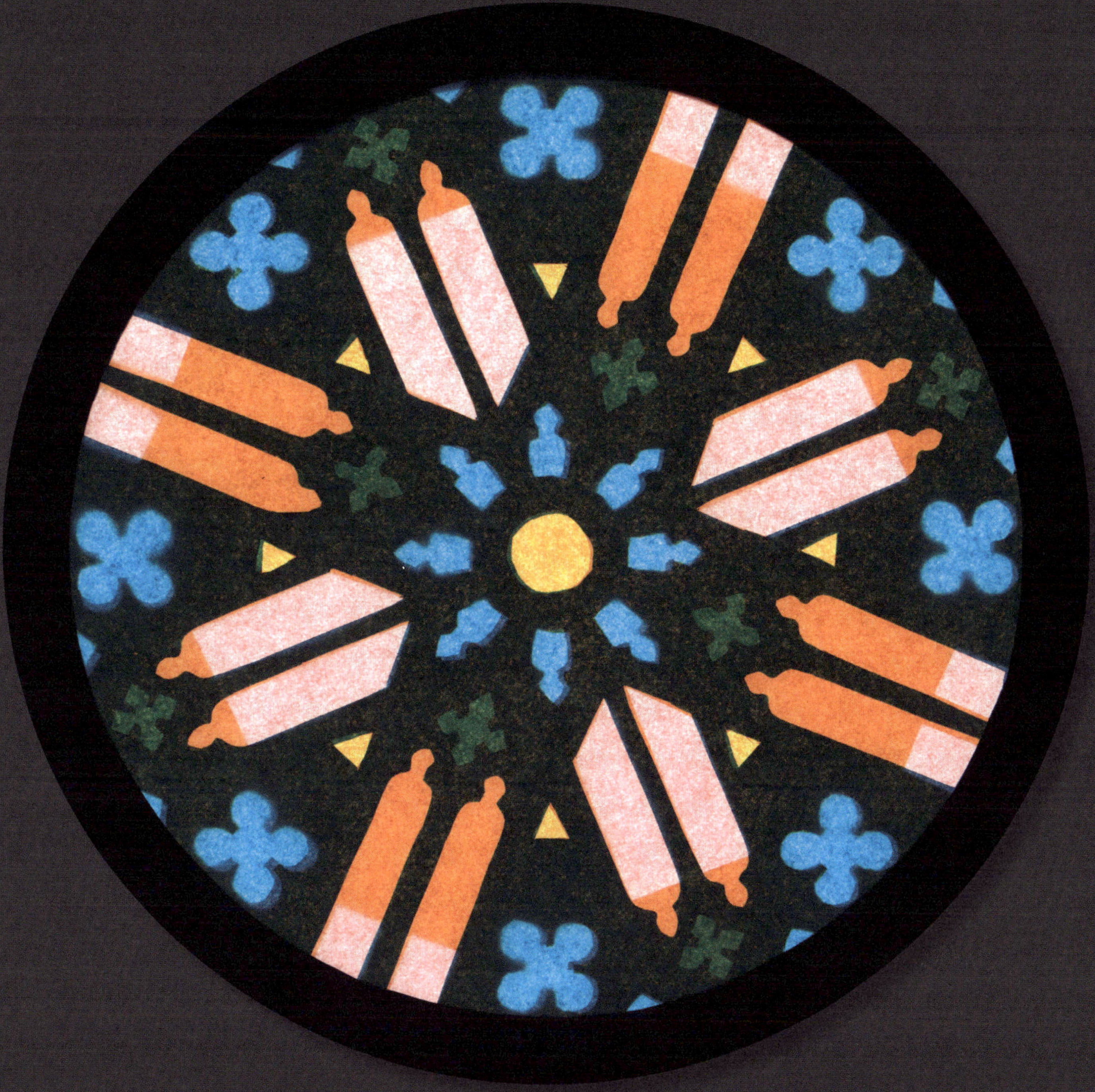

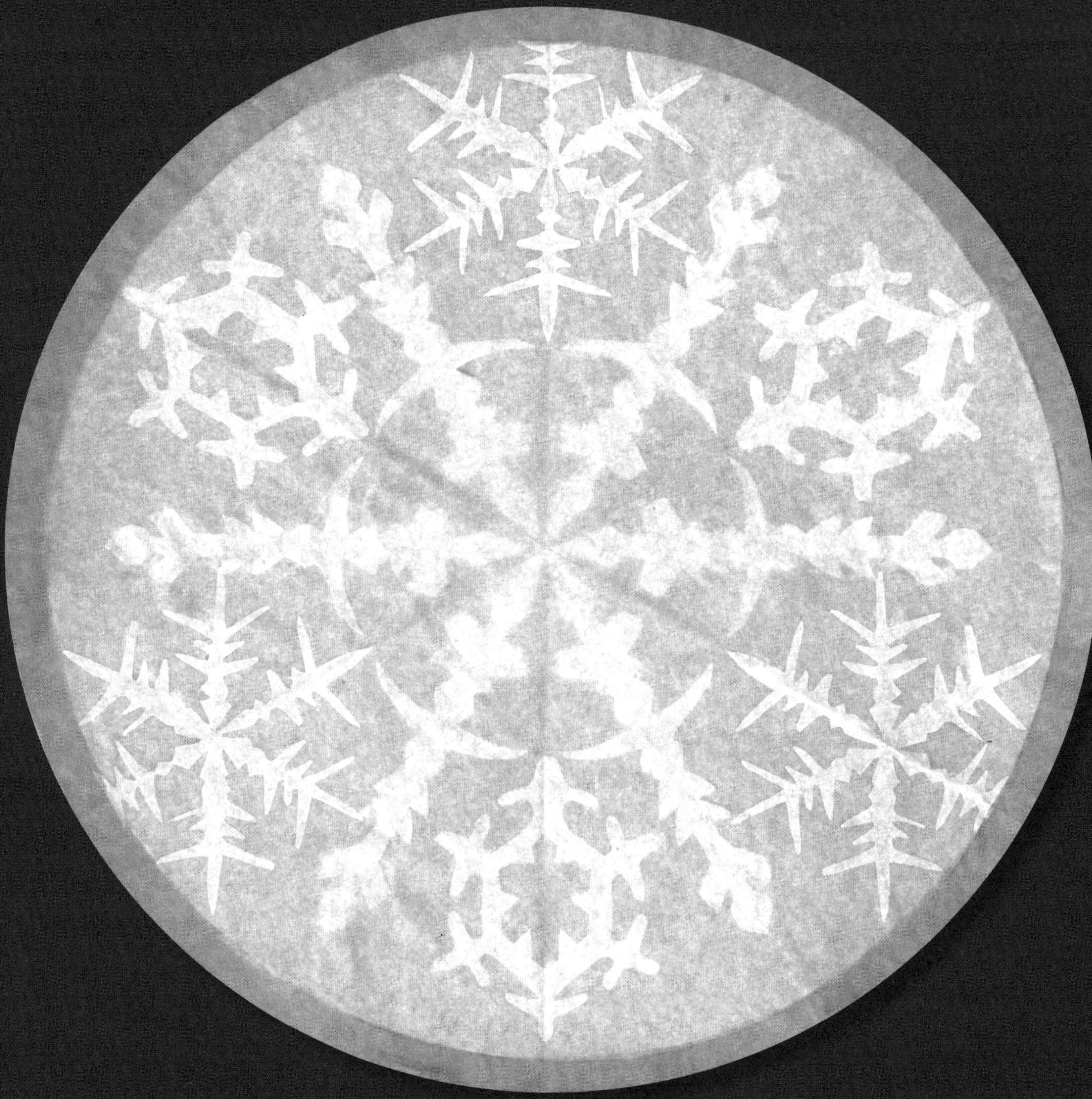

Schneekristalle ***

Große Rosette, Ø 28 cm, 3-lagig

Wenn sich im Winter die Schneeflocken, leicht und luftig tänzelnd, lautlos auf die Erde niederlassen und eine wunderbar umhüllende, weiße Schneedecke zaubern, kann man lange über die unzähligen verschiedenen sechsstrahligen Kristalle in jedem Schneeflöckchen staunen. Und am Fenster wehte leise eine Flocke heran; es erschienen feine, durchsichtige Kristalle: Schneestille aus Seidenpapier ...

Bei dieser Winterrosette habe ich versucht, mehrere Schneekristalle durch die aufeinandergelegten Schichten hindurchglitzern zu lassen.
Sie benötigen drei große Scheiben (Ø 28 cm). Rechts die kleinen Einschnitte (Kerben) anbringen. Falten Sie diese Scheiben, für ein sechsstrahliges Gebilde dieses Mal zu Sechstelkeilen (s. Grundanleitungen S. 14f.).
Die Schnittarbeit beginnt ausnahmsweise gleich mit dem Keil der Grundscheibe. Zur Verdeutlichung wurde bei den drei Zeichnungen (S. 125f.) der bleibende Hintergrund hellblau gezeichnet. Hier wird mit etwas mehr Geduld der erste Schneekristall fein ausgeschnitten (Zeichnung 0). Bei der ersten Schicht (Zeichnung 1) wird wie immer die weiße Partie ausgeschnitten. Dabei wird der rechte Teil frei herausfallen, den Sie am Schluss dringend brauchen. Legen Sie also diesen inneren Teil sorgfältig beiseite.
Bei der zweiten und letzten Schicht (Zeichnung 2) wird innerhalb des Keils ein einziger Strahl des großen Kristalls der Rosettenmitte sorgfältig ausgeschnitten. Hier müssen Sie als Hilfe für den Schnittansatz zuerst mit der Stecknadel einen

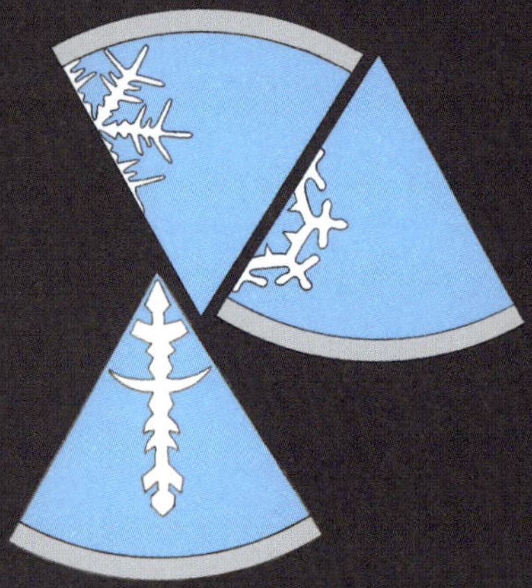

Schnittvorlagen
in Originalgröße auf S. 125, 126

Durchstich machen. Gehen Sie beim Ausschneiden an der unteren Spitze, am Zentrum des Motivs, sehr vorsichtig vor, weil diese Stelle eng an den Spitzenrändern liegt.
Sind die Keile der drei Lagen mit ihrer zarten Struktur fertig ausgeschnitten, werden sie besonders vorsichtig geöffnet und flach hingelegt. Zwischen zwei Blättern Papier können Sie sie leicht ausbügeln.
Kleben der aufeinandergesetzten Lagen: zuerst die Grundscheibe auf die Plastikfolienunterlage legen; nach den Anleitungen von S. 17ff. arbeiten. Die erste Schicht exakt auf die Grundscheibe legen – Kerbe auf Kerbe, Faltlinien auf Faltlinien. Fixieren Sie zunächst nur mit einigen Klebepunkten den Kreisrand der beiden Lagen. Nehmen Sie dann wieder die drei Innenteile, die Sie (bei Zeichnung 1) beiseitegelegt hatten, und kleben Sie sie in die Mitte der zugehörigen Kristalle. Die Rosette auf die Kehrseite drehen. Jetzt können Sie die drei feinen filigranen Kristallspitzen der Grundscheibe (aus Zeichnung 0) fertig kleben. Die Rosette wieder auf die Vorderseite wenden, um problemlos die zweite und letzte Schicht daraufzusetzen. Kleben.

Für die Winterrosette mit dem Seidenpapier-Passepartout (S. 48) nehmen Sie nur Weiß für die drei Lagen.

Variante: Für die Rosette mit dem Tonpapier-Passepartout (rechts) bieten sich folgende Farben an:
- Grundscheibe Hellblau (Himmelblau) (Zeichnung 0)
- 1. Schicht Weiß
- 2. Schicht Weiß

Die hellblaue Stimmung im Hintergrund dieser Schneerosette lässt erahnen, dass die zarte Kristallstruktur vergänglich ist und bald schmelzen wird ...

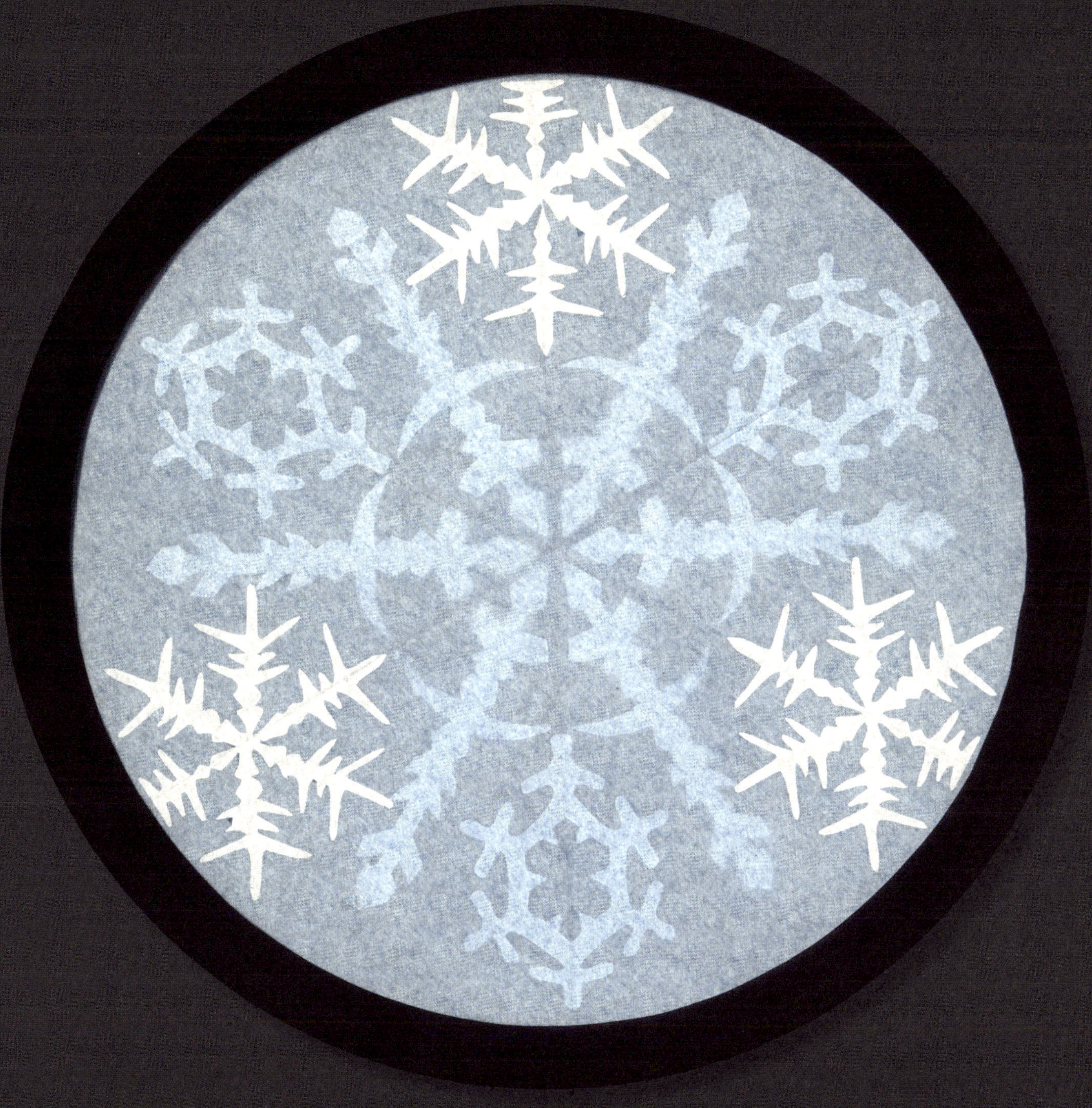

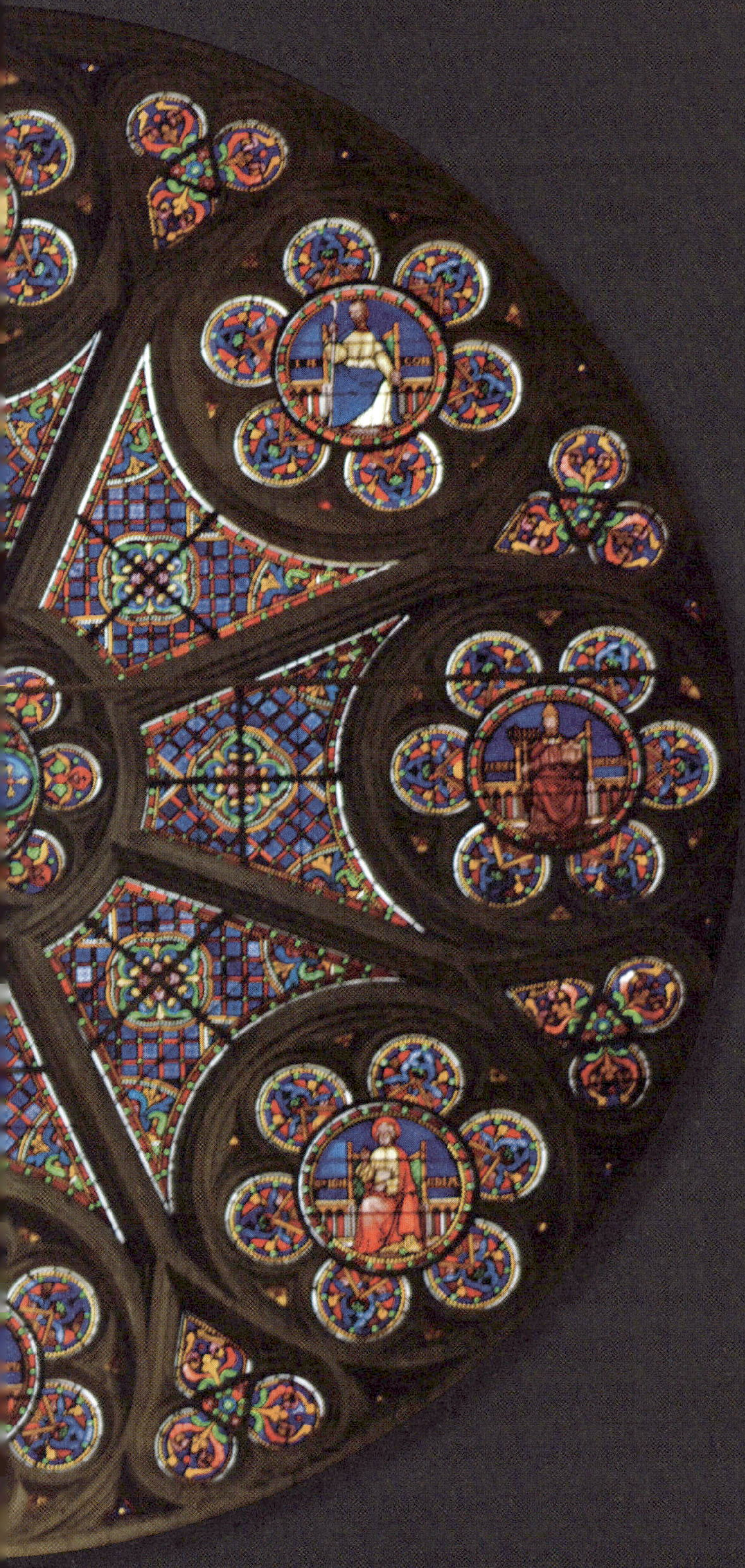

Rosenfenster ****
Kirche von Saint-Maixent

Große Rosette, Ø 28 cm, 4-lagig

Die Abteikirche der Stadt Saint-Maixent-l'Ecole (Westfrankreich, im Département Deux-Sèvres gelegen) birgt in ihrem Chor ein bemerkenswertes Rosenfenster im Flamboyant-Stil aus dem 15. Jahrhundert. Einmalig ist die achtteilige, blumenkorbähnliche Struktur des mittleren Bereichs, dem eine besonders strahlende Kraft entspringt. Die acht sechsblättrigen Blüten des Umkreises ruhen gewissermaßen über diesen kelchförmigen Gebilden. Im Zentrum ruht wiederum eine achtblättrige Blüte, in deren Herzen Maria mit dem Kind thront. In der frühchristlichen Symbolik war die Zahl Acht der Ort der Ruhe, des Friedens und der Seligkeit.

Schneiden Sie vier große Scheiben (Ø 28 cm) aus. Wie immer den kleinen Einschnitt (die Kerbe) als Orientierung für die Zusammensetzung der Lagen bilden. Dann diese Scheiben zu Achtelkeilen (s. S. 14f.) falten. Die Grundscheibe wird nicht bearbeitet. Erst ab der ersten Schicht (Zeichnung 1, S. 127) beginnen Sie mit dem Ausschneiden der Motive. Wie üblich, werden zu-

nächst die Formen aus dem inneren Teil des Keils entfernt. Helfen Sie sich dabei stets mit der Stecknadel für den Schnittansatz. Bei der zweiten Schicht (Zeichnung 2, S. 127) werden die inneren Halbkreise herausfallen. Bewahren Sie sie sorgfältig für später auf. Für die dritte Schicht (Zeichnung 3, S. 127) werden beim Ausschneiden der dünnen Innenränder die inneren Partien der «Blumenkorbmotive» abfallen. Auch diese Teile extra aufbewahren. Kleben Sie zunächst die erste Schicht auf die Grundscheibe (s. Anleitung S. 17). Nun wird die zweite Schicht daraufgeklebt. Nehmen Sie dann die acht geöffneten kleinen Kreise, die Sie als Halbkreise zurückgelegt hatten, und kleben Sie sie in die Mitte der acht kleinen Blütenmotive am Kreisrand der ersten Schicht.
Bei der dritten und letzten Schicht verfahren Sie beim Kleben genauso für die acht zurückgelegten Innenteile der Blumenkorbmotive, sodass der feine weiße Randstreifen drumherum sichtbar bleibt. Wiederum ergeben sich für diese Fensterrose zwei mögliche Farbkompositionen.

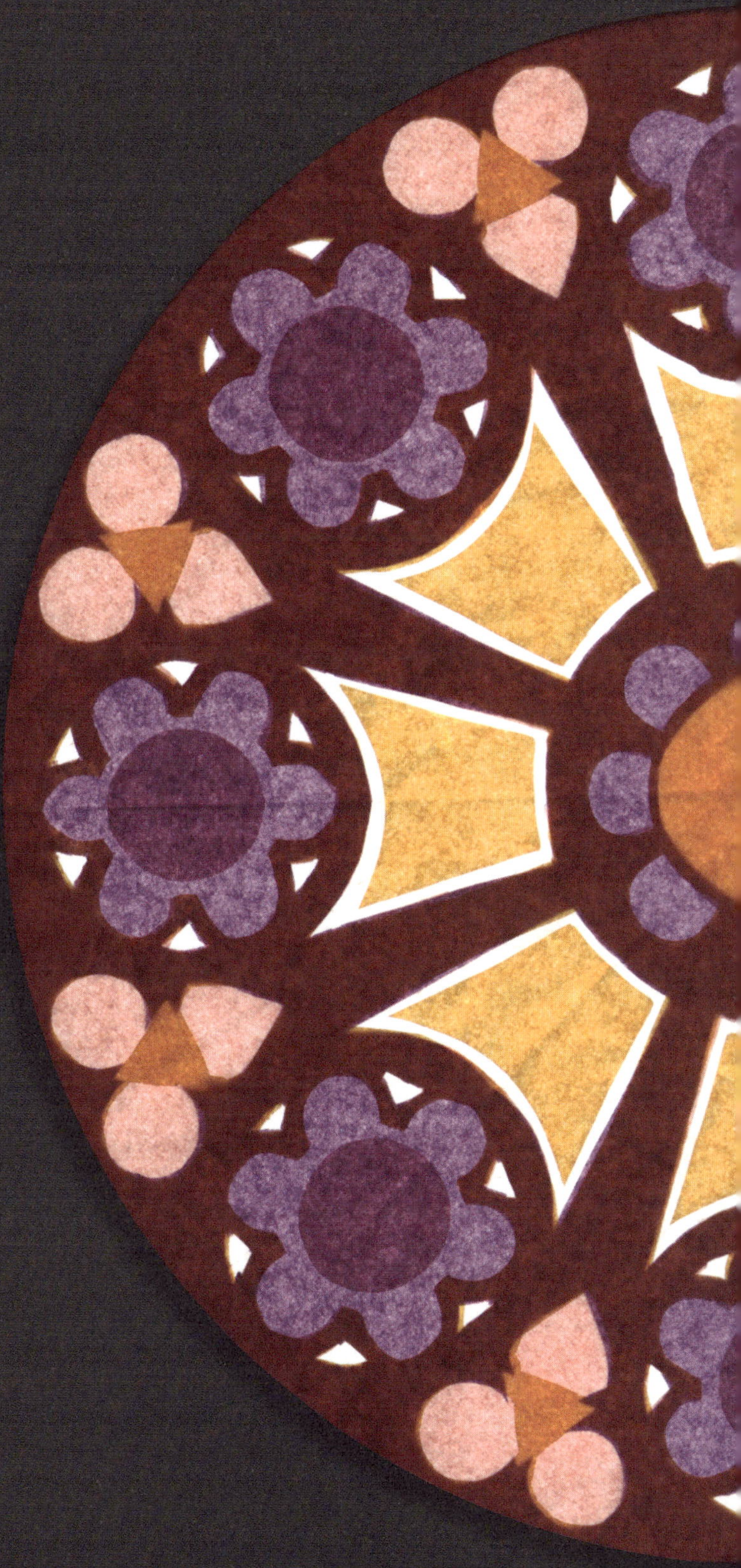

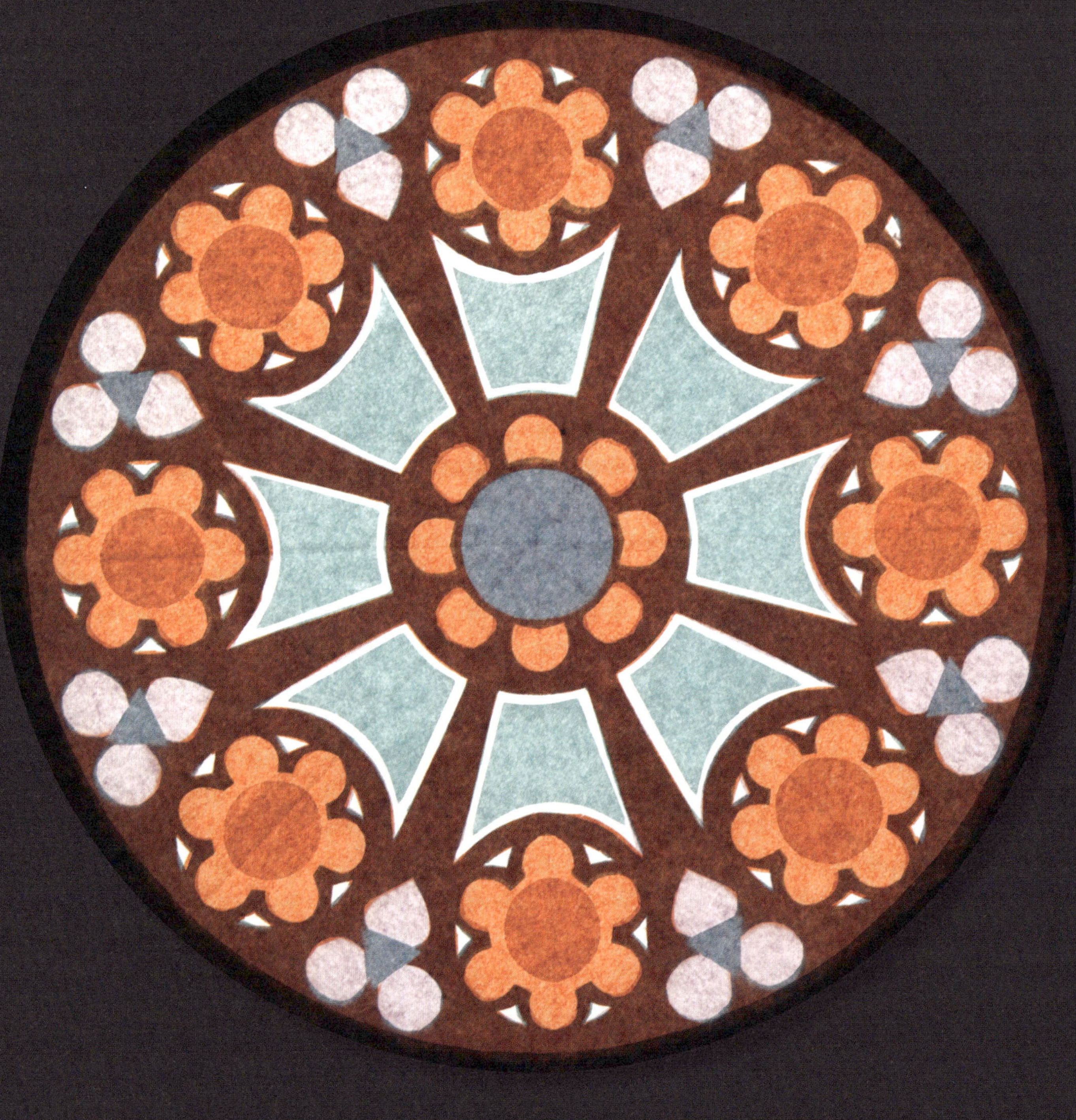

Für die erste Variante mit dem Seidenpapier-Passepartout (links) nehmen Sie diese Farben:
- Grundscheibe Weiß
- 1. Schicht Mittelorange
- 2. Schicht Helllila
- 3. Schicht Helltürkis

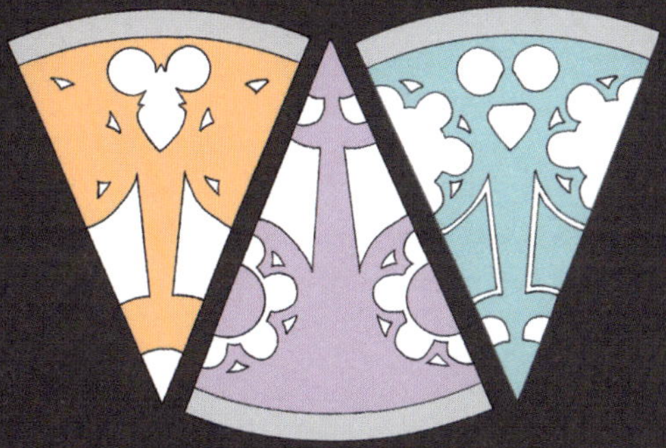

Schnittvorlagen
in Originalgröße auf S. 127

Die ruhige Farbe Blau, die das originale Rosenfenster von Saint-Maixent sehr prägt, soll auch hier ihre ansehnliche Wirkung entfalten können. Durch die Überdeckung mit dem Helllila erhalten die acht kleinen Dreiecke am Kreisrand und der große Kreis im Zentrum eine noch tiefere Bläue.
Für die zweite Farbvariante (Rosette mit Tonpapier-Passepartout, rechts) nehmen Sie folgende Farben:
- Grundscheibe Weiß
- 1. Schicht Dunkelviolett
- 2. Schicht Rosa
- 3. Schicht Goldgelb (bzw. Maisgelb)

Die strahlende Struktur der mittleren Elemente wird hier durch das Goldgelb deutlich hervorgehoben. Die violette Farbe bringt dazu einen ausgewogenen Kontrast und ruft zugleich eine tief andächtige Stimmung hervor.

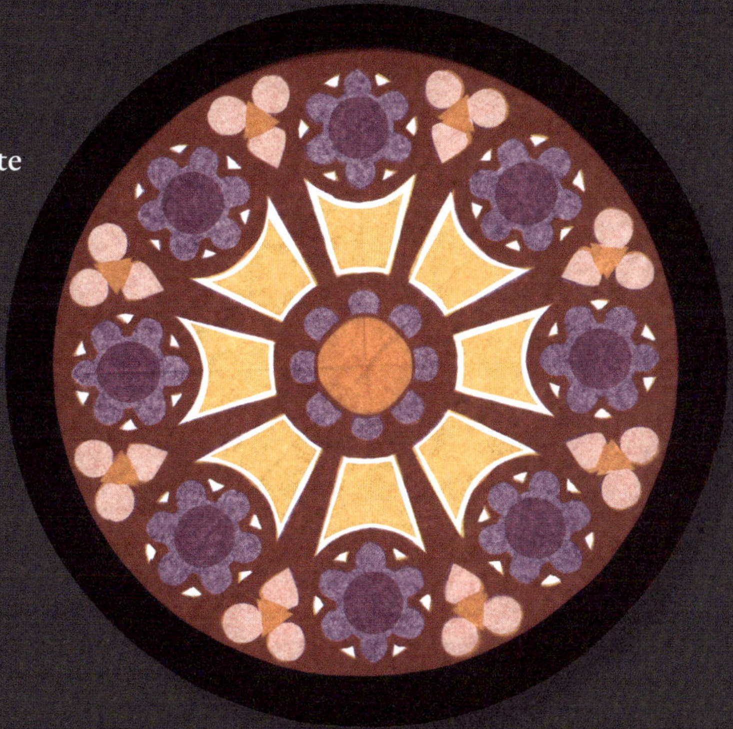

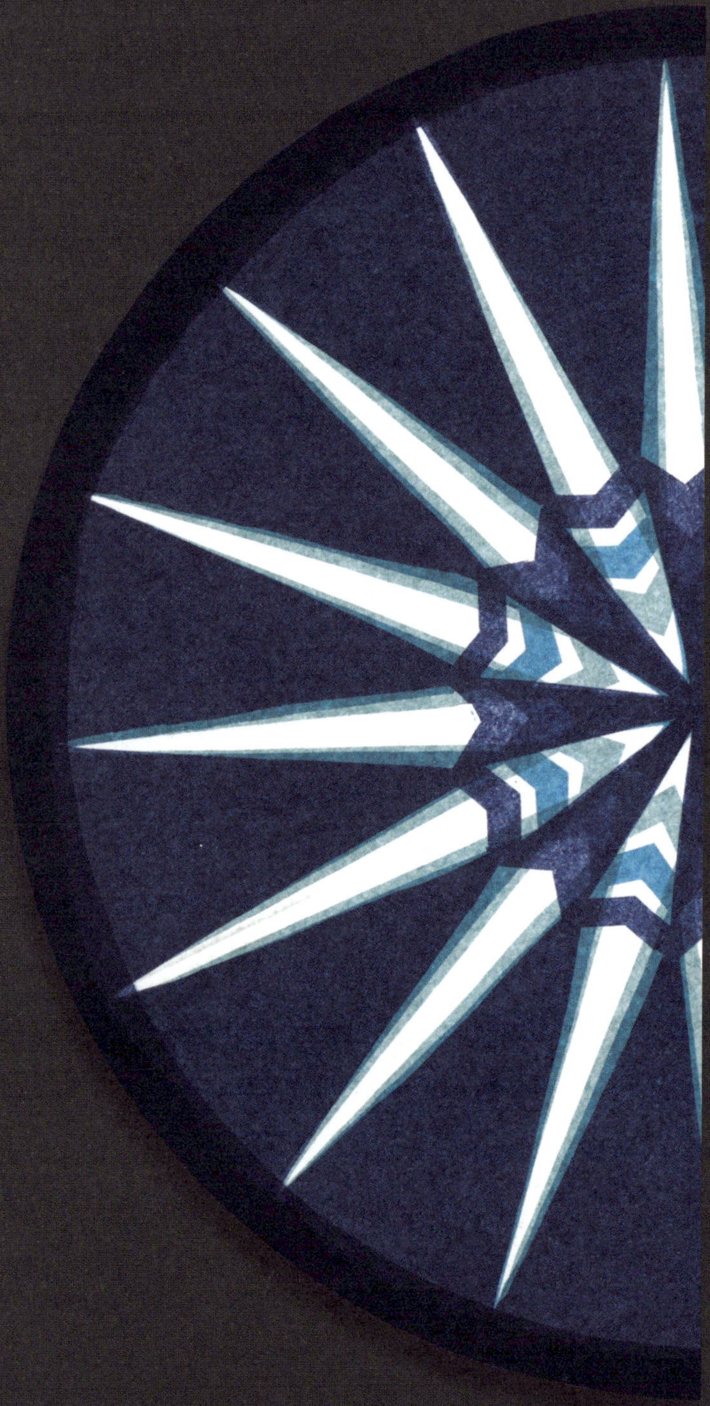

Nachtglanz **

Mittelgroße Rosette, Ø 24 cm, 4-lagig

Aus dem geheimnisvollen tiefblauen Mantel der Nacht leuchtet ein Stern voller Glanz. Seine sechzehn spitzen Strahlen glitzern kontinuierlich am Fenster ...

Für den Aufbau von «Nachtglanz» benötigen Sie vier mittelgroße Seidenpapierscheiben (Ø 24 cm), stets mit kleinem Einschnitt rechts. Richten Sie sich nach den Grundanleitungen des ersten Kapitels. Die vier Scheiben zu Achtelkeilen falten. Die Grundscheibe wird nicht bearbeitet. Das Ausschneiden der Motive beginnt ab der ersten Schicht (Zeichnung 1, S. 128), und zwar am besten mit Nadelansatz und dann weiter mit der Schere beim inneren Strahl in der Keilmitte. Gehen Sie beim Ausschneiden an der Zentrumsspitze vorsichtig vor.
Sind alle drei Schichten mit ihren etwas verschieden breiten Spitzen fertig ausgeschnitten, können Sie nach und nach mit dem Kleben der aufeinandergesetzten Lagen beginnen (s. S. 17).
Zuerst die Grundscheibe auf die Plastikfolienunterlage legen, dann die erste Schicht exakt daraufsetzen (Kerbe auf

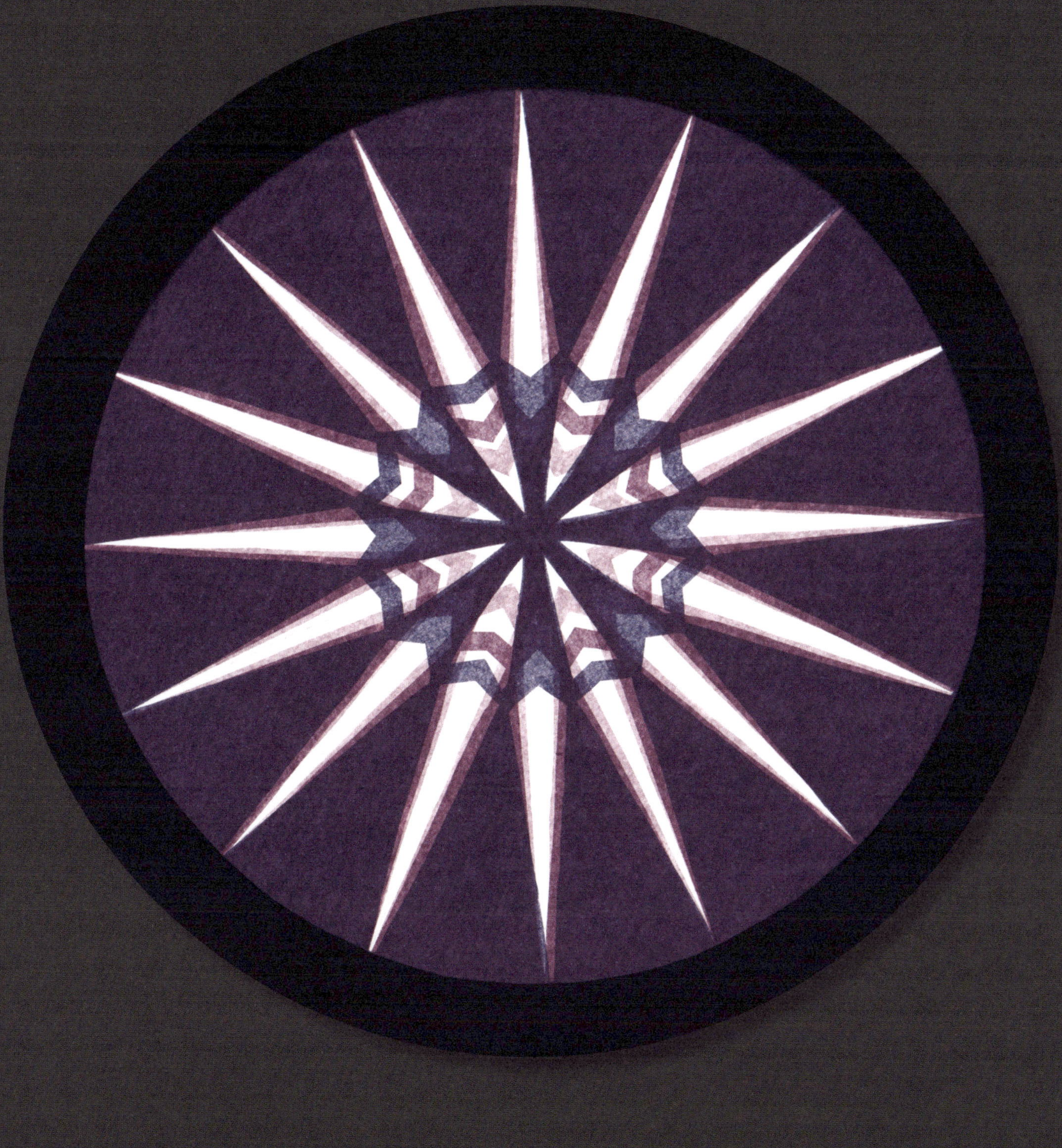

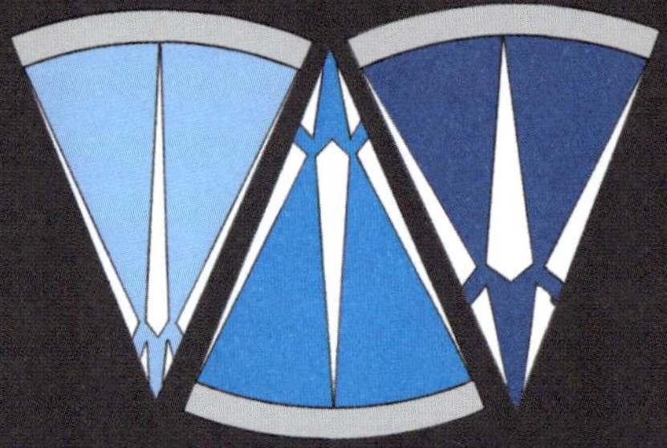

Schnittvorlagen
in Originalgröße auf S. 128

Kerbe) und zunächst nur mit einigen Klebepunkten am Kreisrand festkleben. Damit sich die feinstrahlige Papierstruktur nicht wölbt und alle Strahlenkanten richtig gestreckt sitzen, ist es bei diesem Modell sehr ratsam, beim Fixieren der jeweils gegenüberliegenden Strahlen der ersten Schicht das Seidenpapier mit den Fingern etwas stramm zu ziehen. Dafür legen Sie Zeige- und Mittelfinger der einen Hand auf das Zentrum der Rosette und den Daumen auf den Kreisrand unten vor Ihnen. Mit der anderen Hand können Sie die Klebestriche anbringen. Mit diesem Verfahren kleben Sie dann die zwei weiteren Lagen. Am Schluss können Sie das Gebilde fertig mit langen Klebestrichen stabilisieren.
Als nächtliche Stimmung für die Sternrosette mit dem Seidenpapier-Passepartout (rechts) nehmen Sie folgende Farben:
- Grundscheibe Weiß
- 1. Schicht Helltürkis
- 3. Schicht Türkis
- 4. Schicht Ultramarin

Diese verschiedenen Blautöne ermöglichen eine feine, sanfte Schattierung.

Bei der zweiten Farbvariante (Rosette mit Tonpapier-Passepartout, S. 57) erreichen Sie mit lilafarbenen bis violetten Abstufungen eine besonders geheimnisvolle Nachtstimmung:
- Grundscheibe Weiß
- 1. Schicht Helllila
- 2. Schicht Lila
- 3. Schicht Ultramarinviolett

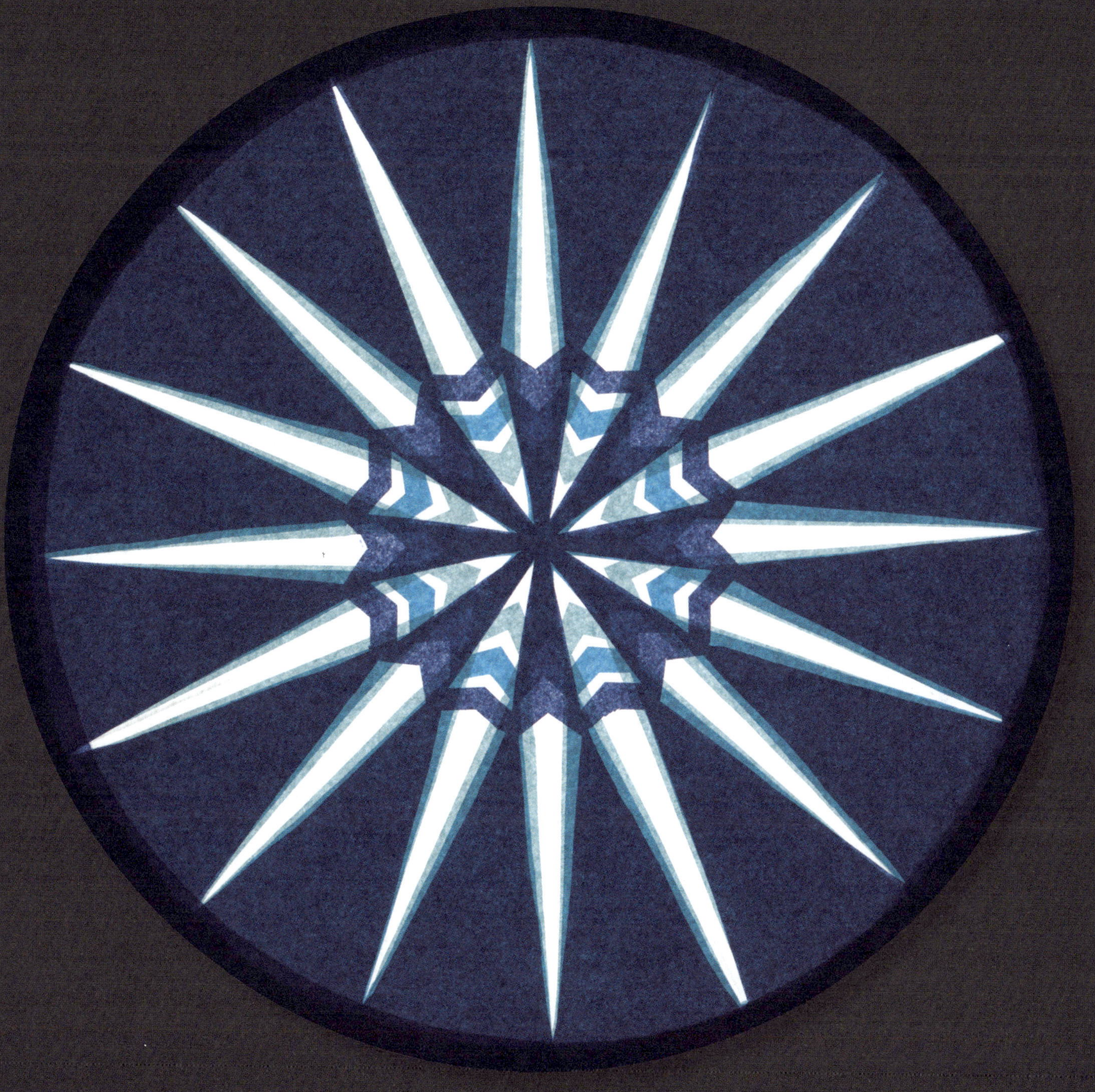

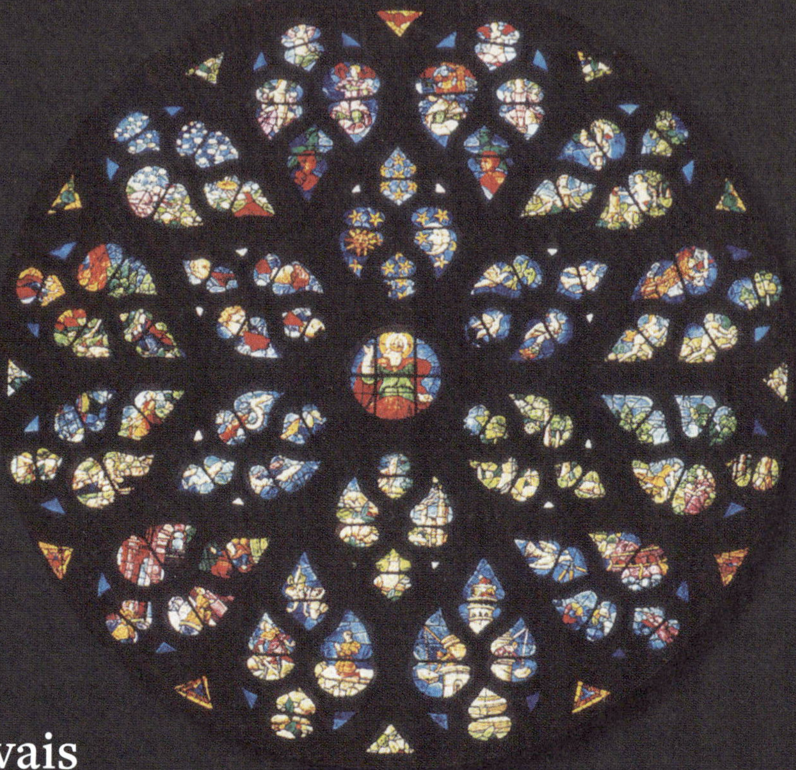

Rosenfenster *** Kathedrale von Beauvais

Mittelgroße Rosette, Ø 24 cm, 4-lagig

Die herrliche Südrose (um 1548) der Kathedrale von Beauvais im Norden von Paris stellt im Flamboyant-Stil die Schöpfung aus der Genesis dar. Die Maßwerkstruktur zeigt um das Kreiszentrum, in dem sich das Bild des thronenden Gottvaters befindet, dynamische rundliche Formen, die sich schier endlos in flammende Bewegungen fortsetzen wollen. Um die sechsblättrige Blüte im mittleren Bereich schwingt sich sechsfach die «harmonische Achtform» (Lemniskatenform). Sichtbar sind aber auch sechs Herzformen. Die gewagte Steinarbeit scheint sich in ein leichtes, lichtes Tanzen zu entfalten.

Um die schöne Maßwerkornamentik dieses Rosenfensters von Beauvais mit farbigem Seidenpapier umkleiden zu können, brauchen Sie vier mittelgroße Scheiben (Ø 24 cm). Machen Sie stets rechts den wichtigen kleinen Einschnitt und falten Sie dieses Mal die vier Lagen zu Sechstelkeilen, denn es handelt sich hier um eine

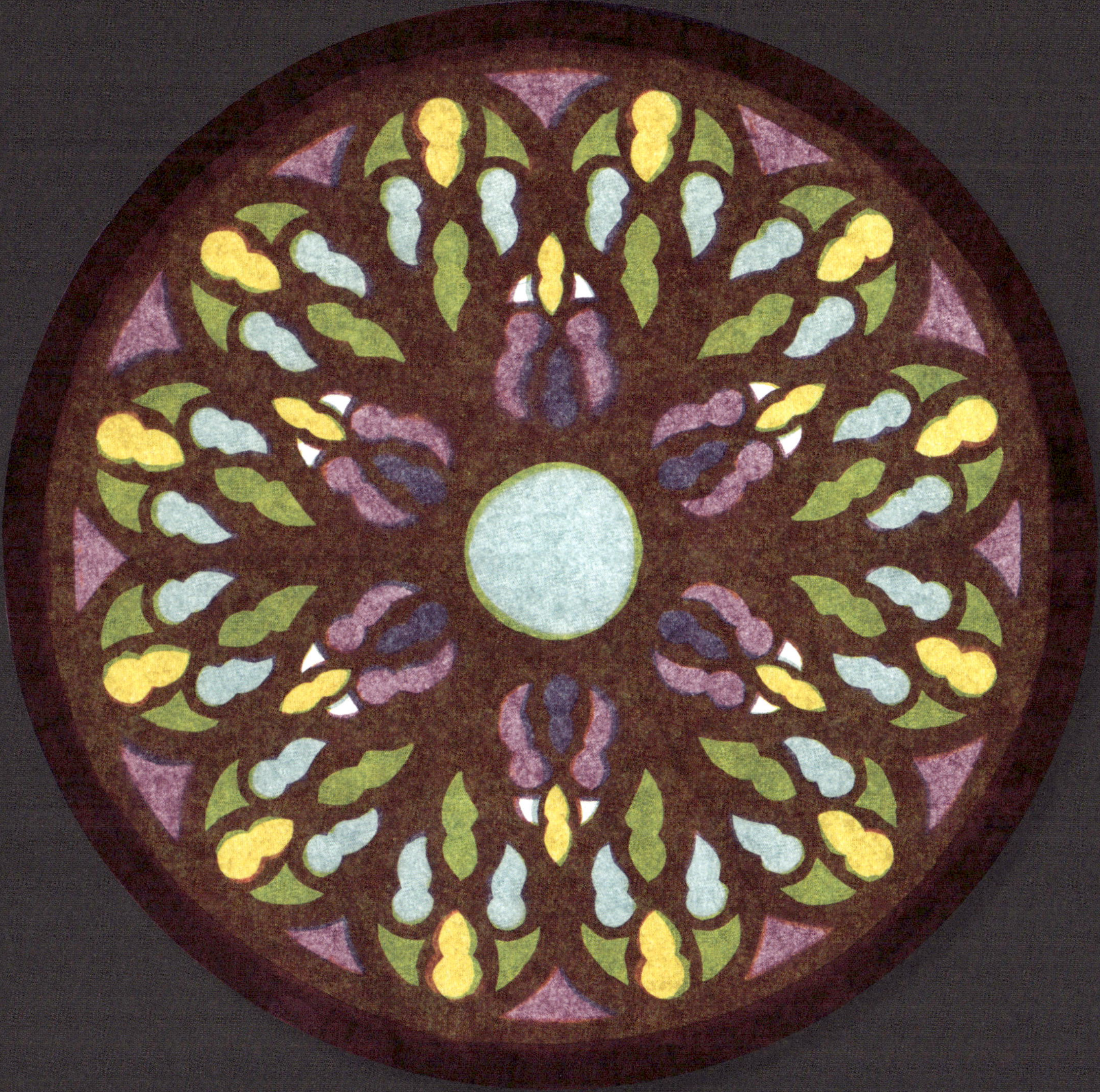

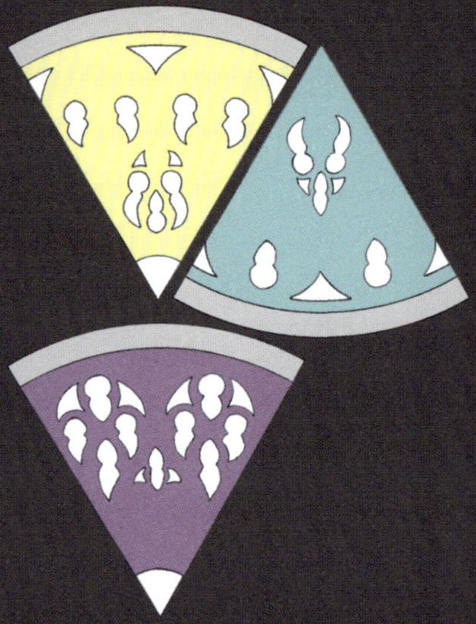

Schnittvorlagen
in Originalgröße auf S. 129

sechsstrahlige Fensterrosette (s. Grundanleitungen ab S. 14). Wie in den meisten Fällen bleibt die Grundscheibe ganz erhalten. Erst ab der ersten Schicht (Zeichnung 1, S. 129) beginnen Sie die Motive auszuschneiden. Bei den drei Schichten befinden sich fast alle Motive im inneren Keilbereich, daher müssen Sie beim Schnittansatz erst mit der Stecknadel durchstechen. Dadurch wird die Arbeit mit der Schere leichter. Beim Kleben der vier aufeinandergesetzten Lagen orientieren Sie sich an den entsprechenden Anleitungen (S. 17).
Nehmen Sie als erste Auswahl (Rosette mit Seidenpapier-Passepartout, S. 61) folgende Farben:
- Grundscheibe Weiß
- 1. Schicht Zitronengelb
- 2. Schicht Helltürkis
- 3. Schicht Violett

Dadurch erhält die sechsblätterige Blütenform im mittleren Bereich eine innige Prägung.

Bei der Variante mit dem Tonpapier-Passepartout (rechts) erscheint die gleiche Blüte statt violett in einem sprießenden Grün:
- Grundscheibe Weiß
- 1. Schicht Goldgelb (bzw. Maisgelb)
- 2. Schicht Helllila
- 3. Schicht Tannengrün

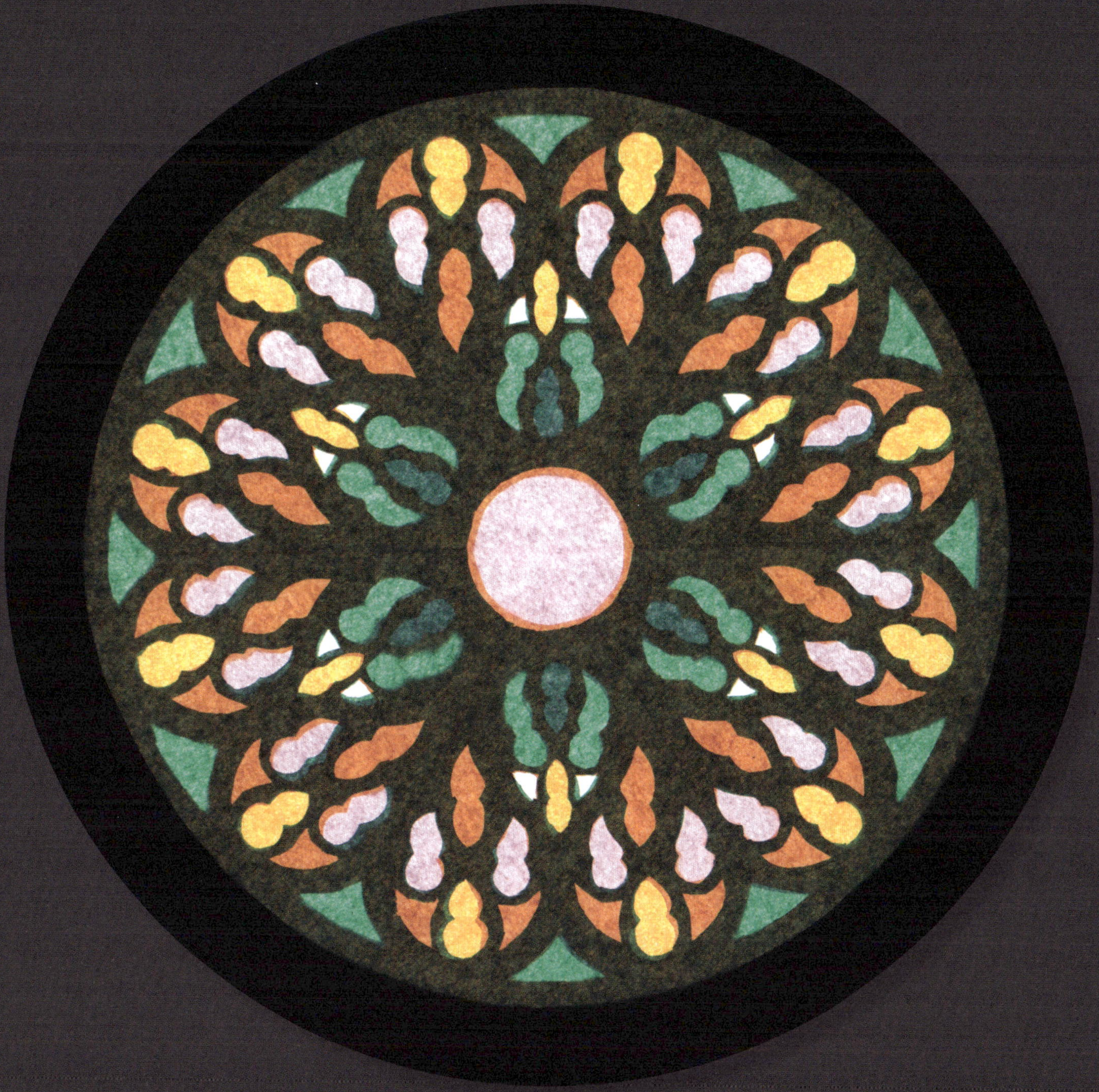

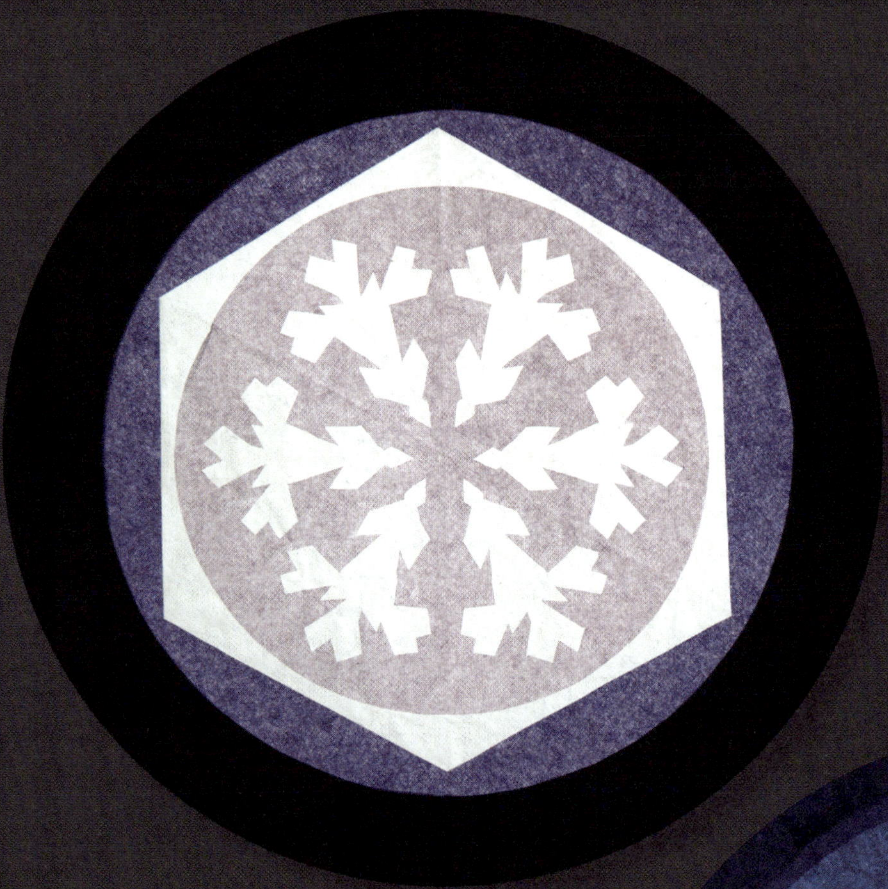

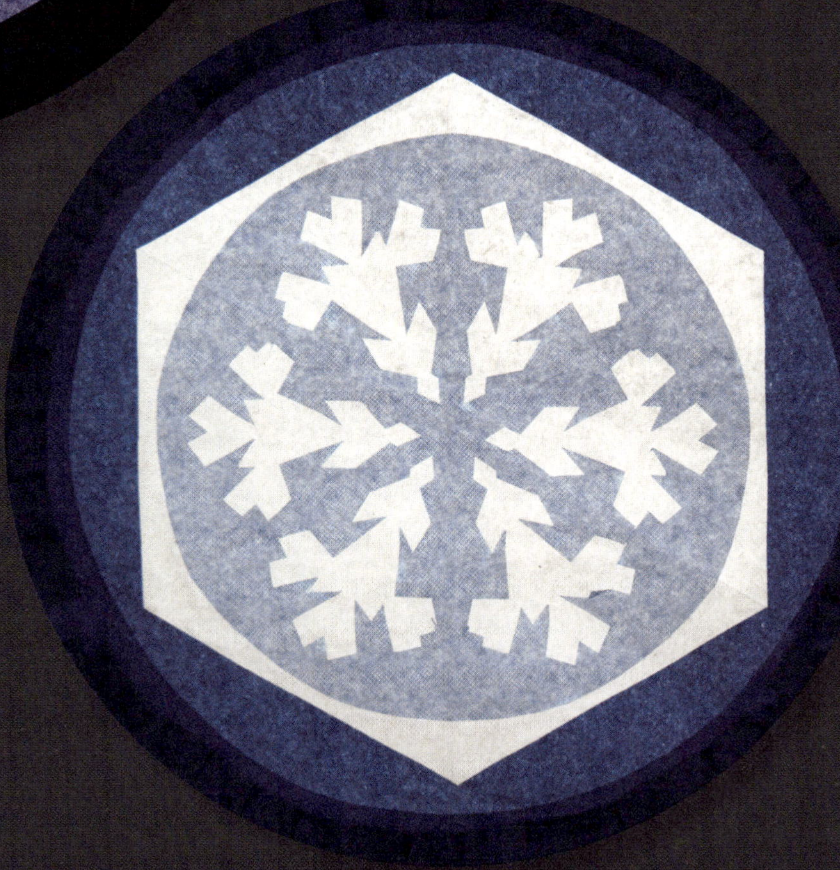

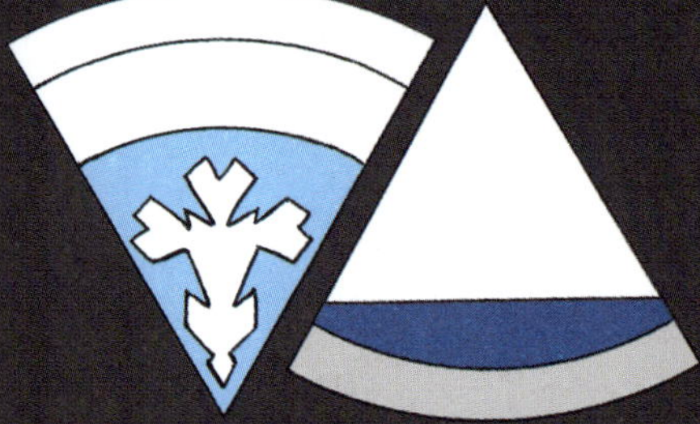

Schnittvorlagen
in Originalgröße auf S. 123

Blühender Eiskristall **

Kleine Rosette, Ø 16 cm, 3-lagig

Winterstille? Es klirrt und klingt am Fenster so zierlich und leise ... Früh am Morgen hat die Kälte fein ziselierte Eisblüten gezaubert. Sie sind wie anmutige Nelken erschienen. Gibt es auch Schneenelken?

Um diese zarte sechsstrahlige Eisrosette zu gestalten, schneiden Sie drei kleine Seidenpapierscheiben (Ø 16 cm) aus. Hier brauchen Sie den kleinen Einschnitt rechts nur für die Grundscheibe und die zweite Schicht anzubringen. Dann die drei Lagen zu Sechstelkeilen falten (s. S. 14f.).
Bei der ersten Schicht (Zeichnung 1, S. 123) wird nur das angezeigte kleine Motiv ausgeschnitten. Nehmen Sie für den Schnittansatz die Stecknadel zu Hilfe. Dann einfach den oberen weißen Bogenteil samt Kreisrand abschneiden. Bei der zweiten Schicht (Zeichnung 2) fällt die weiße untere Partie ganz weg. Beim Entfalten dieses Keils entsteht eine hexagonale hohle Innenform.
Sie können gleich mit dem Kleben der drei aufeinandergesetzten Lagen beginnen (s. S. 17). Zuerst die Grundscheibe auf die Plastikfolienunterlage legen. Kleben Sie aber ausnahmsweise zunächst die zweite Schicht, d.h. die hexagonale blaue Umfangsform, mit langen Klebestrichen exakt auf die Grundscheibe, Kerbe auf Kerbe sowie kurze Faltlinien auf Faltlinien. Dann von der ersten Schicht die kleine Scheibe mit der sechsstrahligen Eisblüte dazulegen. Orientieren Sie sich dabei an den entsprechenden Faltlinien, damit diese Scheibe genau in der Mitte sitzt. Mit vielen Klebepunkten alle Details und Feinheiten des blühenden Eiskristalls befestigen.
Für die Rosette mit dem Seidenpapier-Passepartout (S. 64 unten) habe ich folgende Farben genommen:
- Grundscheibe Weiß
- 1. Schicht Himmelblau
- 2. Schicht Ultramarin

Als zweite Variante (für die Rosette mit Tonpapier-Passepartout, S. 64 oben) bietet sich an:
- Grundscheibe Weiß
- 1. Schicht Helllila
- 2. Schicht Ultramarinviolett

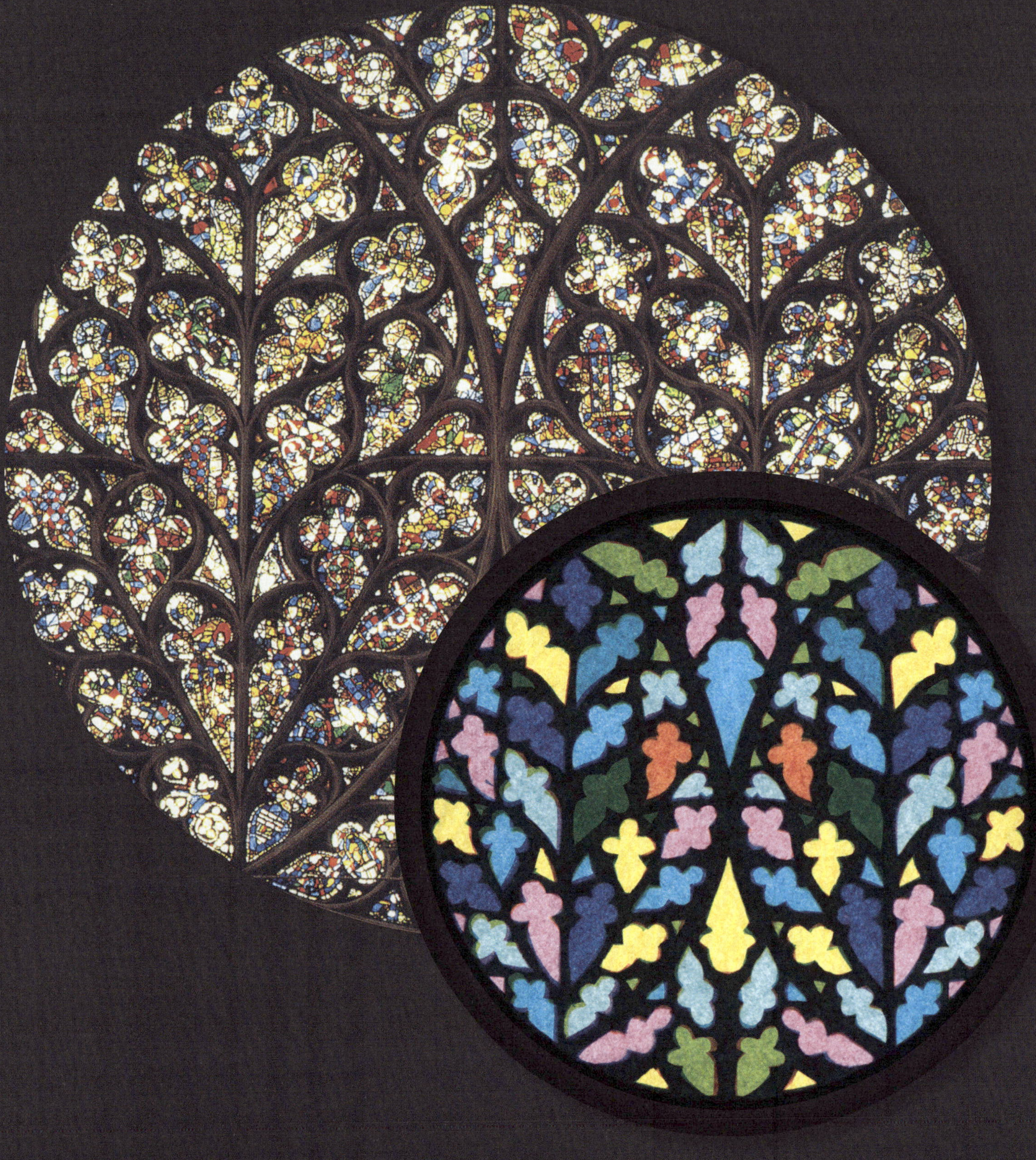

Rosenfenster ****
Kathedrale von Lincoln

Mittelgroße Rosette, Ø 20,5 cm, 5-lagig

Die außergewöhnliche Struktur der Südrose (um 1330) in der Kathedrale von Lincoln (Lincolnshire, England) zeigt zwei nebeneinanderstehende Baumstämme mit herzförmigen Verästelungen und vielen verschiedenen Blattgestaltungen. Die Blätter des Lebensbaums und die Blätter des Baums der Erkenntnis begegnen sich und beleben einander durch ihre gegenseitige Spiegelung. Selbst die Baumformen sehen wie zwei große ovale Blätter aus.
Die Gläser wurden im damaligen Bürgerkrieg zerstört, und das Rosenfenster wurde mit den wiedergefundenen Glassplittern in einem fantasievollen bunten Durcheinander gefüllt. Seither scheinen die verwandelten Bäume, vom Licht durchflutet, selbst in bunten Farben zu blühen!

Wegen der eigentümlichen Verteilung ihrer Motive lässt sich diese aparte Fensterrose von Lincoln beim Aufbau mit Seidenpapier nur in zwei Hälften teilen. Daher müssen Sie für das Muster eine extra Kartonscheibe von 20,5 cm Ø und damit fünf Seidenpapierscheiben von gleichem Umfang anfertigen (s. S. 12f.). Dieses Mal brauchen Sie diese fünf Scheiben jeweils nur in zwei Hälften zu falten (also keine Keile) (s. S. 15 oben, Zeichnung 1). Die angedeutete kleine Kerbe rechts nicht vergessen!
Die Grundscheibe wird nicht bearbeitet. Das Ausschneiden der Motive beginnt mit der ersten Schicht (Zeichnung 1, S. 130). Für den Schnittansatz ist die Stecknadel unentbehrlich (Angabe S. 16).

Wie Sie an den Zeichnungen der vier zweifach gefalteten Schichten feststellen können, sind die Motive ziemlich zahlreich. Diese feine Schnittverzierung mit der spitzen Schere verlangt mehr Geduld und Aufmerksamkeit – vor allem, weil die Formen oft sehr nah nebeneinanderliegen. Aber für das Ergebnis lohnt es sich wirklich! Dabei können Sie vielleicht in die unglaublich exakte Kunstarbeit eines mittelalterlichen Bildhauers eintauchen ... Beim Kleben der fünf aufeinandergesetzten Lagen richten Sie sich nach den entsprechenden Anleitungen (S. 17).
Für die *Passepartouts* dieser Rosette mit ihrem Sonderdurchmesser (Ø 20,5 cm) ergeben sich folgende Maße: Außenring Ø 23 cm und Innenring Ø 19 cm. Für das Passepartout aus Tonpapier brauchen Sie zwei solcher Ringe (s. S. 18f.).
Als erste Farbauswahl (Rosette mit Seidenpapier-Passepartout, rechts) bietet sich an:

- Grundscheibe Weiß
- 1. Schicht Hellorange
- 2. Schicht Rosa
- 3. Schicht Himmelblau
- 4. Schicht Lila

Schnittvorlagen
in Originalgröße auf S. 130–133

Durch diese Schichtung entstehen bei zwei Motiven am Zentrum des Gebildes neue Farben: Durch Himmelblau auf Hellorange erscheint ein Grüngold. Und durch die Verbindung der drei Farben Lila auf Rosa und Hellorange entsteht ein helles Rot.

Wählen Sie für die zweite Farbvariante (Rosette mit Tonpapier-Passepartout, S. 66) folgende schöne Zusammenstellung:

- Grundscheibe Weiß
- 1. Schicht Zitronengelb
- 2. Schicht Helltürkis
- 3. Schicht Türkis
- 4. Schicht Magenta

Die zweite Rosette bildet eine bläulich-kühlere und kontrastreiche Farbharmonie. Je nach Lichteinfall erscheinen manche Motive in subtilen Pastelltönen.

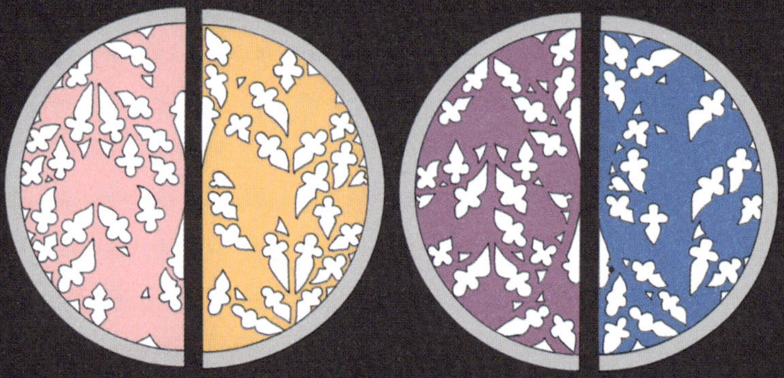

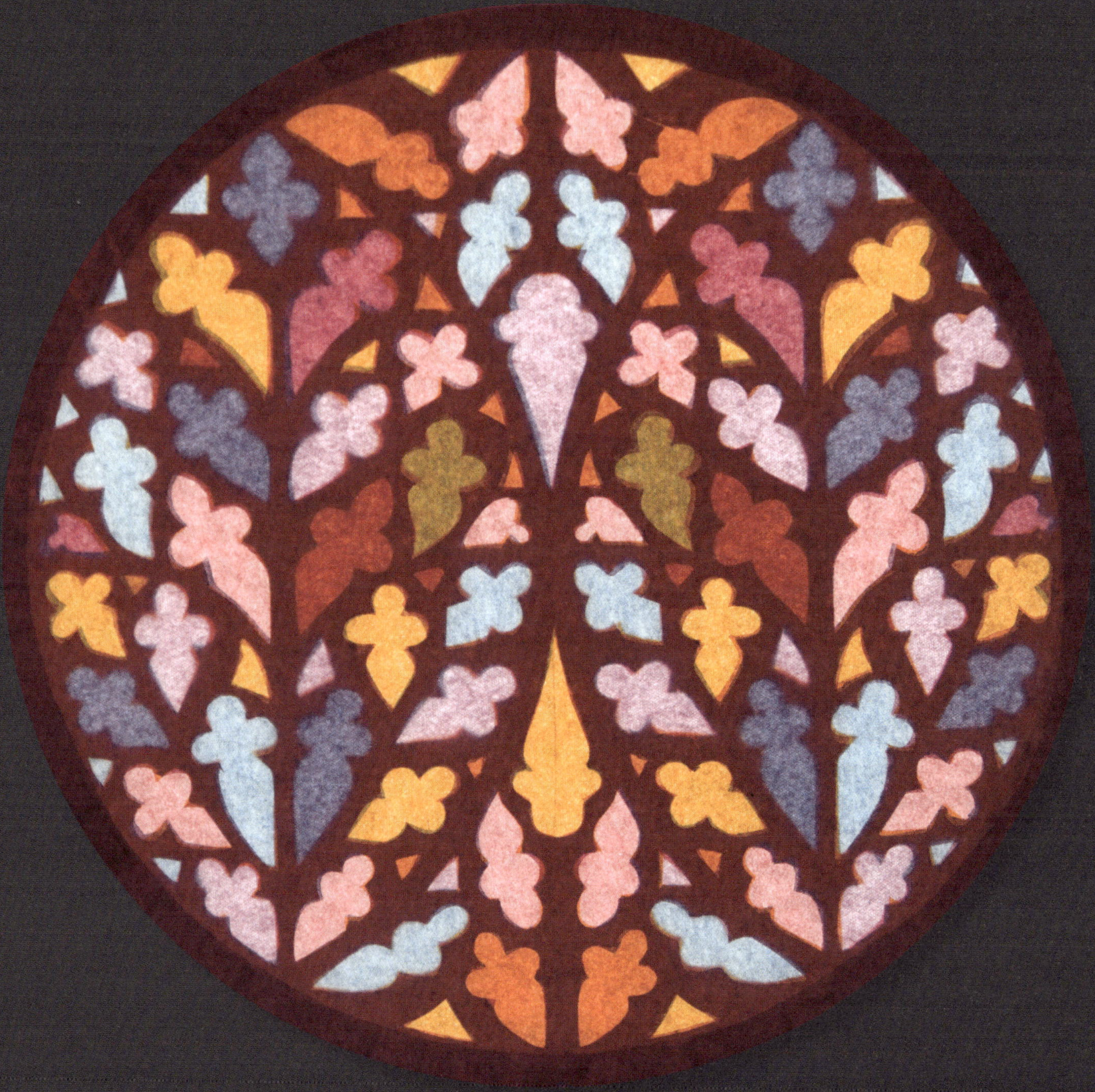

Dreikönigssternrosette ***

Mittelgroße Rosette, Ø 24 cm, 3-lagig

Drei ineinanderwirkende Sechssterne durchdringen und durchleuchten sich. Feine Lichtstrahlen ziehen im rhythmischen Wechsel mal einwärts, mal auswärts hindurch. So offenbaren die lichtdurchlässigen Seidenpapierschichten auf dreifache Weise ihr farbiges Geheimnis.

Die Gestaltung dieser Sternenrosette ist ziemlich einfach. Sie brauchen drei mittelgroße Seidenpapierscheiben (Ø 24 cm), mit Kerben rechts. Falten Sie die drei Scheiben zu Sechstelkeilen (Grundanleitungen S. 14f.). Die zitronengelbe Grundscheibe wird nicht bearbeitet. Erst bei der ersten Schicht (Zeichnung 1, S. 134) beginnt das Ausschneiden. Wegen der feinen Strahlen an der zweiten Schicht (Zeichnung 2) seien Sie beim Wiederöffnen Ihres ausgeschnittenen Keils vorsichtig. Das Kleben der zusammengesetzten Lagen erfolgt entsprechend der Anleitung (S. 17).

Der Dreikönigsstern kann mit verschiedenen gelben, goldenen bis orangen Farbtönen angefertigt werden. Wie immer muss aber die Grundscheibe die hellste Fläche sein.

Nehmen Sie also folgende Farben (Rosette mit Seidenpapier-Passepartout, unten):
- Grundscheibe Zitronengelb
- 1. Schicht Goldgelb (bzw. Maisgelb)
- 2. Schicht Dunkelorange

Eine mildere Ausstrahlung (Sternrosette mit Tonpapier-Passepartout, oben) erreichen Sie bei der zweiten Farbauswahl:
- Grundscheibe Hellzitronengelb
- 1. Schicht Zitronengelb
- 2. Schicht Hellorange

Und am Fenster geht ein leuchtender Dreiklang auf …

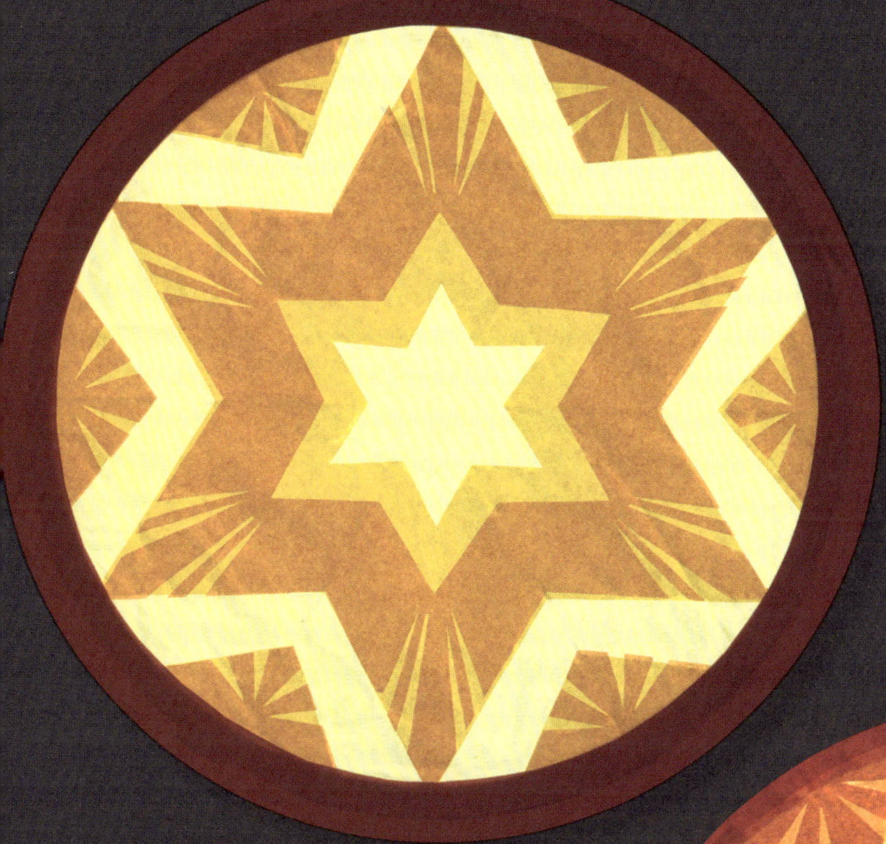

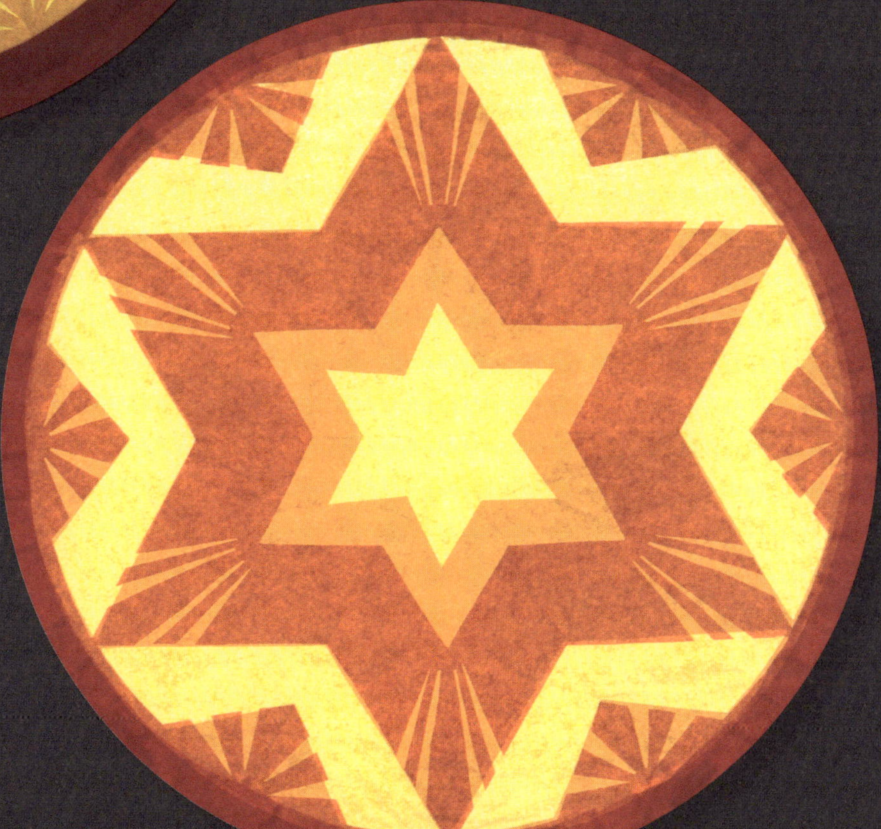

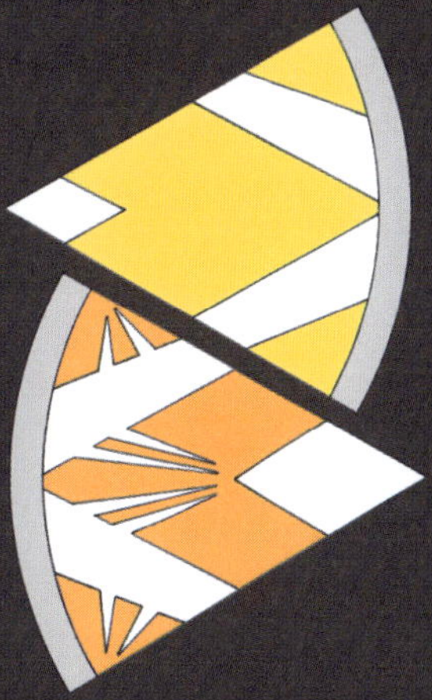

Schnittvorlagen
in Originalgröße auf S. 134

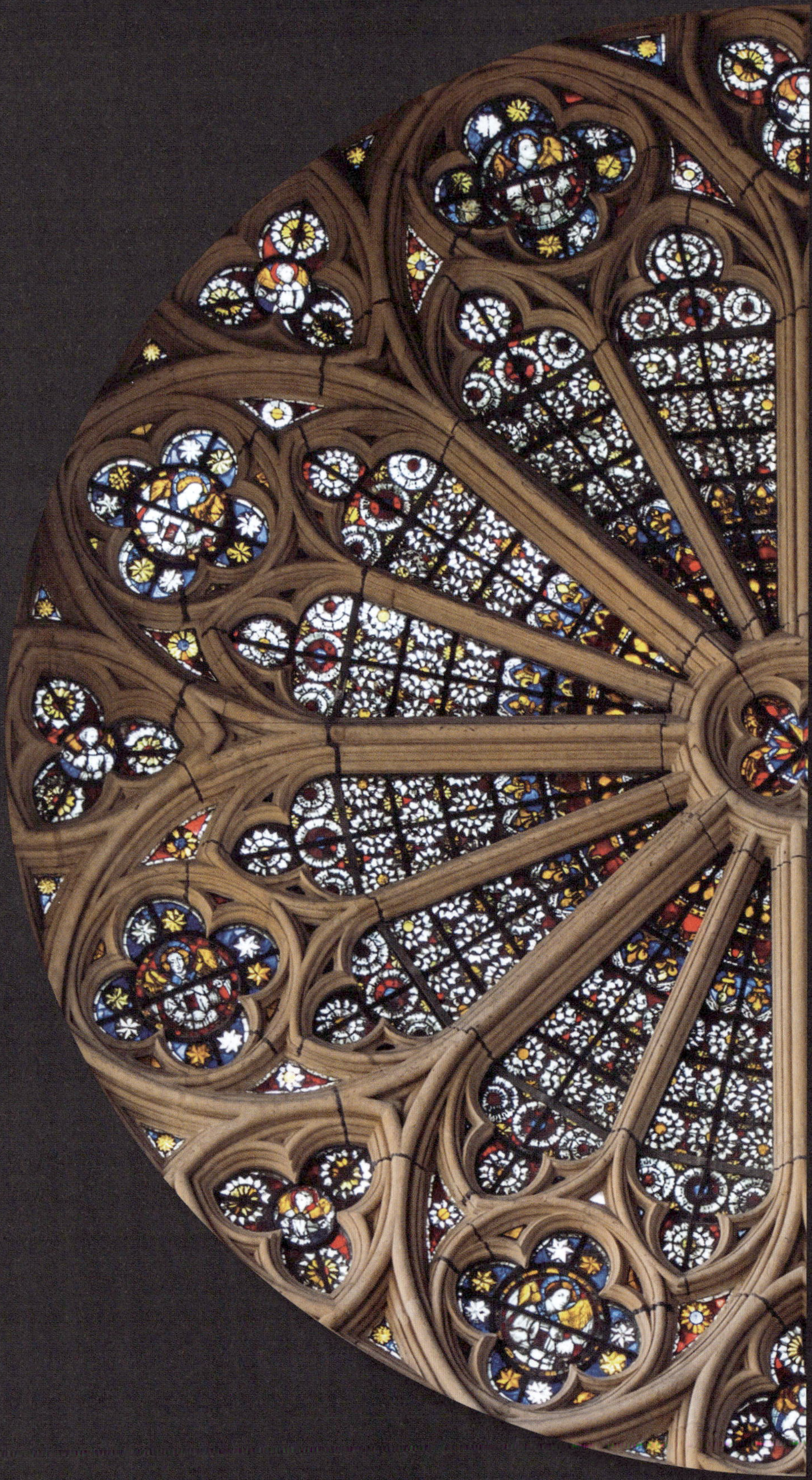
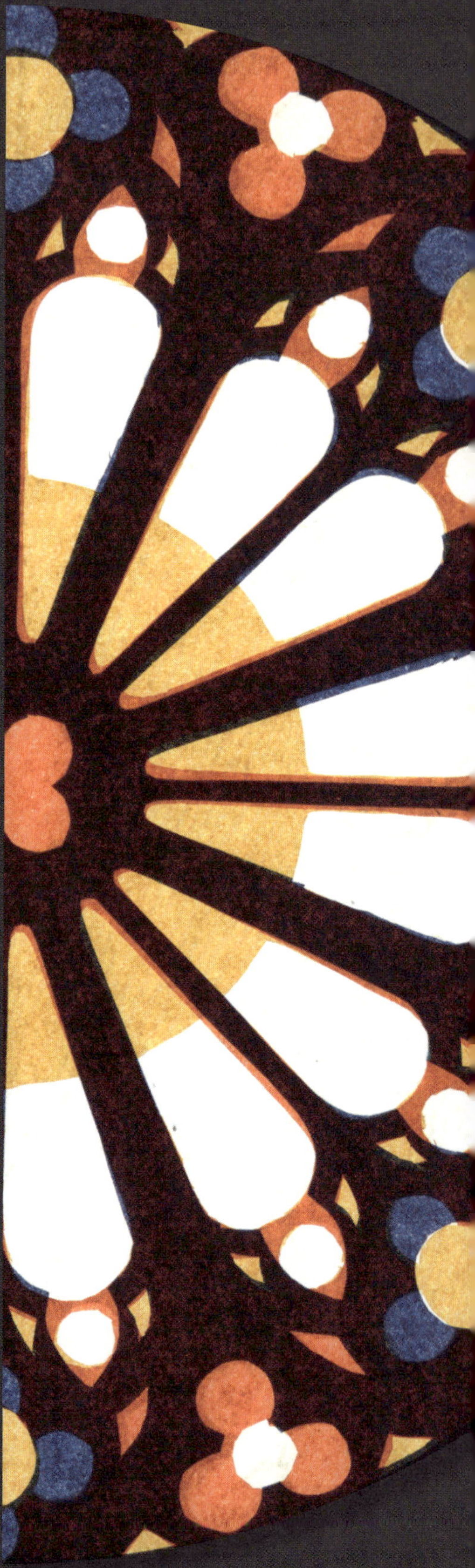

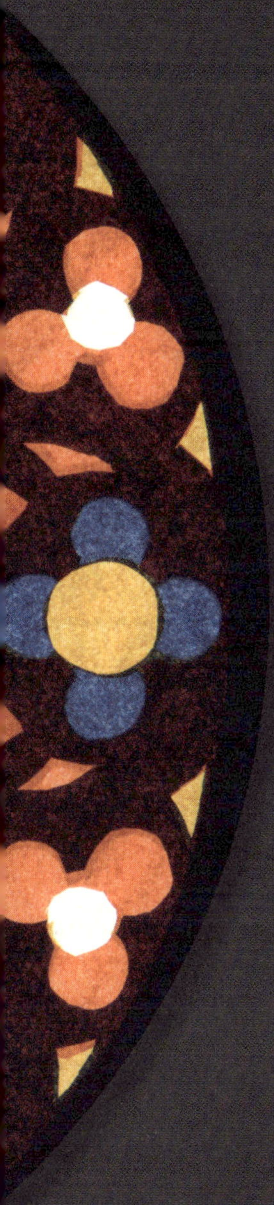

Rosenfenster ***
Kathedrale von Metz

Große Rosette, Ø 28 cm, 4-lagig

Erstaunlich vielfältig sind die geometrischen Gestaltungen der Rosenfenster von Kathedralen. Immer wieder entstanden Neuerungen mit wunderbaren gebogenen und gewellten Maßwerkformen. Doch manche Meister bevorzugten immer noch die frühen strahlenartigen Strukturen. So zu sehen bei der Westrose (um 1385) der Kathedrale Saint-Etienne von Metz (Département Moselle, Lothringen). Sie ist noch stark vom Rayonnant-Stil (also von strahlenden Bauelementen) geprägt – mit ihren langen sechzehnstrahligen Blumenblättern, die wie eine riesengroße Margerite aussehen. Dieses anmutige Blütenmotiv wiederholt sich in Fülle auch im Kleinen bei den vielen Blüten aus echten weißen Gläsern.

Um das strahlende Maßwerk der klassischen Westrose von Metz mit dem lichtdurchlässigen Seidenpapier zu gestalten, brauchen Sie vier große Scheiben (Ø 28 cm) mit dem kleinen Einschnitt rechts. Die Scheiben zu Achtelkeilen falten (s. S. 14f.).

Die Grundscheibe wird nicht bearbeitet. Ab der ersten Schicht (Zeichnung 1, S. 135) setzen Sie mit dem Ausschneiden der Motive an. Für die Zusammensetzung und für das Kleben der vier Lagen siehe die Anleitungen (S. 17).

Nun zu den Farbangaben der nebenstehenden Rosette mit dem Seidenpapier-Passepartout:

- Grundscheibe Weiß
- 1. Schicht Goldgelb
- 2. Schicht Dunkelorange
- 3. Schicht Ultramarinviolett

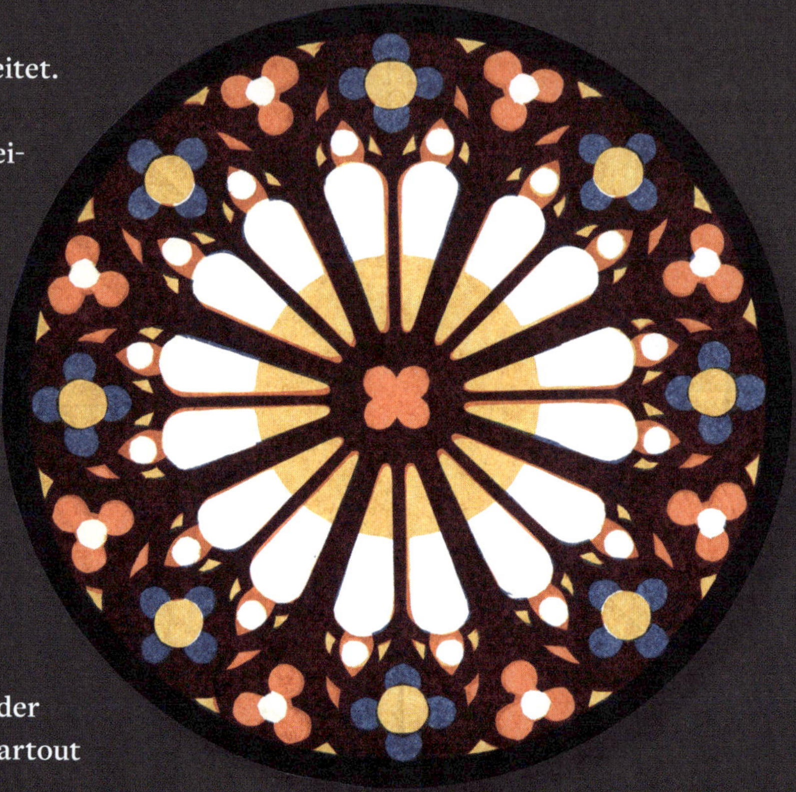

Oder Sie wählen die Farben wie bei der Variante mit dem Tonpapier-Passepartout (rechte Seite):

- Grundscheibe Weiß
- 1. Schicht Zitronengelb
- 2. Schicht Karminrot
- 3. Schicht Violett

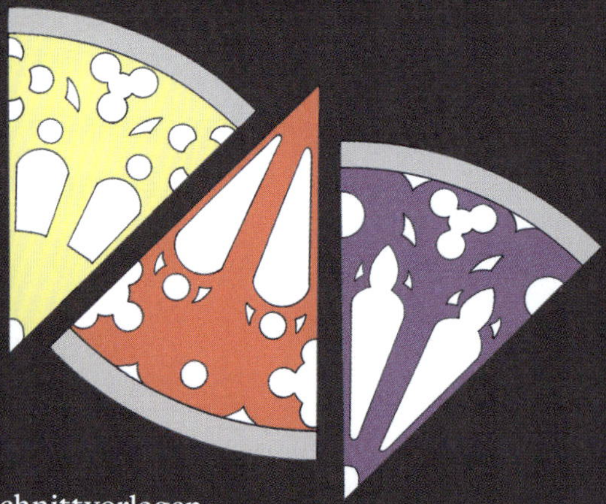

Schnittvorlagen in Originalgröße auf S. 135

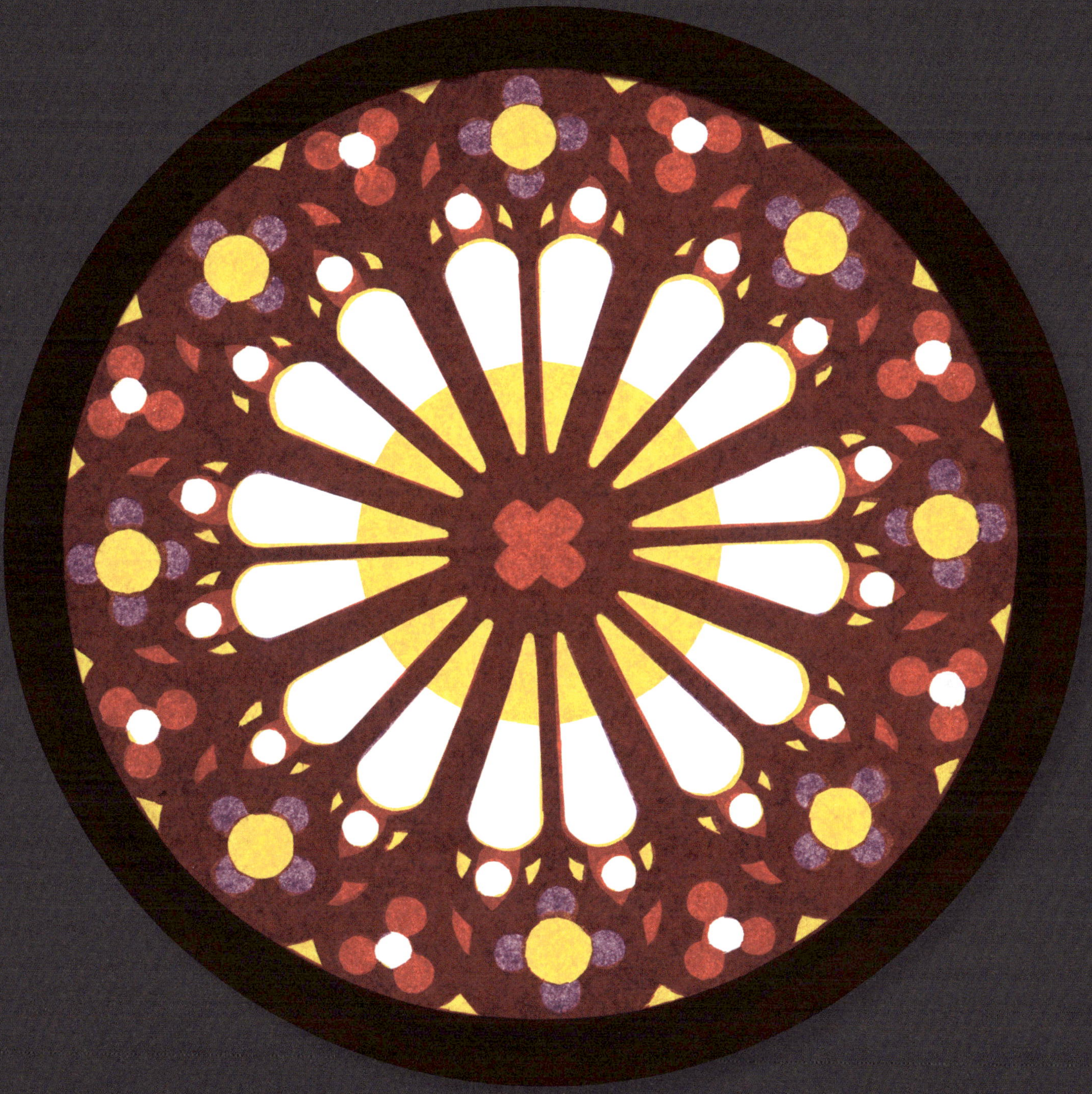

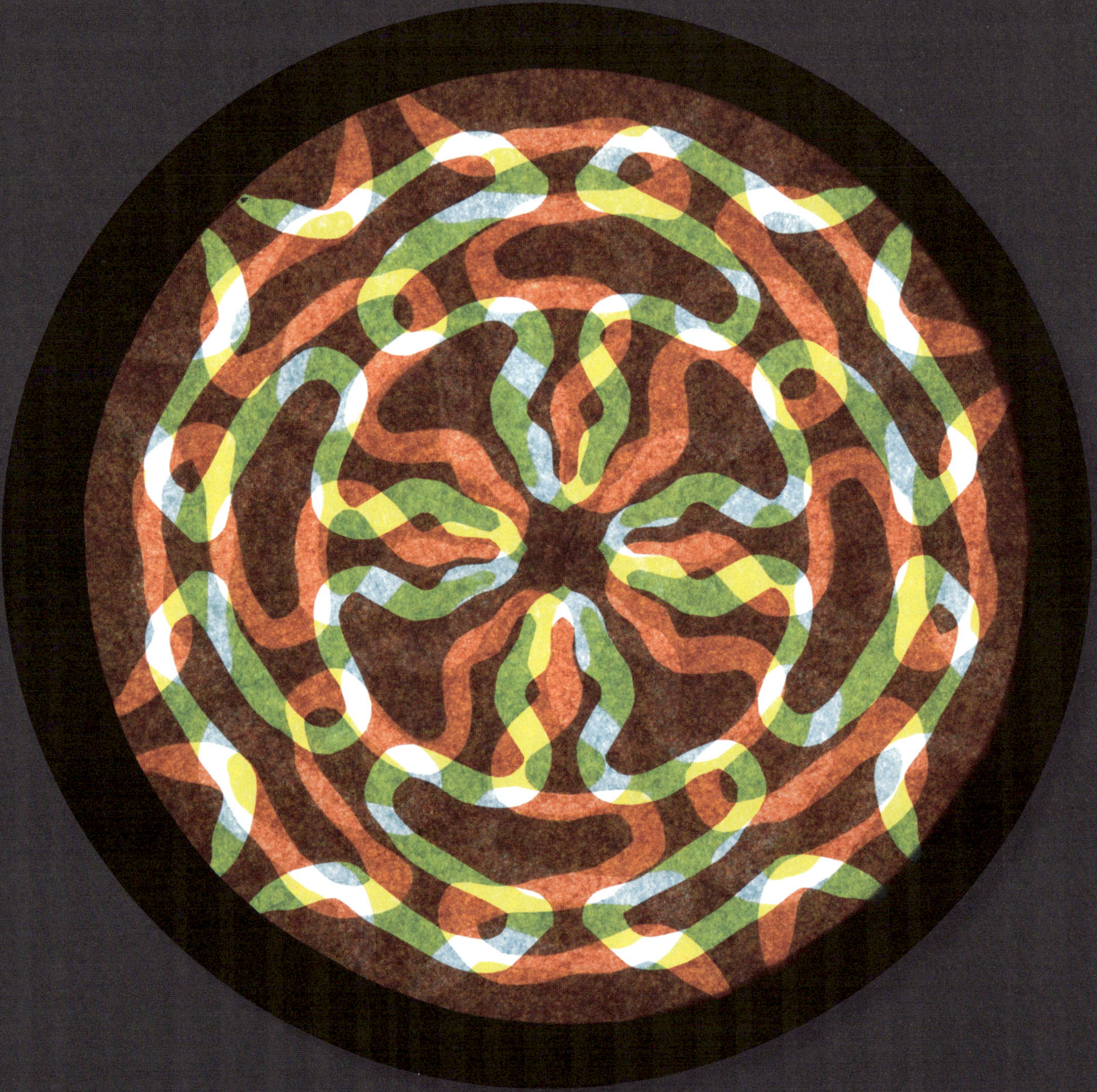

Lebendiges Geflecht **

Mittelgroße Rosette, Ø 24 cm, 4-lagig

Ineinandergleitende Schlangenformen bilden hier ein lebendiges, bewegliches Geflecht. Aus diesem farbigen labyrinthischen Wirrwarr offenbart sich dennoch eine geordnete und harmonische Gesamtstruktur.

Der Ausgangspunkt für diese besondere Rosette war der spielerische Versuch, mittels einer einzigen und einfachen Wellenform eine bewegliche Dynamik bei der Zusammensetzung der farbigen Schichten zu erzeugen. Um diese ausgefallene Rosette zu gestalten, schneiden Sie vier mittelgroße Seidenpapierscheiben (Ø 24 cm) aus. Denken Sie immer an die kleinen Einschnitte rechts als Orientierung für die Zusammensetzung der Lagen. Gerade bei diesem Modell sind die Markierungen sehr wichtig. Falten Sie zunächst diese vier Scheiben zu Sechzehntelkeilen, um wichtige zusätzliche Faltlinien zu bilden (s. S. 14f.). Bilden Sie aber jetzt diese Sechzehntelkeile zu Achtelkeilen zurück.
Die Grundscheibe wird nicht bearbeitet. Bei allen Achtelkeilen der drei anderen Schichten wird das gleiche Ausschneiden des einzigen Motivs ausgeführt. Deswegen gilt diese einzige Zeichnung von S. 128 für die Schichten 1, 2, 3. Sie ist in einem neutralen hellgrauen Ton gekennzeichnet.
Das Ausschneiden des Schlangenmotivs ist ganz leicht. Setzen Sie mit der Schere unten an und verfolgen Sie genau, in einem Zug die Schlangenlinie herauf und herunter, ohne in die bleibende Partie daneben zu schneiden.
Nach dem Ausschneiden der drei Keile die Schichten vorsichtig entfalten und leicht ausbügeln. Zunächst die erste Schicht (in

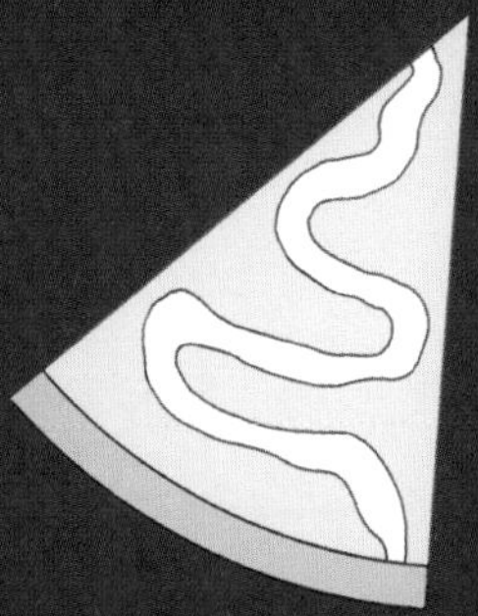

Schnittvorlage
in Originalgröße auf S. 128

Zitronengelb), Kerbe auf Kerbe, Faltlinien auf Faltlinien auf die weiße Grundscheibe legen (s. S. 17). Kleben Sie alle Ränder der Schlangenwege sorgfältig. Dann kommt ein kleiner Kunstgriff! Die Zusammensetzung der zwei weiteren Schichten ist etwas ungewöhnlich, um mehr Bewegung in die Rosette zu bekommen. Legen Sie also die Kerbe der zweiten Schicht auf die zweite Faltlinie nach rechts (im Uhrzeigersinn gesehen) der ersten Schicht. Wiederum gut ankleben. Jetzt wird die dritte und letzte Schicht so gelegt, dass ihre Kerbe auf die erste rechte Faltlinie der zweiten Schicht zu liegen kommt. Fertig kleben.
Die Zusammenstellung der folgenden Farben (Rosette mit Seidenpapier-Passepartout, rechts) ergibt eine helle, heitere Rosette:
- Grundscheibe Weiß
- 1. Schicht Zitronengelb
- 2. Schicht Goldgelb
- 3. Schicht Helltürkis

Die Rosette mit dem Tonpapier-Passepartout (S. 76) lebt von einer anderen, kontrastreichen Stimmung. Geprägt von einem angenehm warmen Braun, erzielt sie einen schönen herbstlichen Effekt:
- Grundscheibe Weiß
- 1. Schicht Zitronengelb
- 2. Schicht Helltürkis
- 3. Schicht Braun

Mit der Durchdringung der farbigen Schichten offenbaren sich bei beiden Rosetten verschiedene Qualitäten von Grüntönen. Am Licht der Fensterscheibe können Sie das lebendige Farbenspiel des mosaikartigen Geflechtes bewundern.

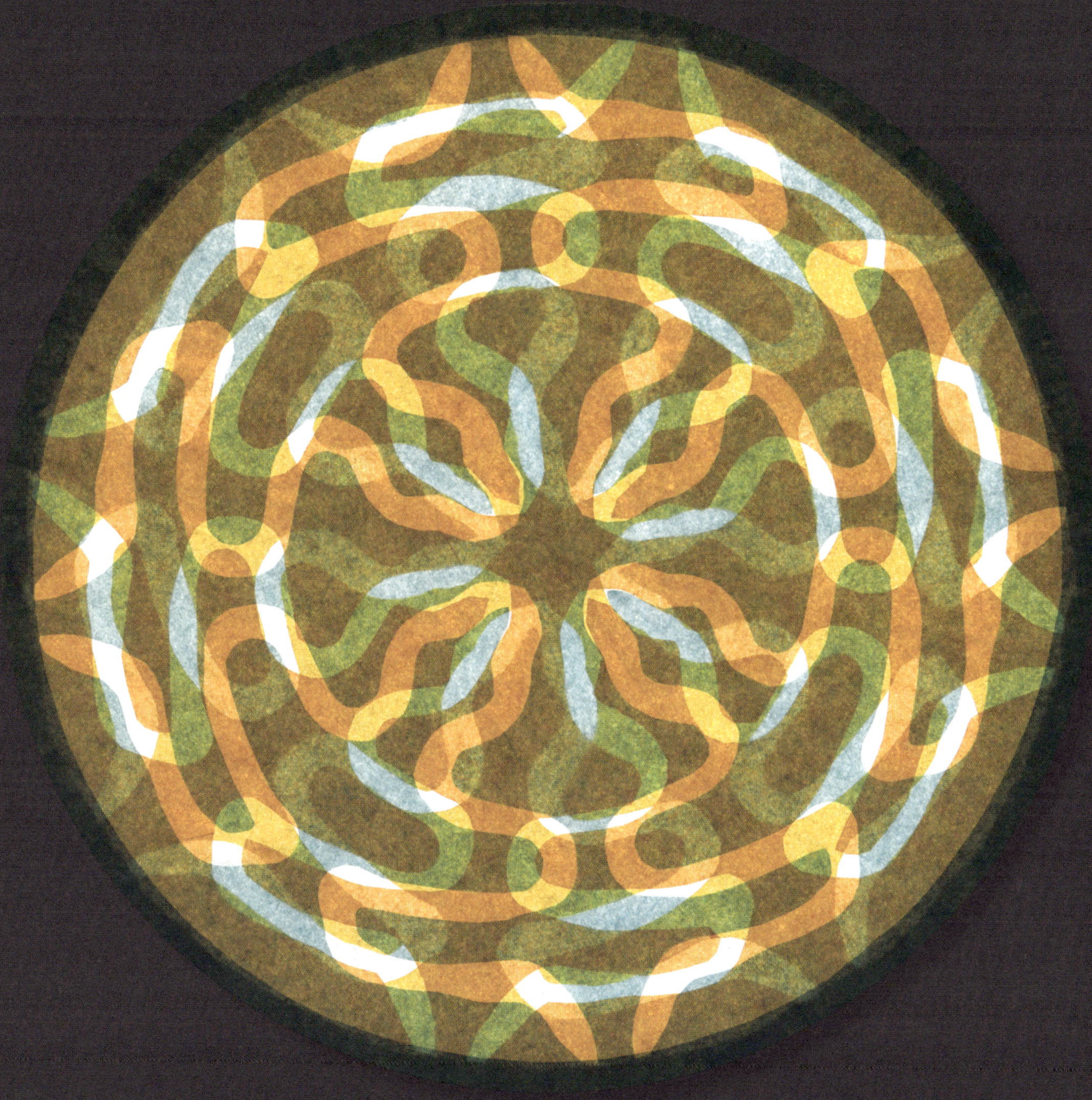

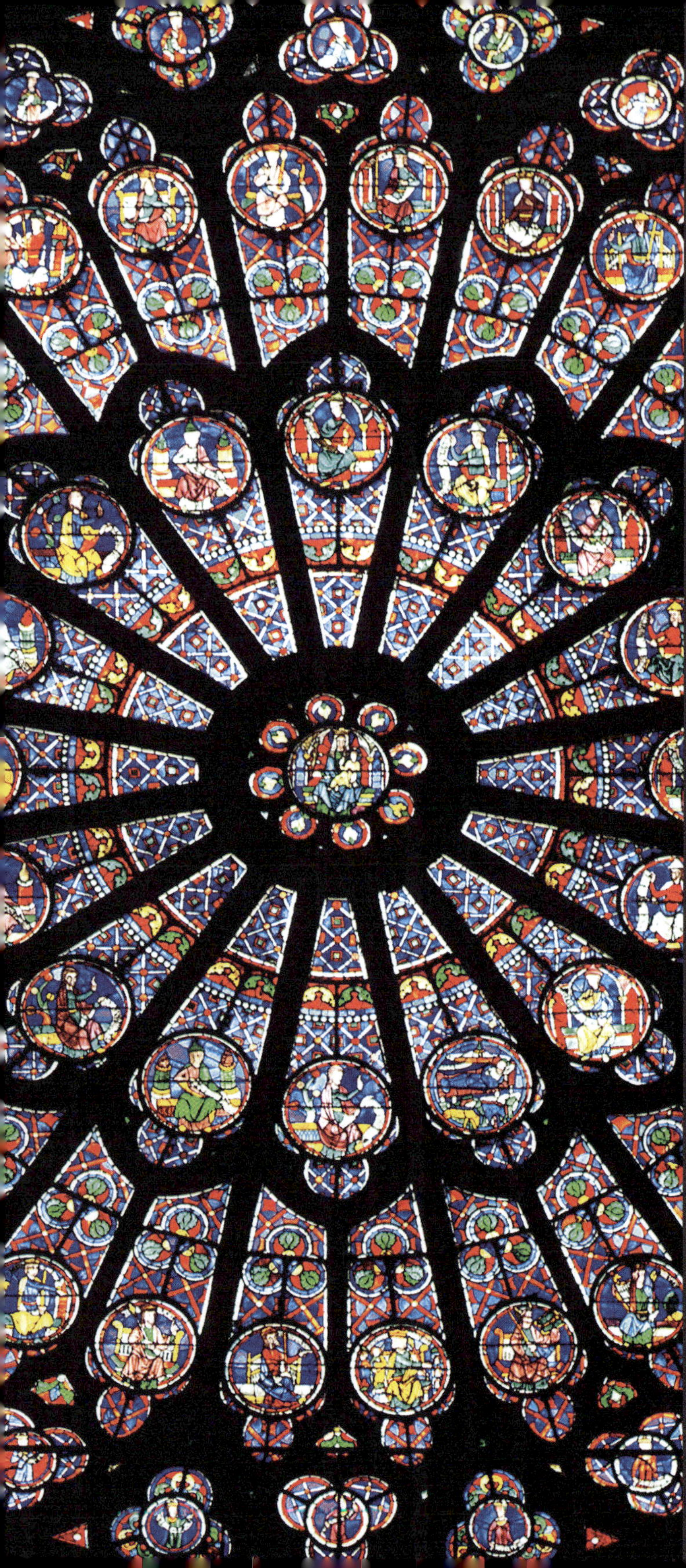

Rosenfenster ****
Kathedrale
Notre-Dame de Paris

Große Rosette, Ø 28 cm. 4-lagig

Ein geometrisch perfektes Meisterwerk aus dem 13. Jahrhundert ist die Nordrose (um 1268) im Querschiff der Kathedrale Notre-Dame de Paris. Die strahlende Leichtigkeit und die Zierlichkeit ihres Maßwerks sind besonders eindrucksvoll. Sie ist im Rayonnant-Stil nach der Zahl Sechzehn konstruiert, wobei die zusätzlichen eingegliederten Unterteilungen die gesamte Harmonie der Gestaltung wirkungsvoll auf 32 Strahlen erhöhen.

Für den Aufbau benötigen Sie vier große farbige Seidenpapierscheiben (Ø 28 cm), jeweils mit dem kleinen Einschnitt rechts zur Orientierung. Die Scheiben zu Achtelkeilen falten (s. S. 14f.). Die Bearbeitung der verschiedenen Motive beginnt ab der ersten Schicht (Zeichnung 1, S. 136), die Grundscheibe wird nicht bearbeitet. Die Ausschnittarbeit am Keil der ersten Schicht verlangt wegen der kleinen Kreise große Aufmerksamkeit. Achten Sie außerdem beim Einsatz der Stecknadel darauf, nie in die farbigen Kreise zu piksen, sondern etwas daneben in die weiße Zone, bevor Sie mit der spitzen Schere weiter fortfahren. Alle ausgeschnittenen Kreise brauchen Sie später für die zweite Schicht. Entfernen Sie die sechs langen, weißen, fensterähnlichen Formen.

Diese Kreise werden jetzt ausgeschnitten. Die sechs farbigen Kreise, deren unterschiedliche Größe kaum auffällt (die vier oberen sind nämlich etwas kleiner als die zwei unteren), gut separat aufbewahren, damit später keine Verwechslung passieren kann. Nun werden noch die restlichen kleinen Motive an der Keilperipherie (auch mit Einsatz der Stecknadel) sowie die Keilspitze am Zentrum entfernt.

Das Ausschneiden der Motive beim Keil der zweiten und der dritten Schicht ist einfacher (Zeichnung 2 und 3, S. 136).

Beim Entfalten der Keile ganz vorsichtig vorgehen, weil die Strahlen sehr dünn und zart sind. Öffnen Sie die Keile langsam und gleiten Sie mit dem Zeigefinger entlang, weil die feinen Strahlen oft etwas aneinanderheften. Die Schichten leicht ausbügeln.

Beim Zusammensetzen und Kleben der vier Lagen richten Sie sich nach den Grundanleitungen (S. 17).

Die erste Schicht auf die Grundscheibe legen (Kerbe auf Kerbe) und erst den Kreisrand, dann die feinen Strahlen kleben. Nach demselben Prinzip die zweite Schicht auf die erste kleben. Jetzt werden die vielen beiseitegelegten Kreise extra in der zweiten Schicht eingesetzt. An der Peripherie fügen Sie die 32 kleineren Kreise in die ausgesparten runden Stellen ein. Kleben. Dann folgen die 16 etwas größeren Kreise für

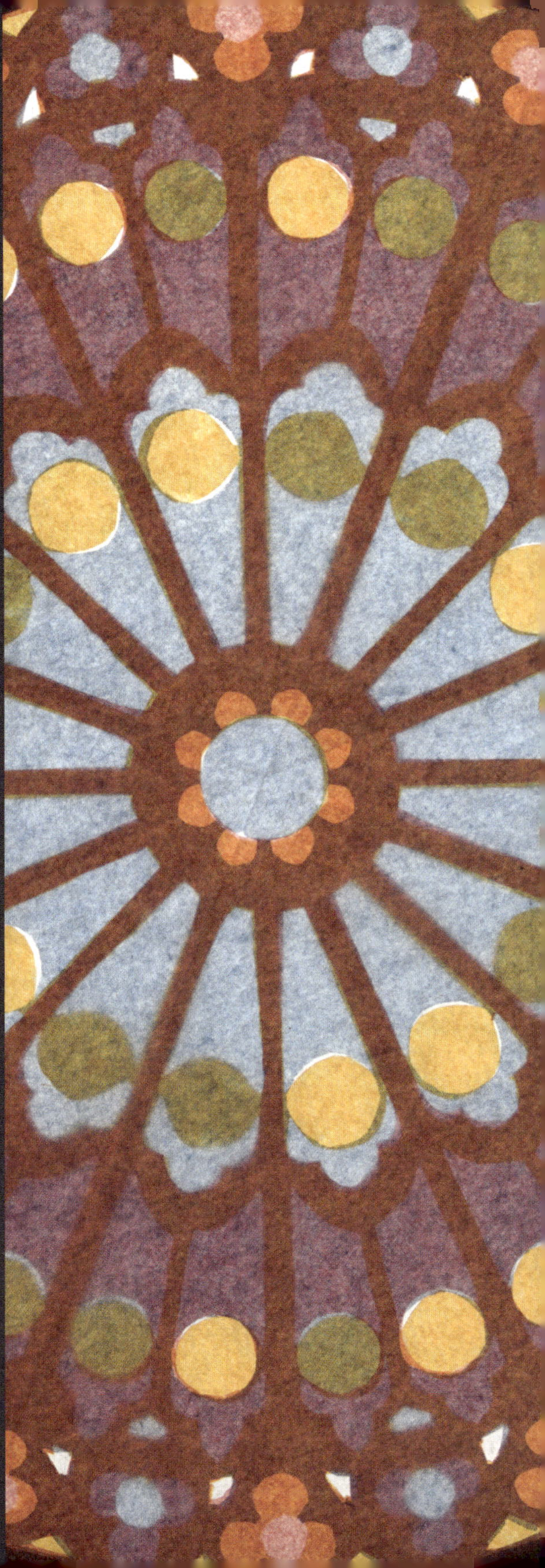

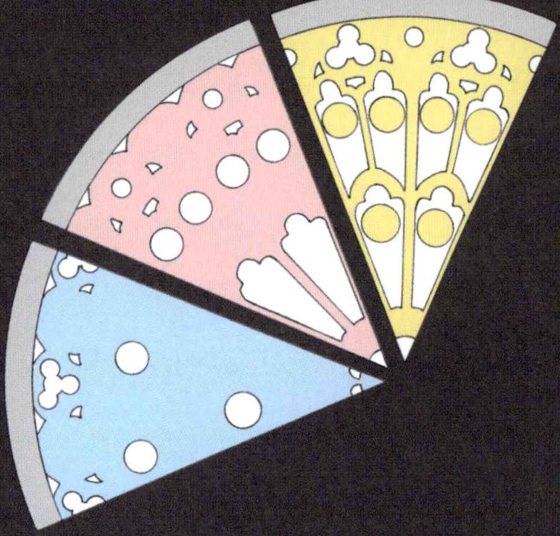

Schnittvorlagen
in Originalgröße auf S. 136

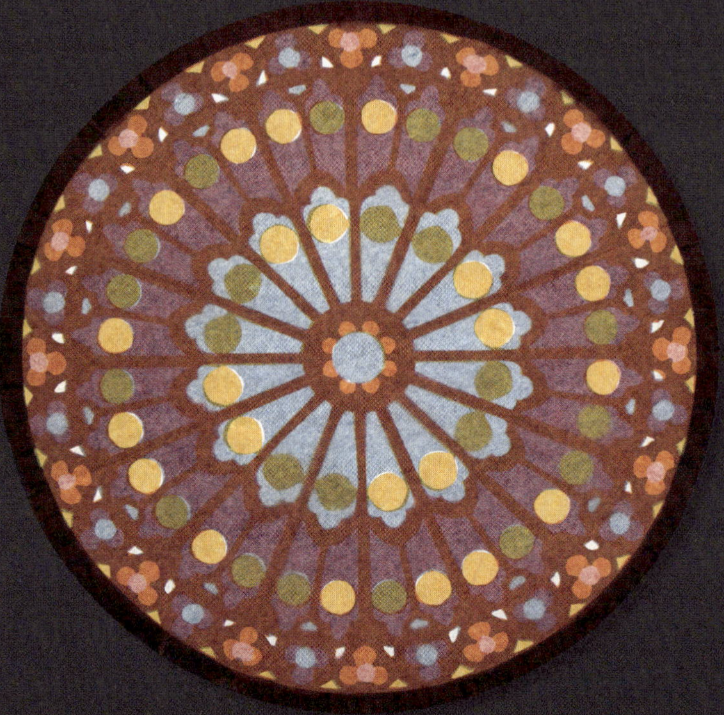

den mittleren Bereich. Sie werden oben in die jeweiligen fensterähnlichen Formen eingesetzt und einfach daraufgeklebt. Schließlich die dritte Schicht darüberlegen. Kleben. Möglicherweise ergeben sich hier im Umkreis unvermeidliche minimale Unregelmäßigkeiten. Für eine Ausbesserung siehe den «Tipp» auf S. 17.
Bei der ersten Farbauswahl (Rosette mit dem Seidenpapier-Passepartout, oben) entsteht eine ruhige und sanfte Harmonie. Nehmen Sie dafür folgende Farben:

- Grundscheibe Weiß
- 1. Schicht Goldgelb
- 2. Schicht Rosa
- 3. Schicht Himmelblau

Durch die zweite Variante (Rosette mit Tonpapier-Passepartout, rechts) entsteht eine kräftige, tief verinnerlichte Präsenz:
- Grundscheibe Weiß
- 1. Schicht Dunkelorange
- 2. Schicht Türkis
- 3. Schicht Violett

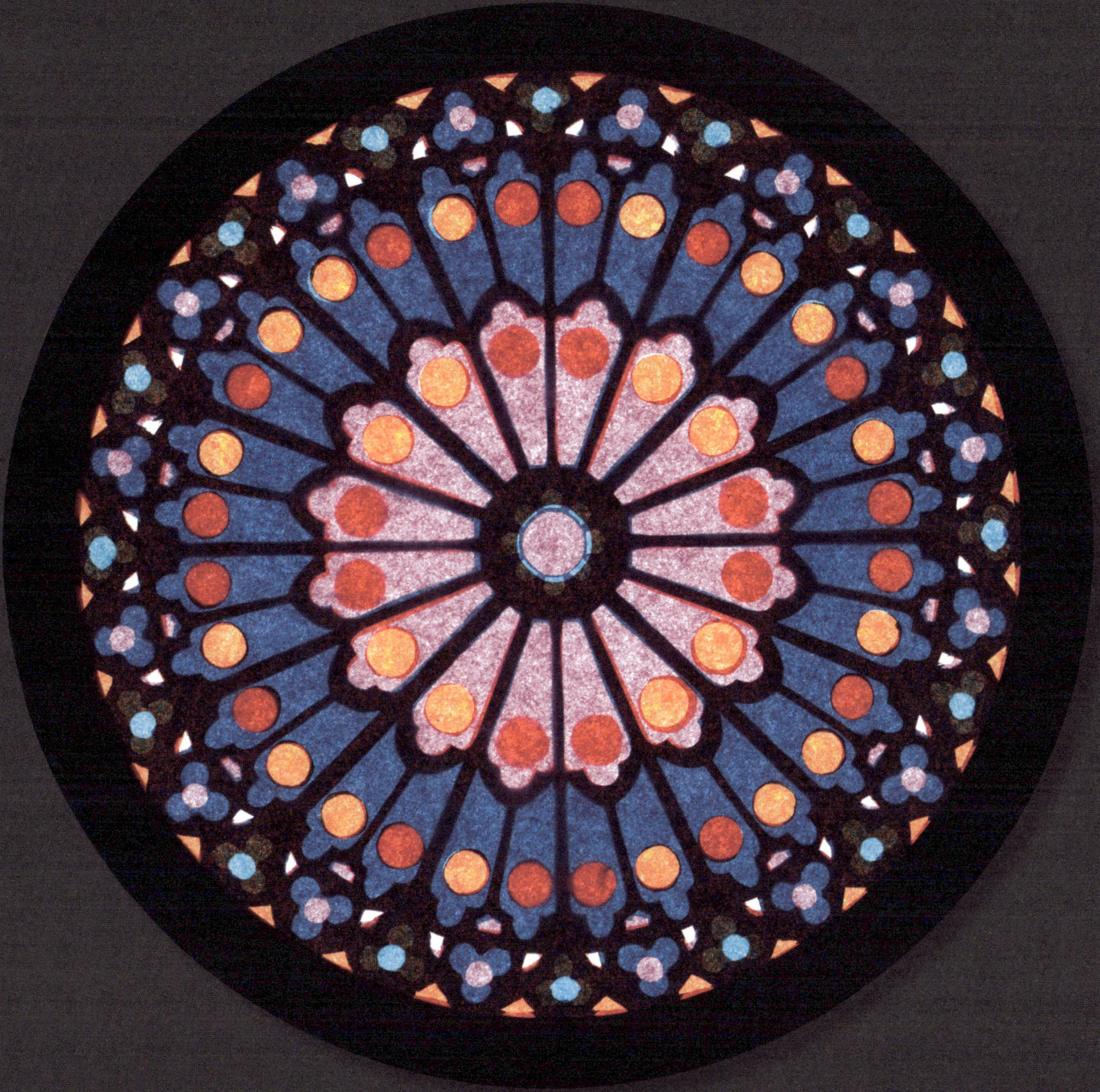

Rosenknospe ***

Kleine Rosette, Ø 16 cm, 7-lagig

Das Herz dieser Rose ruht geheimnisvoll in der Fülle eines zarten Plissées aus Samt und Seide. Die entzückende kleine Rosette mit ihren sich kräuselnden Blumenblättern hofft auf ihre vollendete Entfaltung. Träumt die Rosenknospe etwa von der riesigen Fensterrose einer Kathedrale?

Die Gestaltung dieser feinen Rosette entstand aus dem Versuch heraus, in ihrer Herzmitte durch optische Täuschung eine innere Vertiefung zu erzielen. Dafür brauchen Sie mehr Seidenpapierlagen als sonst. Schneiden Sie also sieben kleine Scheiben (Ø 16 cm) aus. Die wichtigen kleinen Einschnitte als Orientierung beim Zusammensetzen nicht vergessen!
Falten Sie die sieben Scheiben zunächst zu Sechzehntelkeilen, um wichtige zusätzliche Faltlinien zu bilden (s. S. 14f.). Dann die Sechzehntelkeile wieder zu Achtelkeilen zurückfalten.
Die Grundscheibe wird nicht weiter bearbeitet. Das Ausschneiden (ab Zeichnung 1, S. 132) der sechs weiteren Keile ist ganz einfach. Damit keine Verwechslung der verschiedenen Schichten entsteht, sollten Sie die Keile vor ihrem Entfalten jeweils am oberen Rand kennzeichnen (leicht mit Bleistift die entsprechende Ziffer notieren).
Sind die sechs Keile fertig ausgeschnitten und nummeriert, werden die Schichten geöffnet und leicht ausgebügelt. Dann beginnt ein besonderes Zusammensetzen. Zunächst wie üblich die erste Schicht – Kerbe auf Kerbe, Faltlinien auf Faltlinien – auf die Grundscheibe legen (s. S. 17). Kleben Sie immer die peripheren Ränder zuerst und dann insgesamt die Blumenblätter der ersten Schicht. Anschließend legen Sie jedoch die zweite Schicht verdreht auf die erste, und zwar so, dass ihre Kerbe auf die nächste rechte Faltlinie nach der Kerbe dieser ersten Schicht zu liegen kommt. Wieder gut ankleben, damit sich der Kontrast zwischen den Blumenblättern richtig bilden kann. Verfahren Sie beim Zusammensetzen und Ankleben der Schichten 3, 4, 5 und 6 weiter nach diesem Prinzip der leichten Verdrehung nach rechts, im Uhrzeigersinn (Kerbe auf nächste Faltlinie). Dabei stets gut ankleben.
Damit eine effektive Transparenz der sieben Lagen untereinander entsteht, ist es

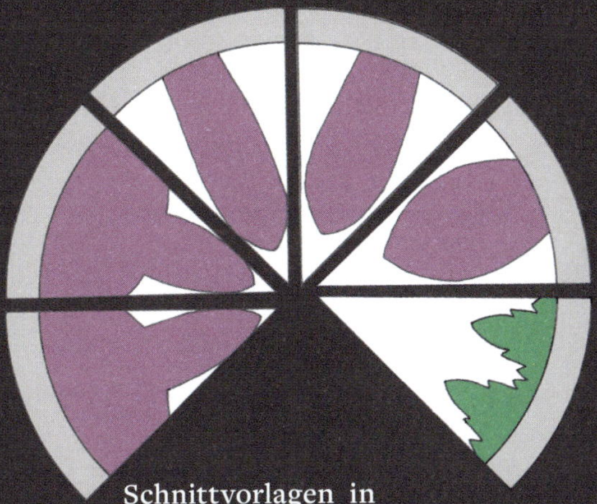

Schnittvorlagen in Originalgröße auf S. 132, 133

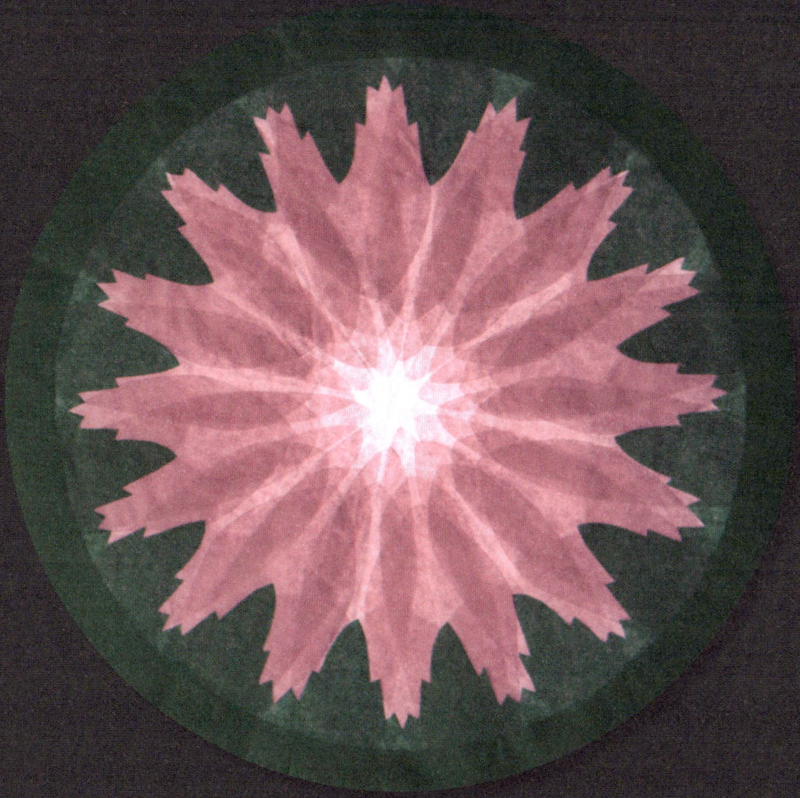

unerlässlich, helle Farbtöne zu wählen. Für die Rosette mit dem Seidenpapier-Passepartout (oben) bieten sich folgende Farben an:

- Grundscheibe Helllila
- 1., 2., 3., 4. und 5. Schicht Helllila
- 6. Schicht Tannengrün

Farben für die Rosette mit dem Tonpapier-Passepartout (unten):

- Grundscheibe Zitronengelb
- 1., 2., 3., 4. und 5. Schicht Hellzitronengelb
- 6. Schicht Moosgrün

So offenbaren blühende Rosenknospen am Fenster anmutig die zarte Vertiefung ihrer Herzen.

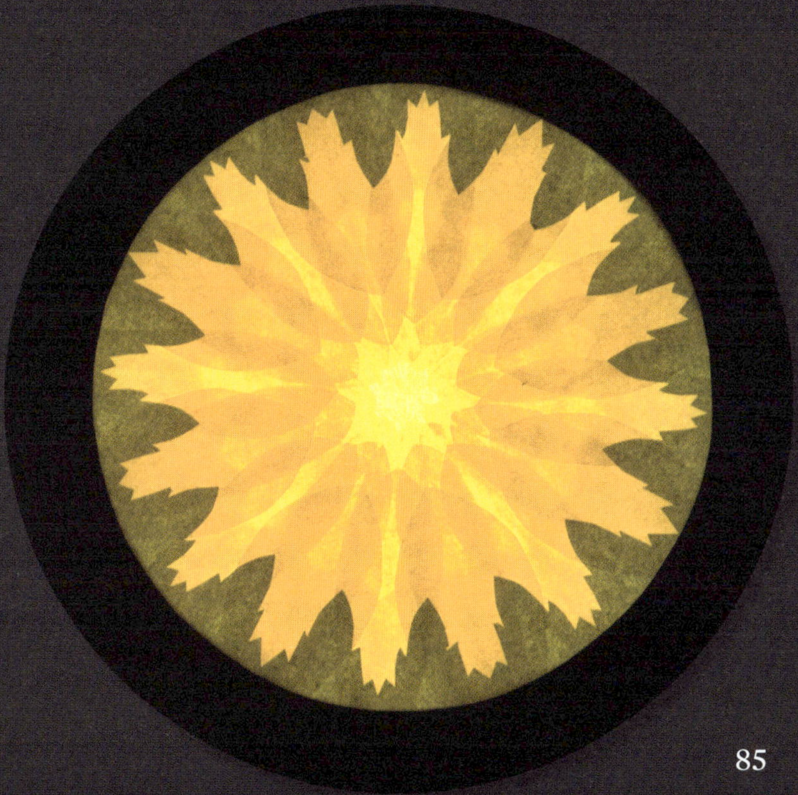

Rosenfenster ***
La Sainte-Chapelle, Paris

Große Rosette, Ø 28 cm, 5-lagig

Das unendliche Spiel der Formen und Farben im Flamboyant-Stil ist ein lebendiger und erhabener Ausdruck für die spirituelle Begeisterung der genialen Baumeister von gotischen Kathedralen. Die Westrose von La Sainte-Chapelle in Paris (15. Jahrhundert) schildert auf majestätische Weise prägnante Szenen aus der Offenbarung des Johannes. Die Hauptstruktur des Maßwerks zeigt sechsfach feurig-flammende Bewegungen mit Herzformen und fließenden harmonischen Lemniskatenformen.

Um diese wunderbar entflammte sechsstrahlige Fensterrose zu gestalten, brauchen Sie fünf große Seidenpapierscheiben (Ø 28 cm) mit dem kleinen Einschnitt rechts. Falten Sie alle diese Scheiben zu Sechstelkeilen (S. 14f.). Die weiße Grundscheibe wird nicht bearbeitet. Erst bei Schicht 1 (Zeichnung 1, S. 137) beginnt das Ausschneiden der Motive. Obwohl vier Schichten ausgeschnitten werden müssen, ist diese Arbeit an den Keilen mit der spitzen Schere recht unkompliziert. Da sich aber fast alle Motive im inneren Keilbereich befinden, müssen Sie als Ansatz vor dem Schneiden immer wieder einen Durchstich mit der Stecknadel machen.
Für das Zusammensetzen und Aufeinanderkleben der fünf Lagen siehe die entsprechende Anleitung (S. 17).

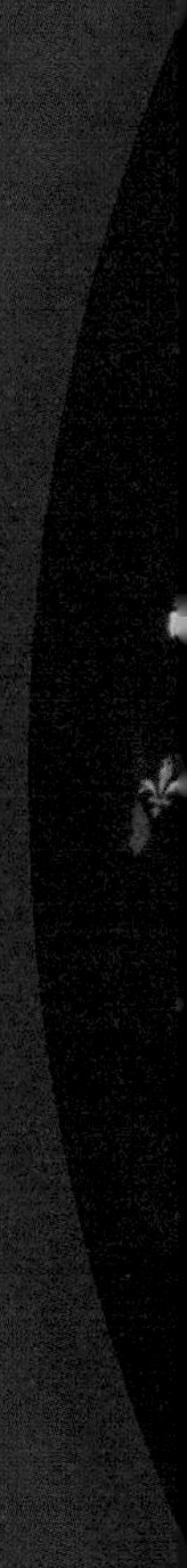

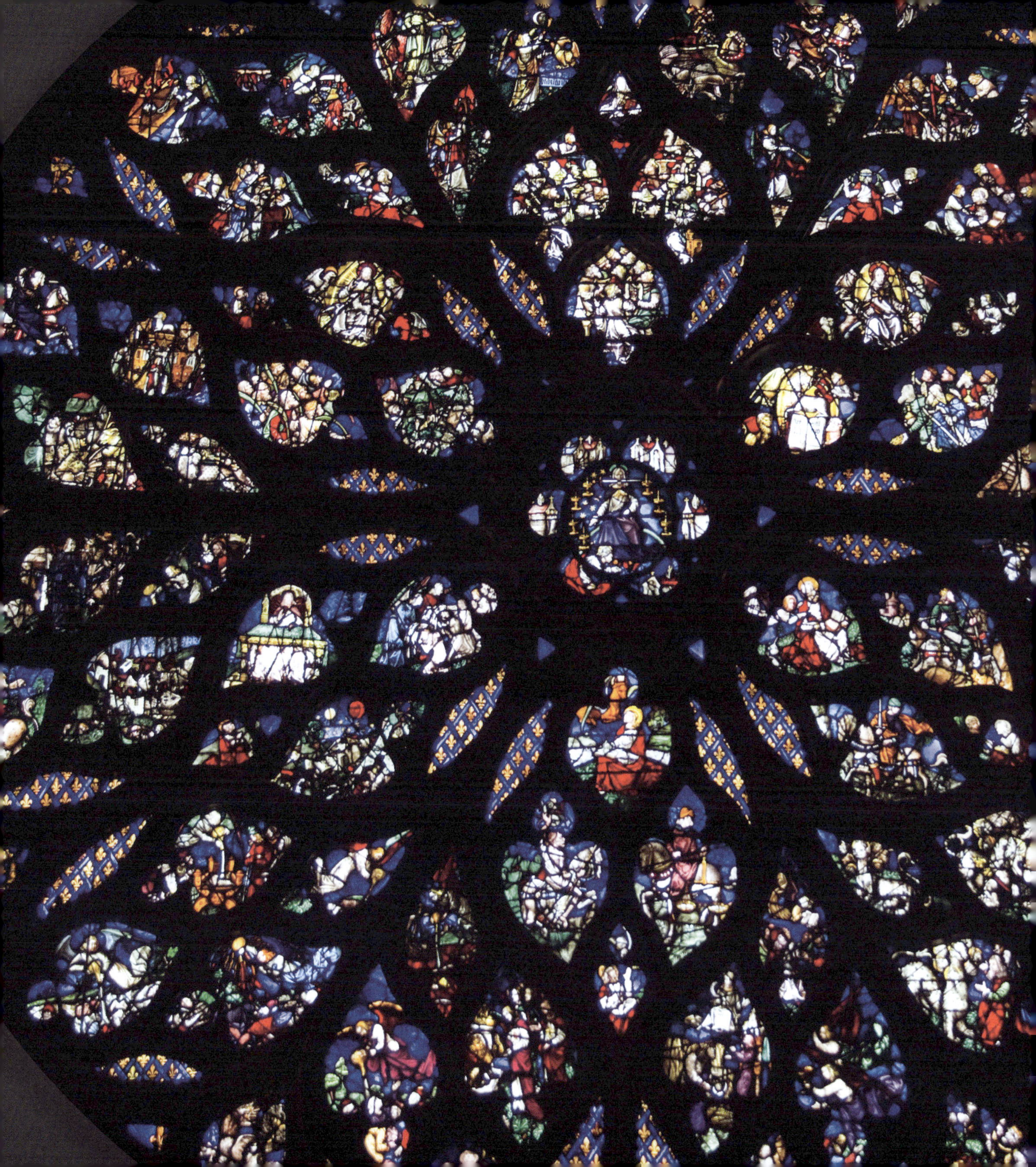

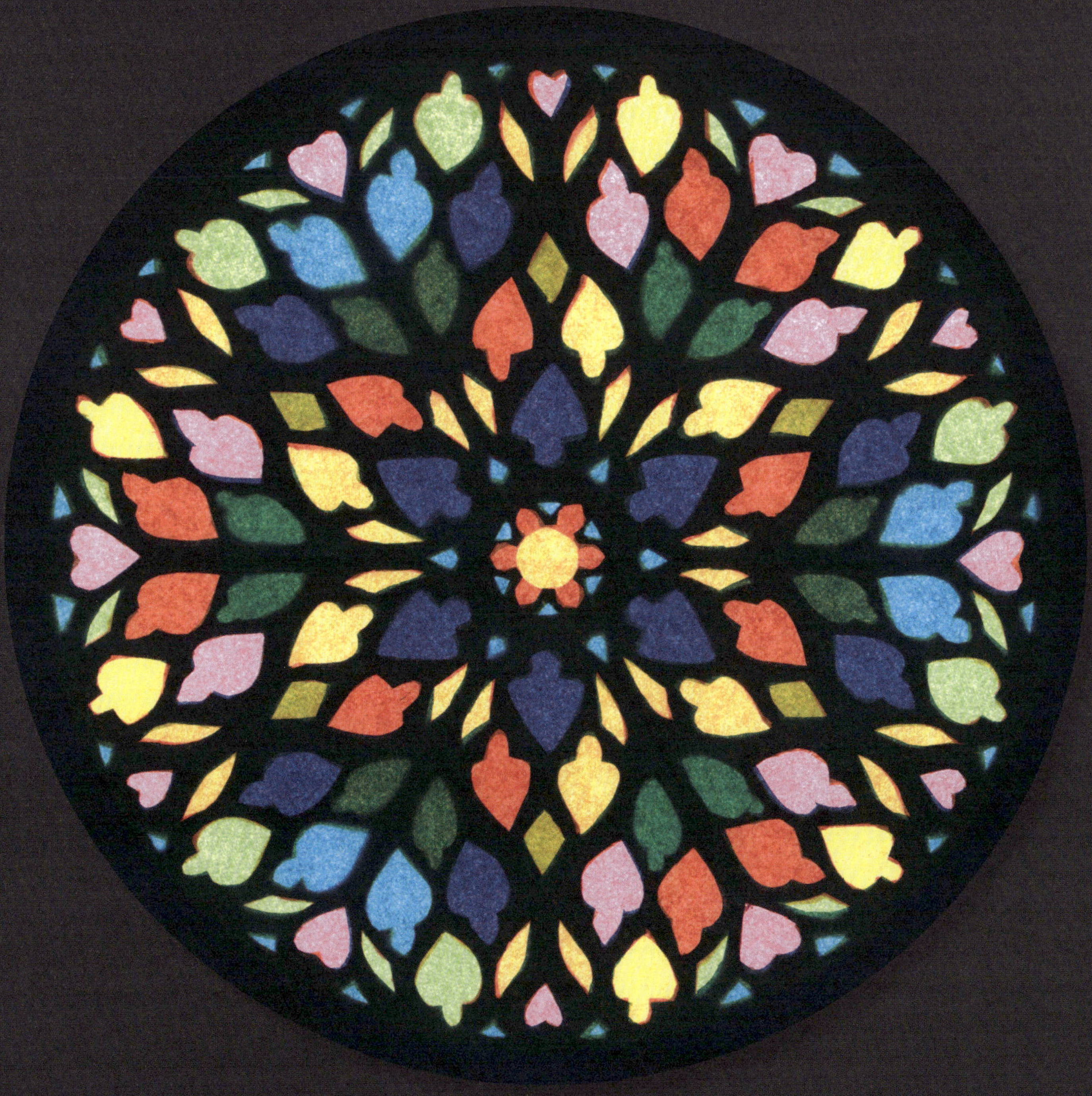

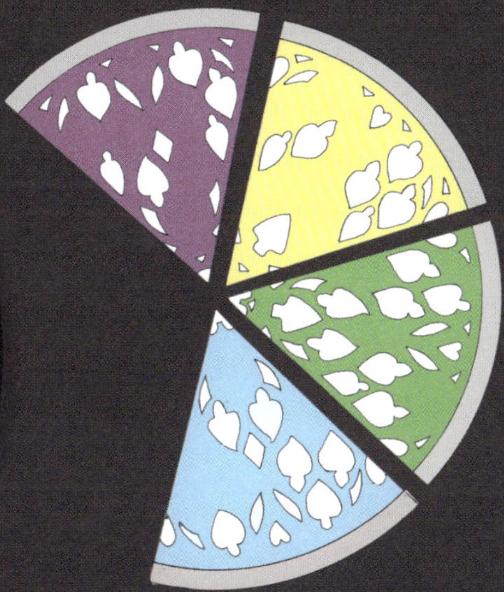

Schnittvorlagen
in Originalgröße auf S. 137, 138

Bei der ersten Variante (Rosette mit Seidenpapier-Passepartout, linke Seite) kommen folgende Farbtöne in Betracht:
- Grundscheibe Weiß
- 1. Schicht Magenta
- 2. Schicht Goldgelb
- 3. Schicht Hellgrün
- 4. Schicht Türkis

Eine Farbstimmung mit tieferer Ausstrahlung erreichen Sie mit folgenden Farben (Rosette mit Tonpapier-Passepartout, oben):
- Grundscheibe Weiß
- 1. Schicht Lachsrosa
- 2. Schicht Hellorange
- 3. Schicht Helltürkis
- 4. Schicht Violett

Am Fenster zeigen sich wiederum neue Farbnuancen, die sich aus der Transparenz der sich durchdringenden Farben ergeben ...

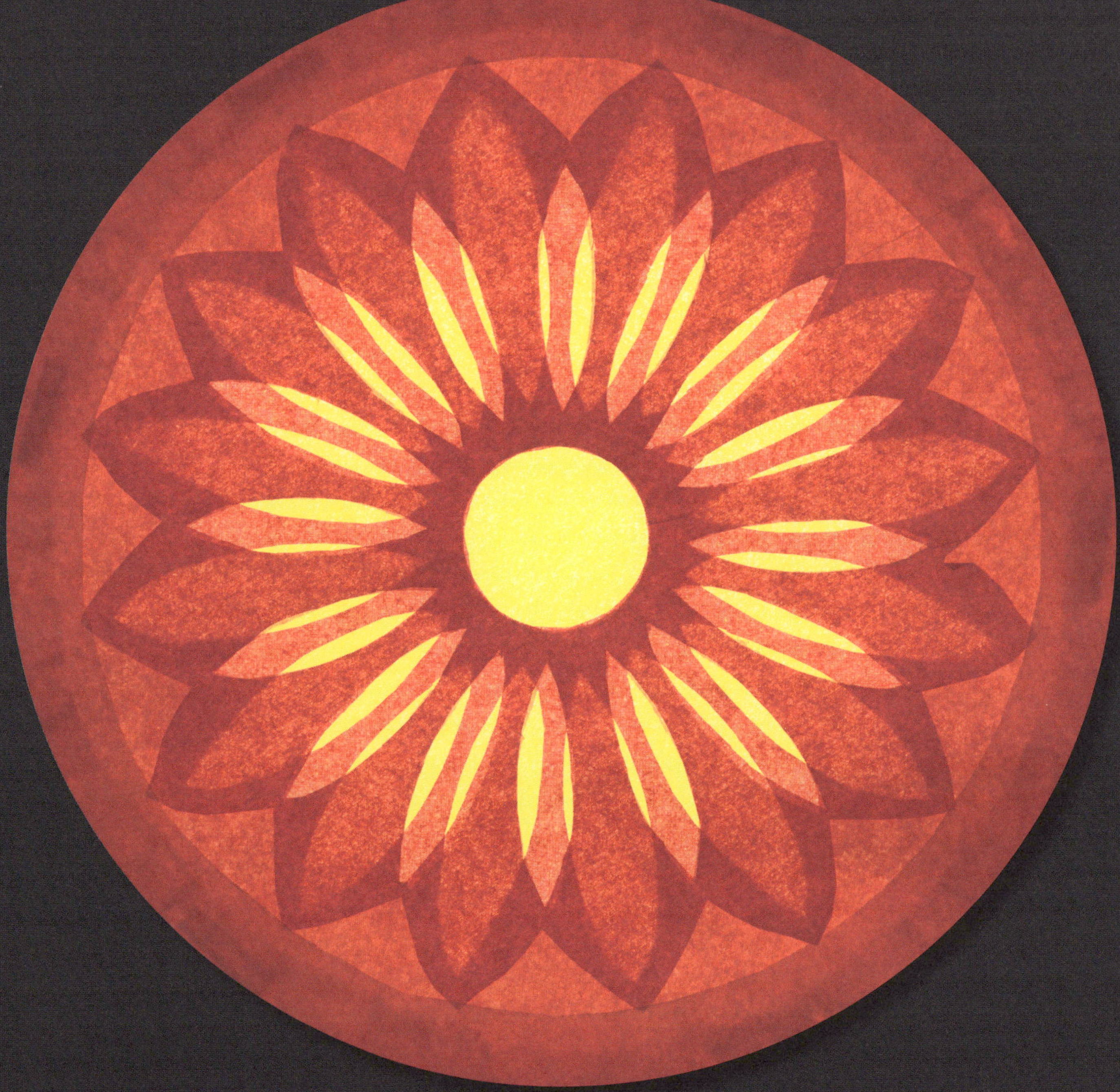

Dahlienkrone **

Kleine Rosette, Ø 16 cm, 4-lagig

Sonnenhaft leuchtet die Dahlienblüte. Ihre Blütenblätter aus sechzehn Strahlen lassen doppelt so viele feine gelbe Staubgefäße durchschimmern. Ein wechselndes Lichtspiel zwischen Sonne und Blüte!

Für die Gestaltung dieser Dahlienkrone benötigen Sie vier kleine Seidenpapierscheiben (Ø 16 cm). Machen Sie rechts den kleinen Einschnitt und falten Sie die vier Scheiben zu Achtelkeilen (s. S. 14f.). Die Grundscheibe wird nicht bearbeitet. Das Ausschneiden der Motive bei den zwei ersten Keilen ist ganz einfach. Beim dritten Keil fällt jedoch der obere Rand ganz weg (s. Zeichnung 3, S. 134, in Weiß gelassen), damit die Blumenblätter im Innenbereich erscheinen können.
Nach dem Ausschneiden aller Motive die vier Scheiben wieder entfalten und leicht bügeln. Dann beginnt das Zusammensetzen und Kleben (s. S. 17). Beim Aufsetzen der dritten Schicht müssen Sie sich allerdings in anderer Weise als bisher orientieren, weil ja der Rand samt Kerbe weggefallen ist! Legen Sie also diese kronenartige dritte Schicht so, dass einerseits ihr rundes Loch in der Mitte exakt auf das entsprechende ausgesparte Zentrum der zweiten Schicht zu liegen kommt und sich andererseits ihre Faltlinien genau mit den entsprechenden darunterliegenden Faltlinien decken. Dabei zeigt sich auch, dass bei dieser Blüte vier in Kreuzform liegende Strahlen etwas breiter als die anderen sind. Sie müssen genau auf den entsprechenden darunterliegenden breiteren Strahlen liegen. Dadurch ergibt sich von selbst der Eindruck, dass durch die verschiedenen «Spalten», die rund um das

Blütenherz entstanden sind, die kleinen gelben Lichtstrahlen als leuchtende Staubgefäße in Erscheinung treten. Fertig kleben.

Die erste Dahlienkrone (Rosette mit dem Seidenpapier-Passepartout, S. 90) ist von einer rubinroten Grundstimmung umhüllt:

- Grundscheibe Zitronengelb
- 1. Schicht Magenta
- 2. Schicht Lachsrosa
- 3. Schicht Magenta

Bei der Rosette mit dem Tonpapier-Passepartout (rechts) habe ich einen ungewöhnlichen Farbklang gewählt, der aber für eine Dahlienblüte auch passend ist:

- Grundscheibe Goldgelb
- 1. Schicht Violett
- 2. Schicht Helllila
- 3. Schicht Violett

Die transparente Durchdringung dieser Farben lässt eine sanfte rötlich-braune Krone um ein warm leuchtendes Herz entstehen.

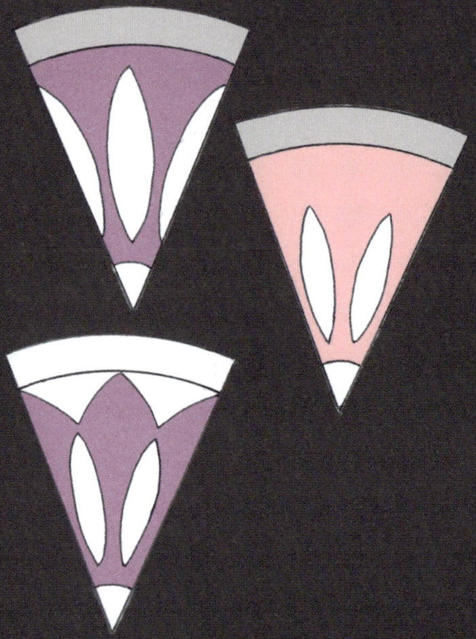

Schnittvorlagen
in Originalgröße auf S. 134

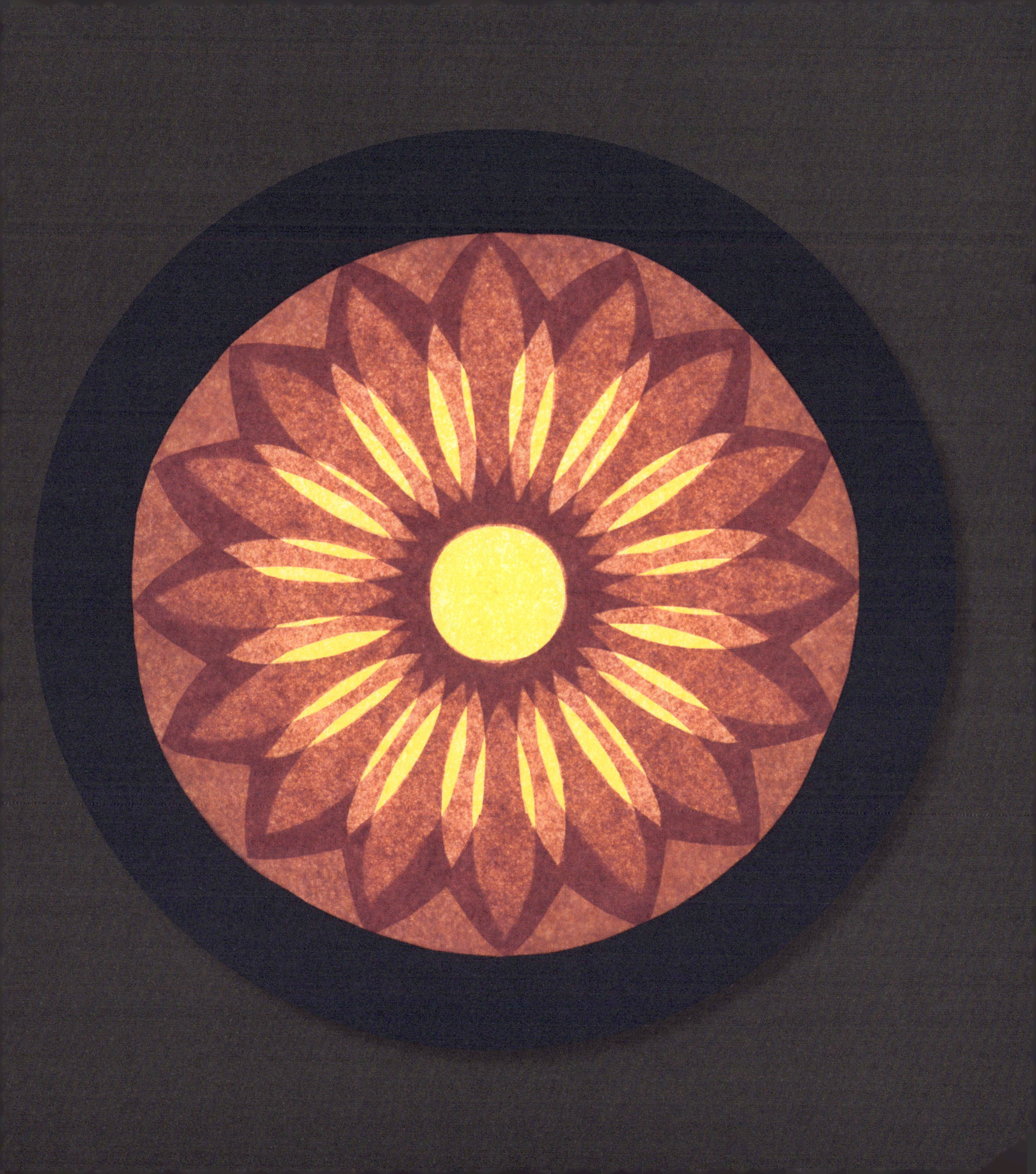

Fensterrosette * Kirche von Assisi

Kleine Rosette, Ø 16 cm, 4-lagig

Diese schlichte blühende Rosette befindet sich im oberen Teil des großen Vierbahnfensters im Südquerhaus der wunderschönen Franziskus-Kirche in Assisi (13. Jahrhundert). Die Maßwerkstruktur mit dem vorherrschenden Sechseck in der Mitte und den sich sechsfach wiederholenden Motiven drumherum basiert auf der Zahl Sechs – Zeichen der Vollkommenheit. Es scheint, als würden die zierlichen, leicht herumkreisenden Fünfsternblüten ein wenig tanzen ...

Die Anfertigung dieser kleinen Rosette ist relativ einfach, trotzdem verlangt sie für die Mitte, das zentrale Sechseck mit dem Innenkreis, Exaktheit. Ein aufmerksamer Beobachter der romanischen Oberkirche von Assisi würde sicherlich mit Recht feststellen, dass im innersten Kreis die (siebte) Fünfsternblüte «vergessen» worden ist. Doch leider war die Gestaltung technisch nicht anders möglich, denn durch das sechsteilige Falten lässt sich die Rosette praktisch nicht anders realisieren. Aber die

anmutige Verteilung der Motive war reizvoll genug, um die Rosette in dieser Form zu präsentieren.
Nehmen Sie also vier kleine Seidenpapierscheiben (Ø 16 cm). Bilden Sie rechts den Einschnitt und falten Sie alle Scheiben nach den Grundanleitungen (S. 14f.) zu Sechstelkeilen. Die weiße Grundscheibe wird nicht bearbeitet. Das Ausschneiden beginnt ab der ersten Schicht (Zeichnung 1, S. 136). Nach dem Ausschneiden der Motive entfalten Sie wieder alle vier Scheiben, um sie leicht auszubügeln. Dann erfolgt das Zusammensetzen und Kleben (s. S. 17). Bei der dritten Schicht kleben Sie mit dünnen Strichen alle Innenkanten der weißen Sternchen richtig an.
Für die Rosette mit dem Seidenpapier-Passepartout (S. 97) habe ich folgende Farben genommen:
- Grundscheibe Weiß
- 1. Schicht Türkis
- 2. Schicht Hellorange
- 3. Schicht Violett

So wird die Rosette in eine bläuliche Stimmung getaucht, die dem originalen Glasfenster nahekommt.

Bei der Rosette mit dem Tonpapier-Passepartout (unten) wurde eine andere mehr-

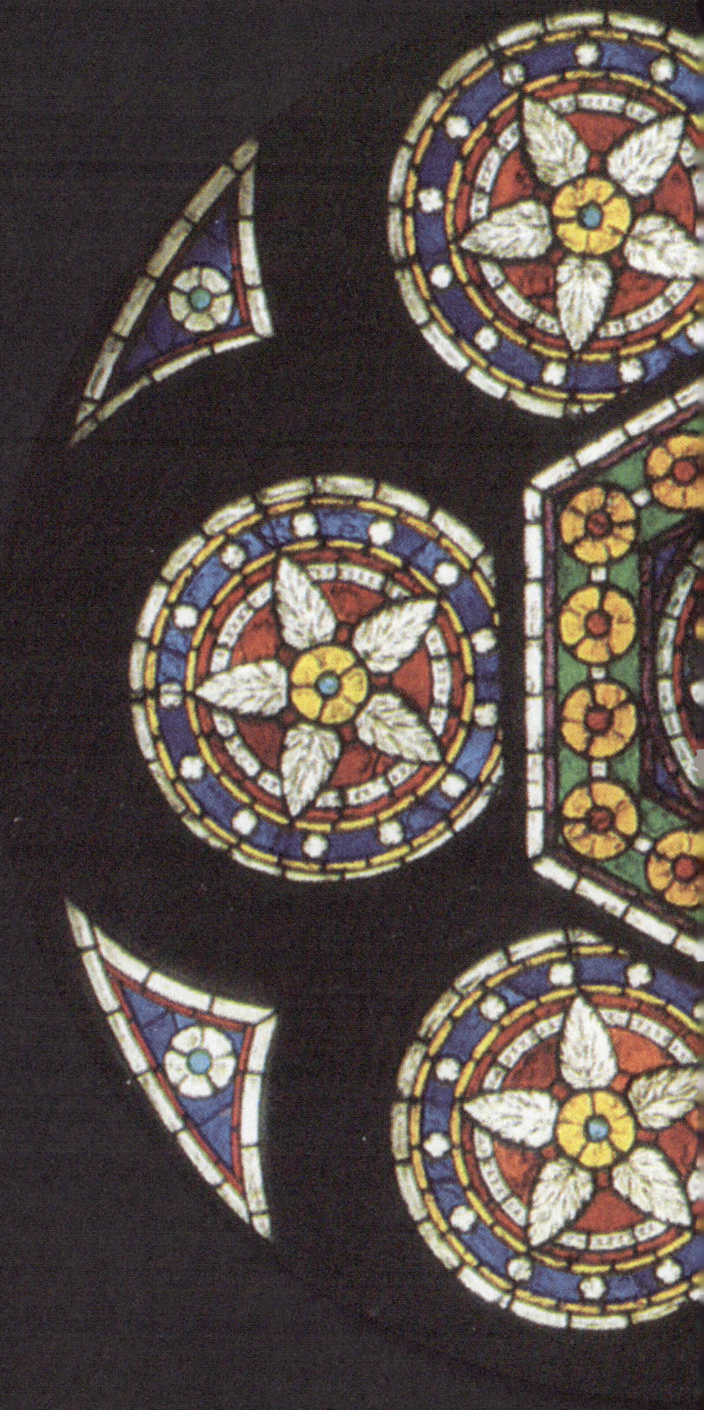

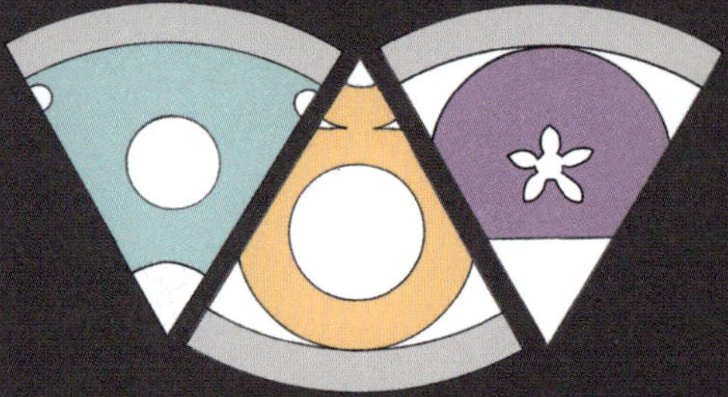

Schnittvorlagen
in Originalgröße auf S. 136, 137

farbige Harmonie erzielt, die eine warme Aufhellung hervorbringt. Nehmen Sie dafür:
- Grundscheibe Weiß
- 1. Schicht Goldgelb
- 2. Schicht Türkis
- 3. Schicht Magenta

Wieder zaubert die Transparenz der Schichten rätselhafte neue Farben hervor. Wodurch entsteht das leuchtende Rot um die Sternchen? Und das Smaragdgrün am Sechseck? Erstaunliche Alchimie der Farben mit Seidenpapier!

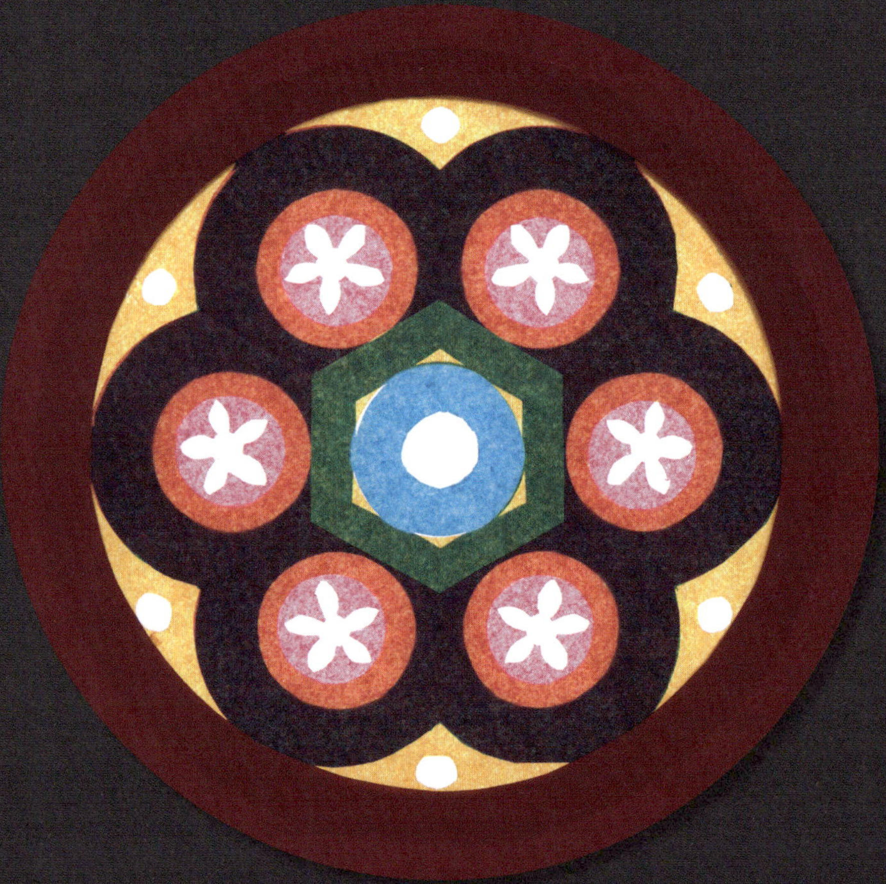

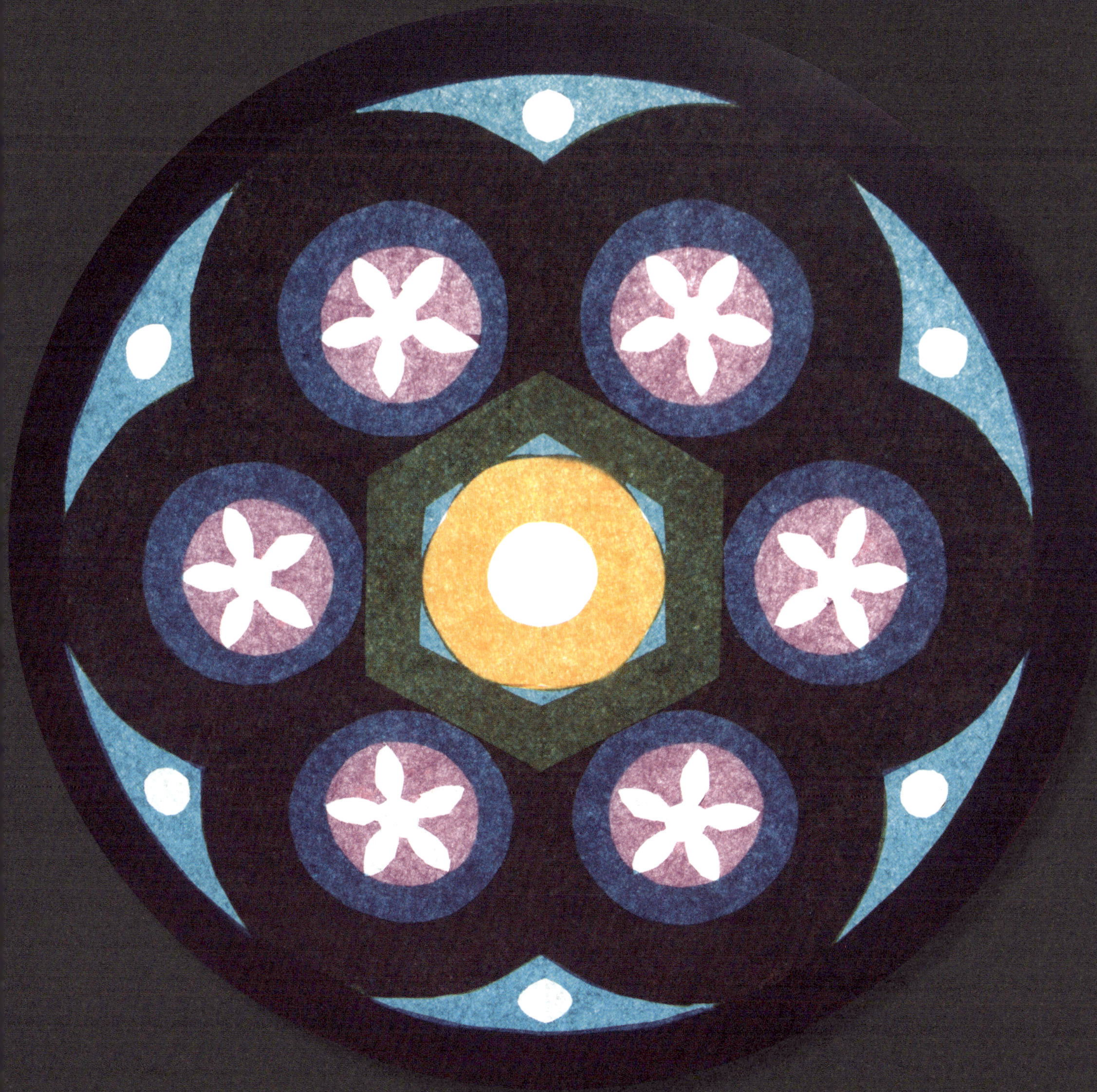

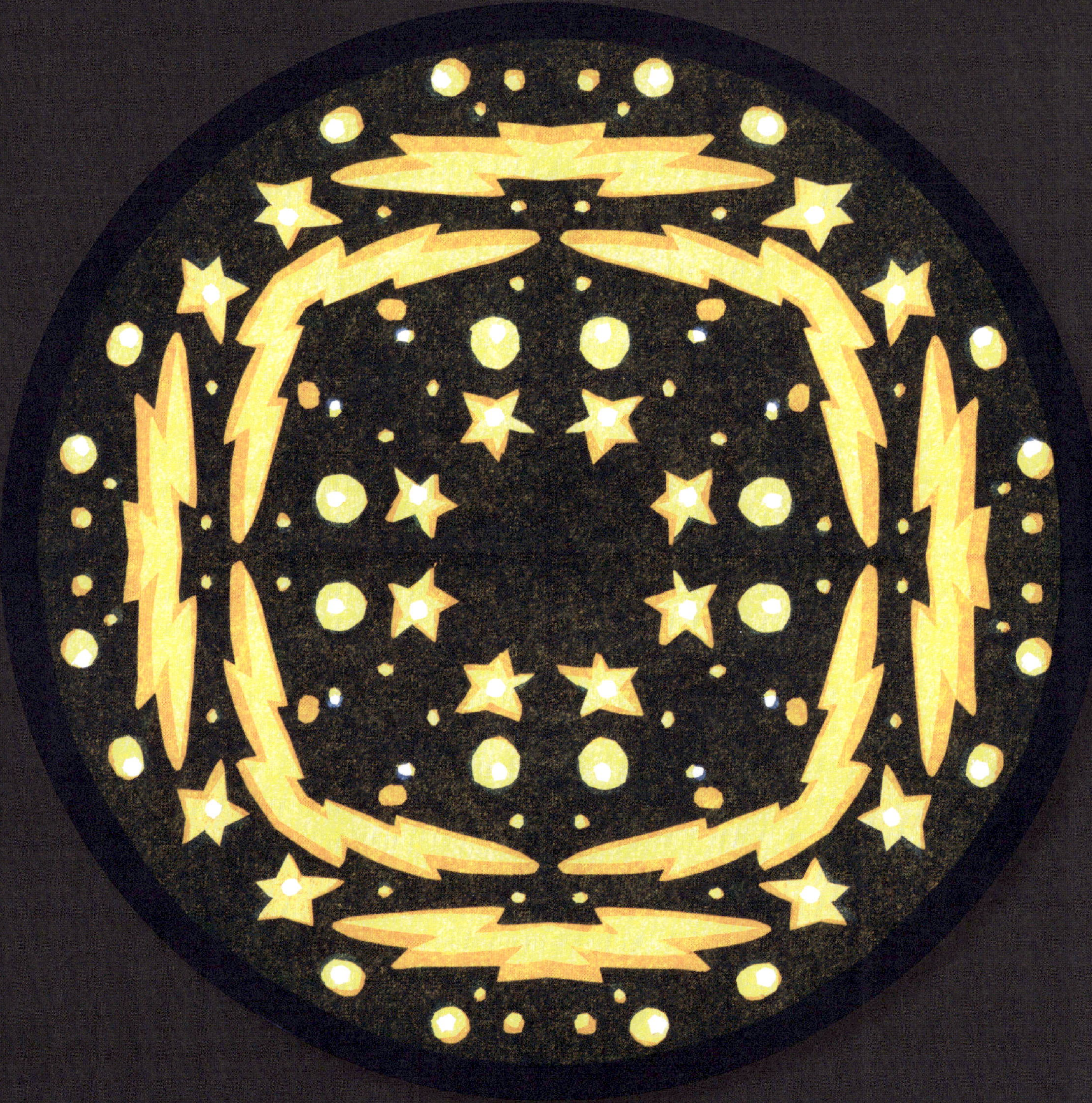

Nächtliche Sommerblitze **

Mittelgroße Rosette, Ø 24 cm, 4-lagig

Hitzeblitze! Diese seltsame Rosette wurde durch die Bilder früher Erinnerungen an warme Sommernächte in den Pyrenäen angeregt. Nachts ballten sich öfters starke, stürmische Gewitter vor den hohen Bergen. Während der Nachthimmel noch mit Myriaden von Sternen übersät war, flammte manchmal in der Ferne schon das geheimnisvolle Wetterleuchten. Dieser spannungsvolle Kontrast zwischen Blitzen und Sternenruhe findet hier seine künstlerische Ausdrucksform.

Für diese besondere Kreation bin ich bei den Zeichnungen der Motive ausnahmsweise von den Seiten der Keile statt von ihren Zentrumsspitzen ausgegangen, um die Blitze im Zickzack quer durch die Breite des Nachtdunkels zu ziehen. Nach dem Entfalten der Achtelkeile zeigt sich ein erstaunliches Ergebnis, eine andere räumliche Verteilung – und zwar eine vierteilige Verteilung der Blitzmotive. Daraus erscheint dann das Gesamtbild der acht Blitzmotive wie auf halbem Wege zwischen Kreis und Quadrat! Obwohl die Rosette zahlreiche winzige Pünktchen aufweist, die wie ferne Sterne am Nachthimmel aussehen, bereitet sie keinerlei Schwierigkeiten; ihre Gestaltung verlangt lediglich etwas mehr Zeit.
Für den Aufbau brauchen Sie vier mittelgroße Seidenpapierscheiben (Ø 24 cm), stets mit dem kleinen Einschnitt rechts versehen. Falten Sie diese Scheiben zu Achtelkeilen (s. S. 14f.). Die weiße Grundscheibe wird nicht bearbeitet, das Ausschneiden beginnt ab der ersten Schicht (Zeichnung 1, S. 139). Da sich alle Sterne, runden Planeten und ferneren Sternpünktchen innerhalb

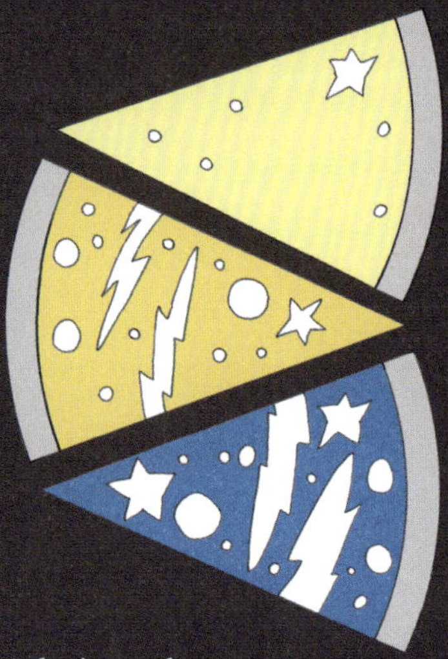

Schnittvorlagen
in Originalgröße auf S. 139

des Keilbereichs befinden, müssen Sie für den Ansatz, vor dem Schneiden, erst mit der Stecknadel einen Durchstich machen. Nach dem Ausschneiden der Motive entfalten Sie die drei Schichten wieder langsam und ganz vorsichtig. Bügeln Sie alle vier Schichten leicht, bevor Sie mit dem Zusammensetzen fortfahren. Kleben (s. S. 17).
Trotz des nächtlichen Themas sind durchaus zwei etwas unterschiedliche Farbstimmungen möglich. Bei der ersten Farbauswahl (Rosette mit dem Seidenpapier-Passepartout, S. 98) erhellen Blitze und Sterne einen dunkel-bläulichen Nachtmantel:
- Grundscheibe Weiß
- 1. Schicht Zitronengelb
- 2. Schicht Goldgelb
- 3. Schicht Dunkelultramarin

Die zweite Rosette mit dem Tonpapier-Passepartout (rechts) bildet durch das dunkle Violett einen stärkeren Kontrast. Die Nacht bleibt trotz Blitzwirkungen stockfinster.
- Grundscheibe Weiß
- 1. Schicht Hellzitronengelb
- 2. Schicht Zitronengelb
- 3. Schicht Dunkelultramarinviolett

Und am Fenster blitzen Himmelsgewalten aus den Finsternissen der umhüllenden Nachtruhe.

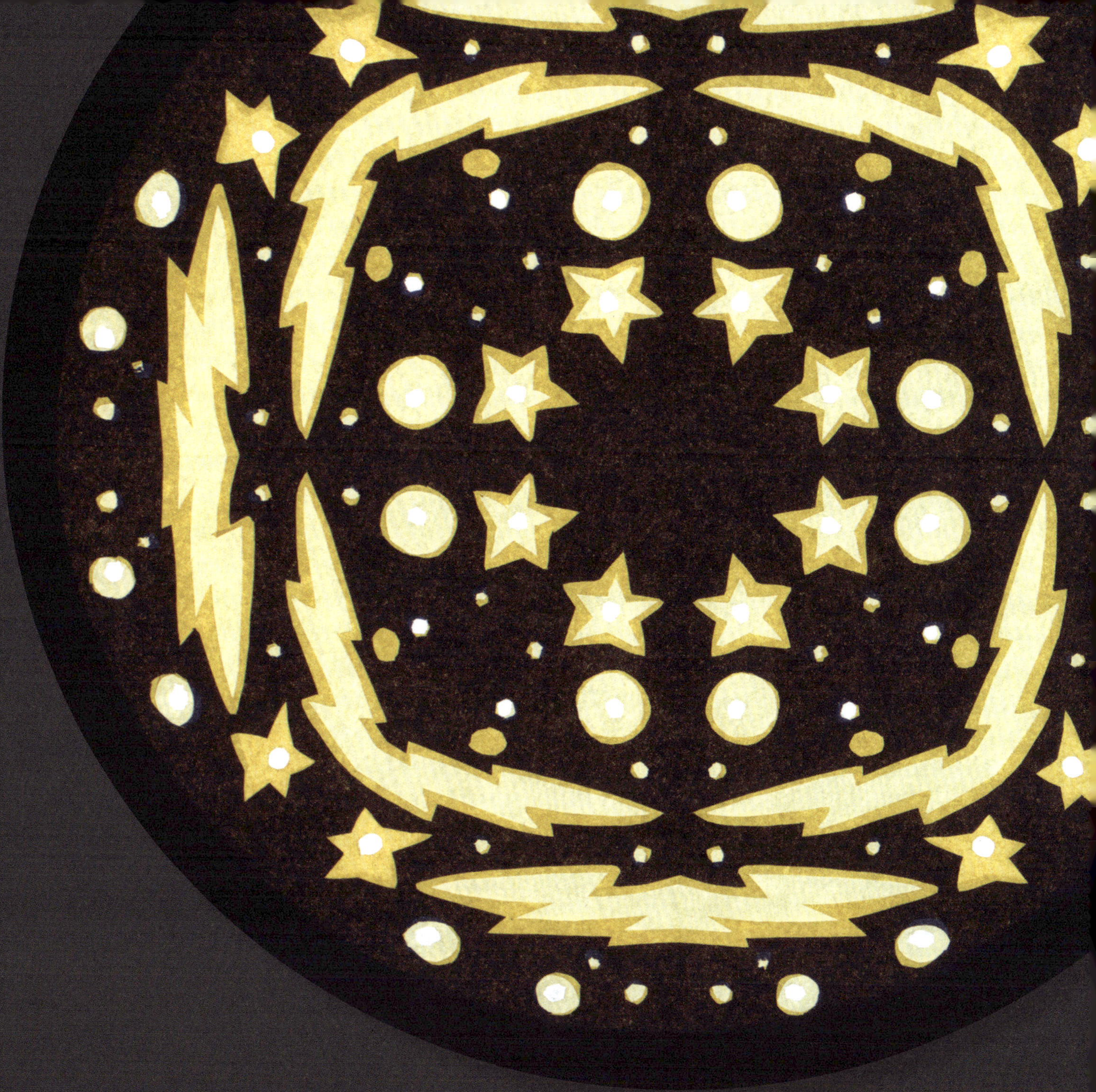

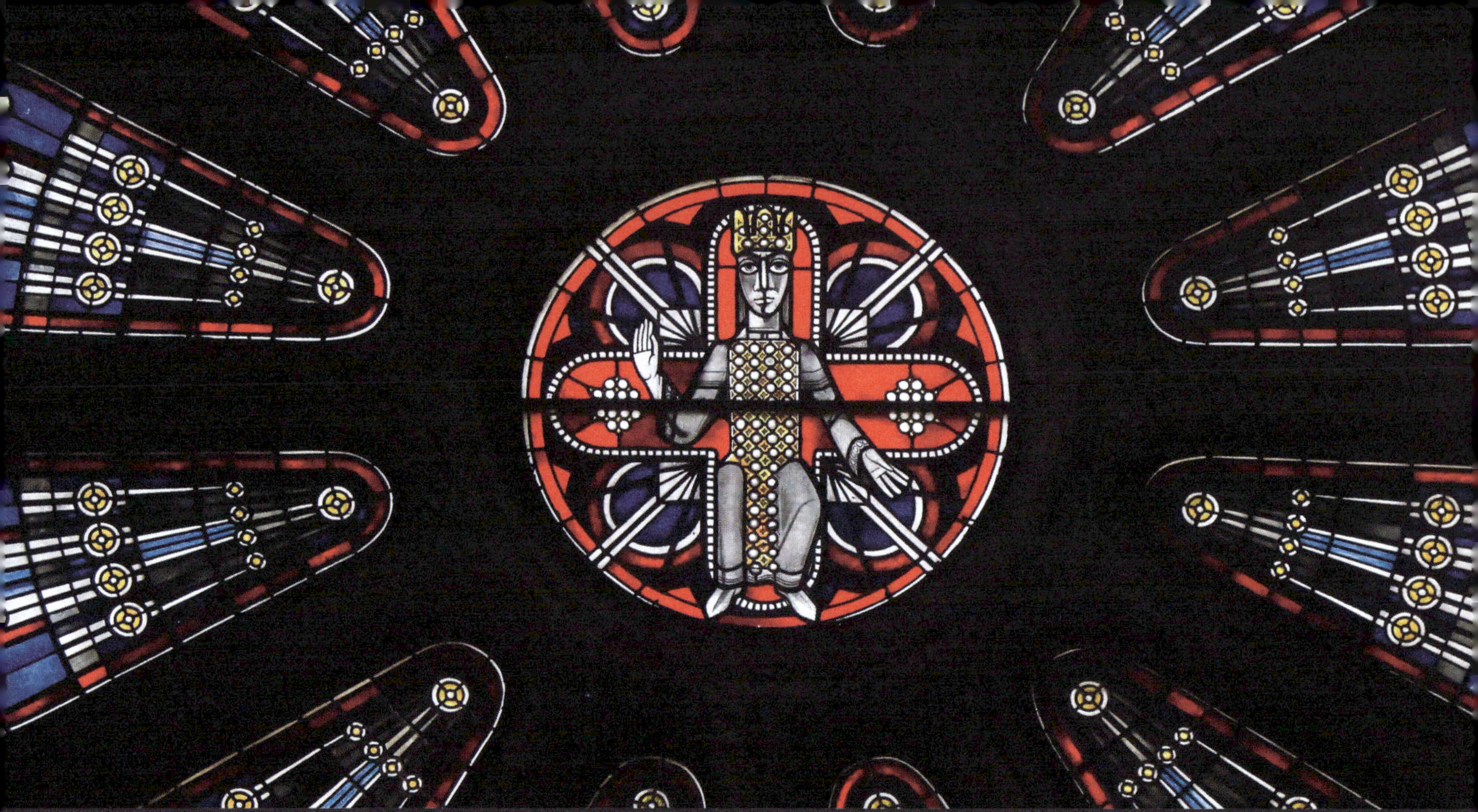

Rosenrad * Dom von Worms

Kleine Rosette, Ø 16 cm, 4-lagig

Schlicht und einfach in ihren Strukturen sind die Urformen der frühen mittelalterlichen Rosenfenster. Sie werden Rosenräder genannt. Dazu gehört die romanische Westrose des Wormser Doms (um 1220). Sein zwölfstrahliges Rosenrad ist auch ein Abbild der Sonne (Sonnenrad). Aus seinem Umkreis wirken die 24 kleinen dekorativen Kreise wie lauter aneinandergereihte weiße Perlen. Im zentralen Innenkreis des originalen Glasfensters ist vor einem roten Kreuz der thronende Christus im weiß-gelben Gewand dargestellt.

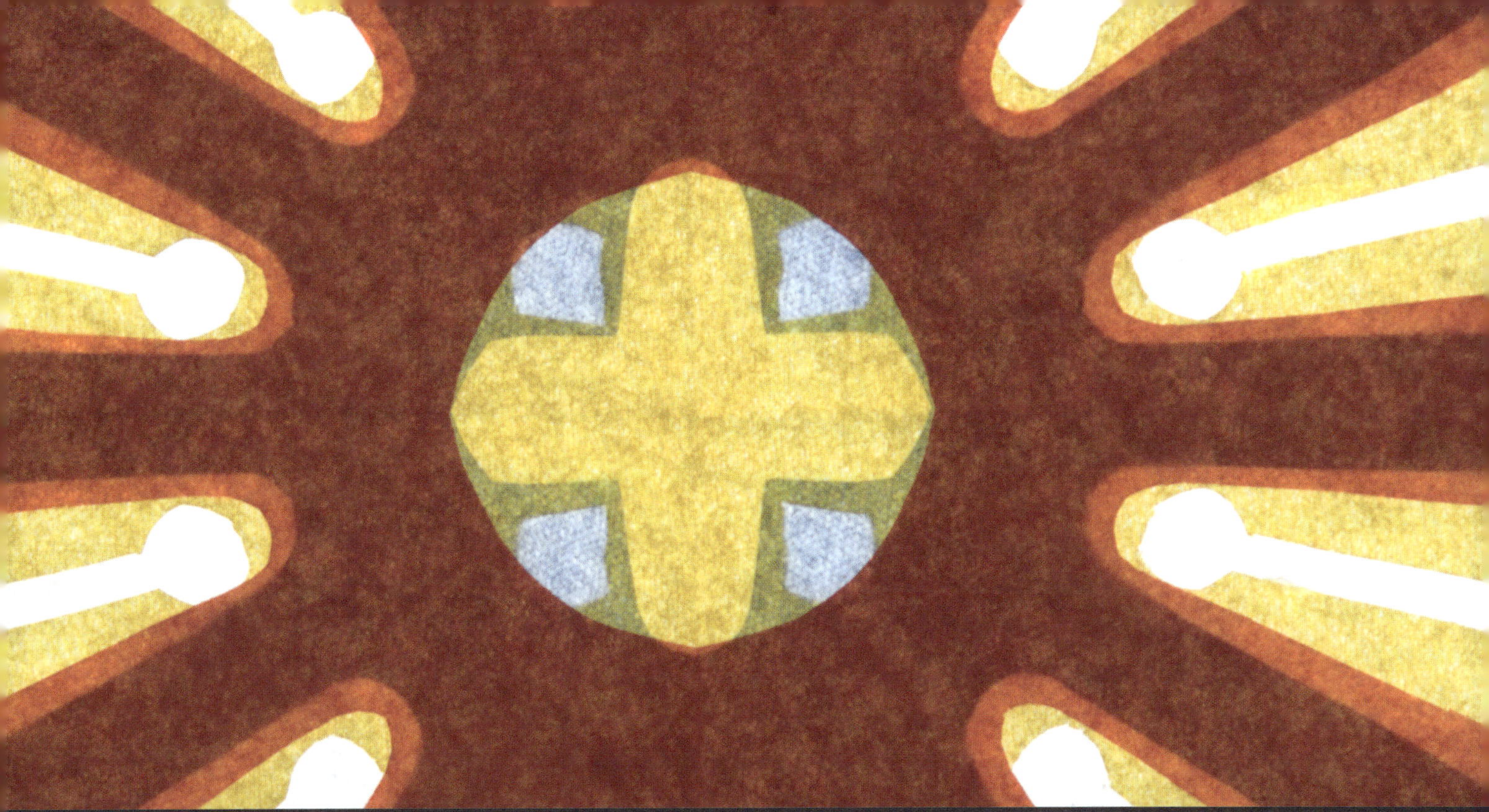

Für die farbige Verteilung der vier Lagen habe ich mich von den originalen Glasfarben anregen lassen. Das reine Weiß spielt eine wichtige Rolle. Das Hellrot bildet eine feine Umrandung um die zwölf doppelten Strahlen innerhalb des einfachen Maßwerks. Das Hellblau setzt himmlische Akzente.
Nehmen Sie vier kleine Seidenpapierscheiben (Ø 16 cm). Wie immer den kleinen Einschnitt rechts vornehmen und alle Scheiben zu Viertelkeilen nach den Grundanleitungen (S. 14f.) falten. Die weiße Grundscheibe wird nicht bearbeitet. Mit dem

Ausschneiden der Motive beginnen Sie ab der ersten Schicht (Zeichnung 1, S. 140). Helfen Sie sich stets mit der Stecknadel für jeden Schnittansatz. Nach dem Ausschneiden der Motive entfalten Sie Ihre vier Scheiben, um sie leicht ausbügeln zu können. Dann erfolgt das Zusammensetzen und Kleben (s. S. 17).
Die Auswahl der Farben bleibt – abgesehen von dem gelben Kreuz – in ihrer Intensität dem originalen Wormser Rosenrad annähernd treu. Nehmen Sie also bei der Variante unten (Rosette mit dem Seidenpapier-Passepartout) die folgenden Farben:

- Grundscheibe Weiß
- 1. Schicht Zitronengelb
- 2. Schicht Himmelblau
- 3. Schicht Dunkelorange

Bei der zweiten Rosette (mit Tonpapier-Passepartout, rechts) sind die Farben etwas intensiver:

- Grundscheibe Weiß
- 1. Schicht Goldgelb
- 2. Schicht Türkis
- 3. Schicht Zinnoberrot

Das romanische Rosenrad – oder Christi Sonnenrad – erstrahlt am Fenster in bescheidener und zugleich starker Präsenz.

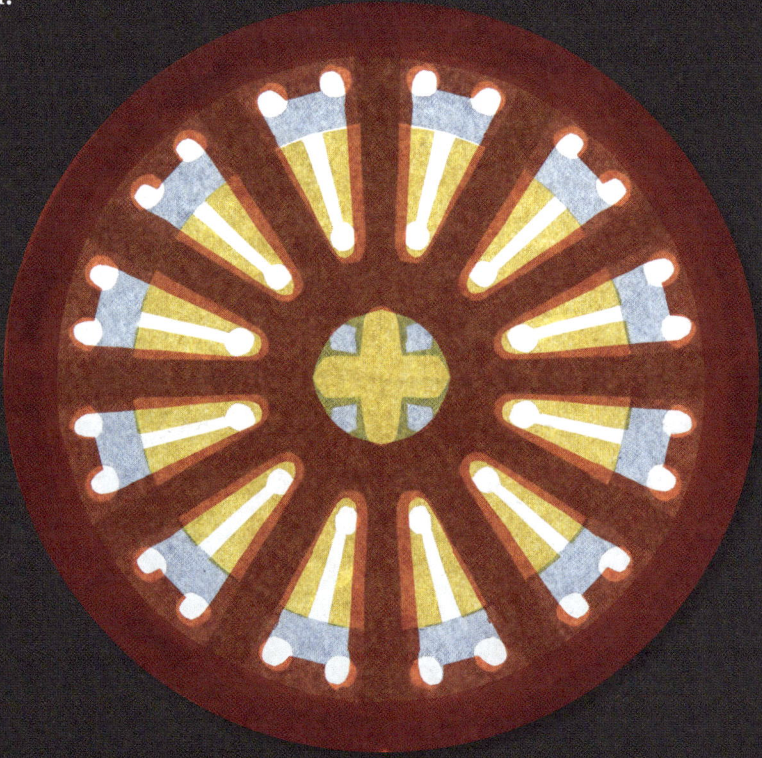

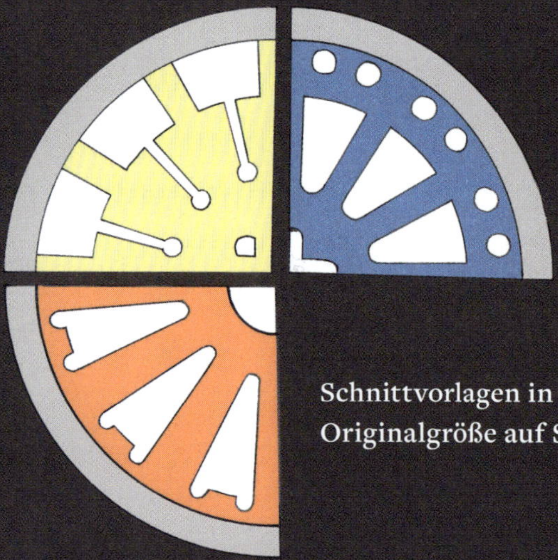

Schnittvorlagen in Originalgröße auf S. 140

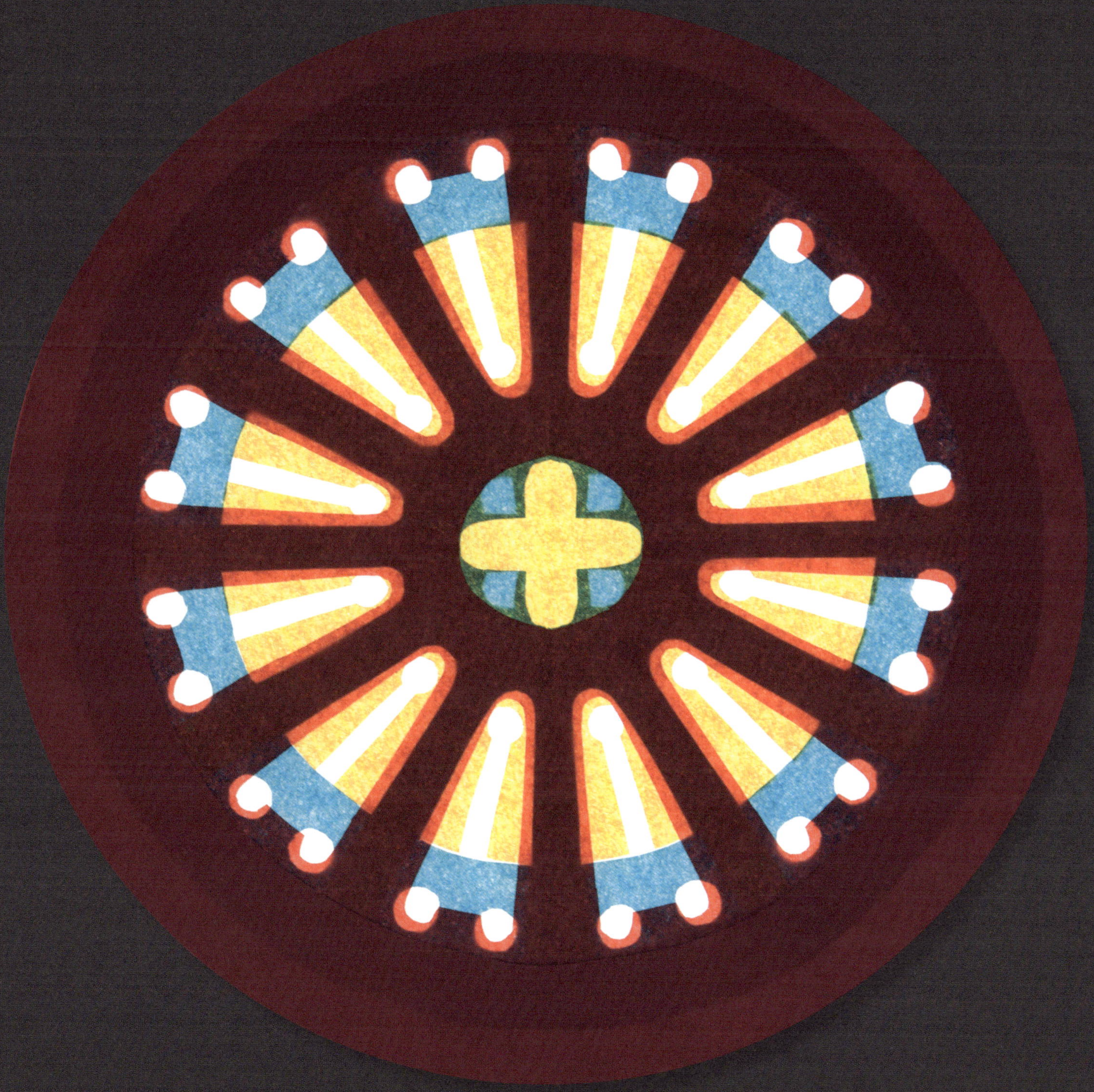

Windrose **

Mittelgroße Rosette, Ø 24 cm, 5-lagig

In meiner Kindheit im Béarn (Pyrenäen) hörte ich immer wieder den freudigen Ausruf meines Vaters, wenn der warme Südwind angenehm blies: «Ah, le vent d'Espagne!» Wir breiteten auf der Wiese die Arme weit aus, um durch und durch den Wind zu fühlen. Und dann träumte ich von Olivenhainen, von Granatapfelbäumen und von Kastagnetten. Und ich dachte an die poetischen Namen mancher Winde, die in anderen Regionen blasen. So mich zurückerinnernd, entstand diese Windrose.

Aber wie lässt sich mit den lichten und luftigen Seidenpapierblättern eine Rosette zu einer eleganten Windrose entwickeln? Dafür musste ich eine andere Technik ausprobieren. So bildet der Aufbau dieser Windrose eine Ausnahme. Und zwar wird der Entwicklungsprozess umgekehrt zum bisherigen Vorgehen. Das heißt: Statt das Innere eines Motivs auszuschneiden, wird es beibehalten. Dafür fällt die Außenpartie drumherum samt Bogenrand weg. Es gibt nur eine Zeichnung (S. 142): Sie zeigt in Hellgrau das bleibende Motiv und in Weiß den wegfallenden Rest. Schneiden Sie fünf mittelgroße Seidenpapierscheiben aus (Ø 24 cm). Hier brauchen Sie keinen Einschnitt zu bilden! Falten Sie die weiße Grundscheibe zu einem Sechzehntelkeil, um sechzehn wichtige Faltlinien für ein besonderes Zusammensetzen zu bekommen. Diese Grundscheibe wird nicht weiter bearbeitet. Die vier anderen farbigen Scheiben werden alle zu Viertelkeilen gefaltet (s. S. 14f.).

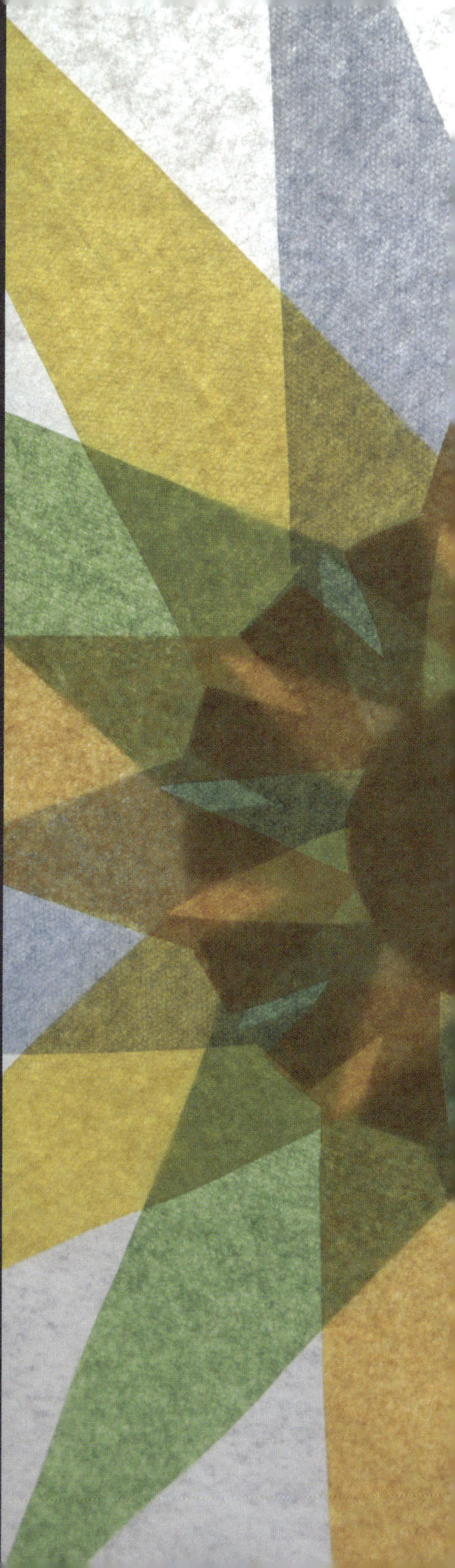

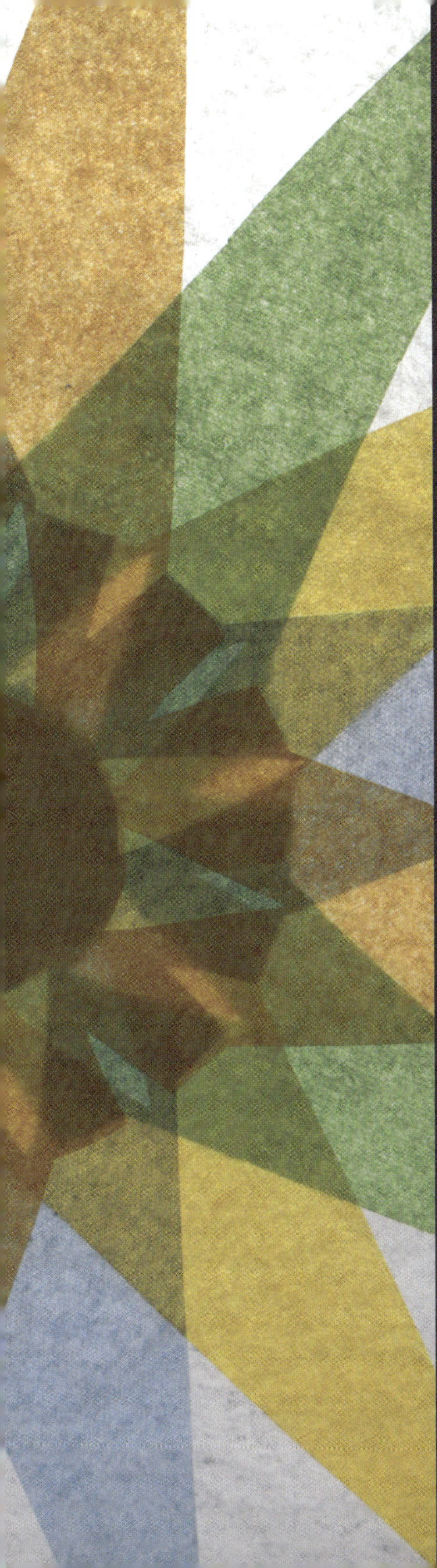

Ein und dieselbe Zeichnung gilt für alle vier farbigen Keile, deswegen ist das bleibende Motiv in einem neutralen hellgrauen Ton gekennzeichnet. Nach dem Ausschneiden der vier farbigen Keile (dabei die zwei kleinen weißen Ecken an der Zentrumsspitze nicht vergessen!) ganz vorsichtig ihre vier kreuzförmigen Strahlen entfalten. Alle Kreuzformen sowie die weiße Grundscheibe leicht ausbügeln. Jetzt kommt das besondere Zusammensetzen der Windrose. Es erfolgt zwar immer Zentrum auf Zentrum, Faltlinien auf Faltlinien, gehen Sie jedoch nicht «in Windeseile», sondern langsam und behutsam, Schritt für Schritt, vor.

Legen Sie also als erste Schicht die gelbe Kreuzform so auf die weiße Grundscheibe, dass ihre vier Spitzen exakt auf die darunterliegenden Faltlinien treffen. Wenn die erste Schicht richtig am Umkreis sitzt, sitzen die Zentren auch genau aufeinander. Achten Sie darauf, dass sie nicht etwas verrutschen, da der Mittelpunkt der Zentren wegen der Überdeckung eben nicht mehr sichtbar ist. Dann kleben. Jetzt richten Sie die zweite, blaue Schicht leicht schräg nach rechts (im Uhrzeigersinn) gedreht aus und legen deren vier Strahlenspitzen auf die entsprechenden nächsten Faltlinien der weißen Grundscheibe. Durch diese leichte Rechtsdrehung legen sich gleichzeitig von selbst die kleinen rechten Innenkanten am Zentrumsring auf die entsprechenden linken kleinen Kanten der unteren Schicht. Wenn die zweite blaue vierstrahlige Schicht richtig sitzt, können Sie kleben.

Für die zwei nächsten Schichten verfahren Sie mit der leichten Drehung nach rechts genauso.

Dann ist die Windrose fertig gestaltet. Bei Bedarf

befestigen Sie alle Kanten noch mit dünnen Klebestrichen. Um das verdichtete runde Zentrum des Gebildes zeigt sich eine lebendige Wechselwirkung zweier übereinanderliegender Achtsterne mit lauter variablen Form- und Farbsplittern, die ineinanderspielen.
Für die erste Variante (Windrose mit dem Seidenpapier-Passepartout, unten) kommen eher helle, kühlere Farbtöne in Betracht:
- Grundscheibe Weiß
- 1. Schicht Zitronengelb
- 2. Schicht Himmelblau
- 3. Schicht Goldgelb
- 4. Schicht Hellgrün

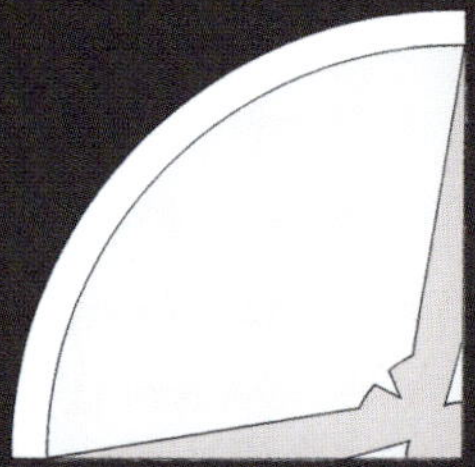

Schnittvorlage in Originalgröße auf S. 142

Eine harmonische Variante mit kräftigeren Farben (Windrose mit Tonpapier-Passepartout, rechts) können Sie so gestalten:
- Grundscheibe Weiß
- 1. Schicht Hellorange
- 2. Schicht Türkis
- 3. Schicht Dunkelorange
- 4. Schicht Olivgrün

Wenn der Windgott Äolus in die Saiten seiner Harfe greift, wehen Winde aus allen Himmelsrichtungen der Welt ...

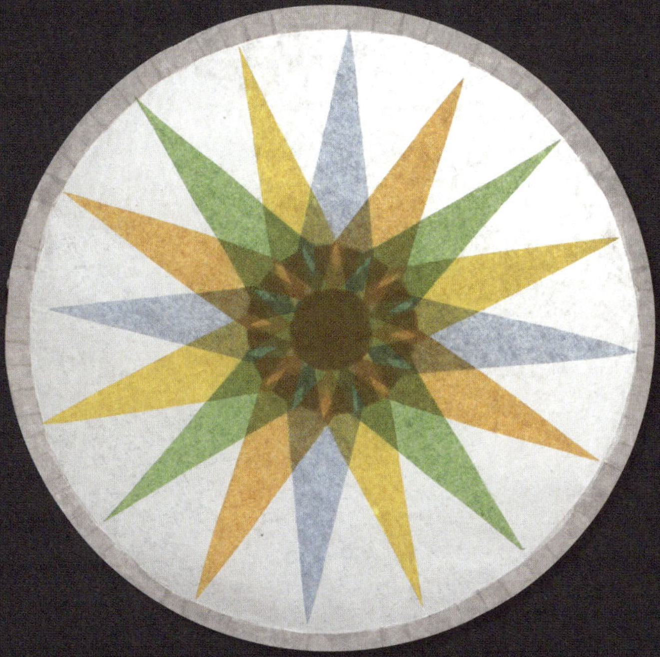

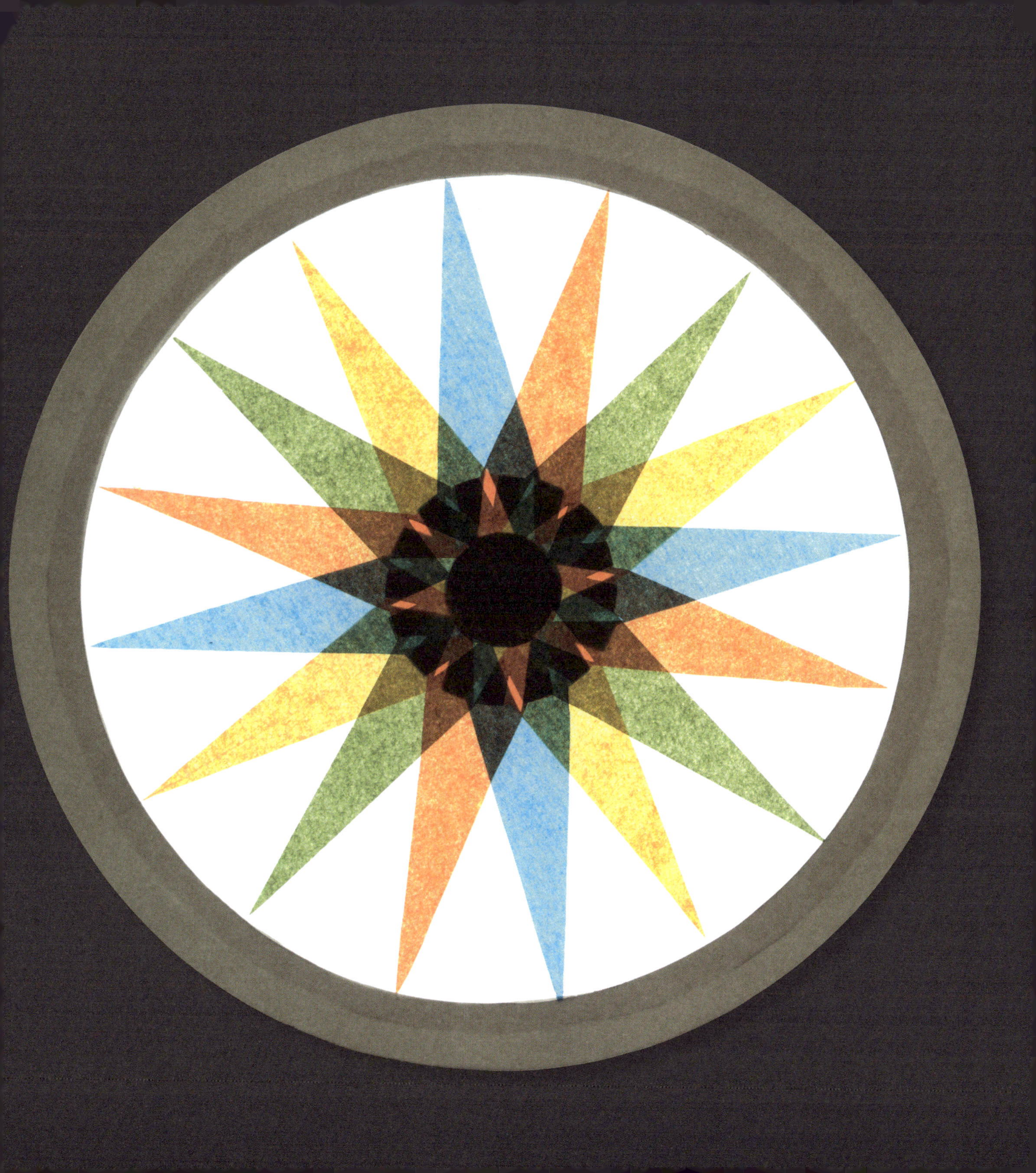

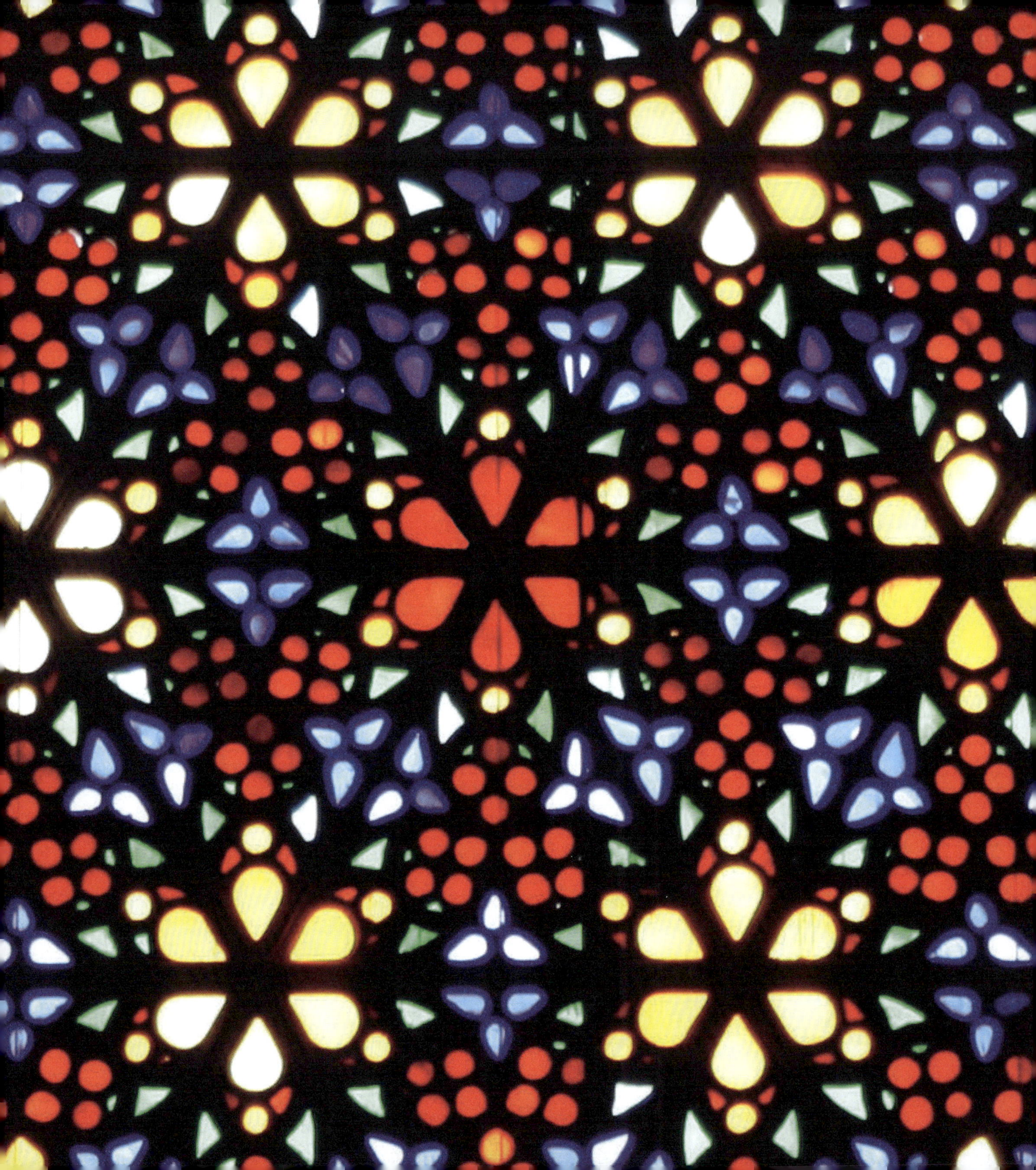

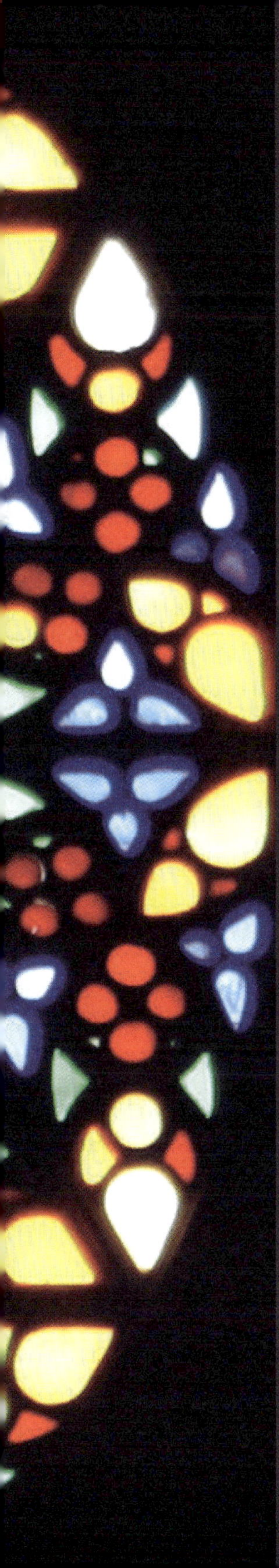

Rosenfenster ***
Kathedrale von La Palma

Mittelgroße Rosette, Ø 24 cm, 4-lagig

In der Kathedrale von La Palma de Mallorca befindet sich in ihrem Mittelschiff ein besonderes Rosenfenster (Ostrose, um 1370), dessen imposantes Maßwerk einen riesigen und eindrucksvollen Sechsstern darstellt. Über die vielen Jahre öfters beschädigt, erstrahlt diese Fensterrose mit erneuerter Verglasung von Antoni Gaudí aus dem Jahr 1904 seither wieder in wunderbarem Glanz. Die streng geometrische und sinnbildliche Struktur basiert auf die Zahl Sechs. Ihre Fülle aus Blüten- und Früchtemotiven erinnert wohl an den Paradiesgarten Eden.

Die Gestaltung dieser dekorativen Fensterrosette ist relativ einfach. Sie verlangt lediglich etwas mehr Zeit und Geduld wegen ihrer zahlreichen kleinen Motive, die fein und präzise ausgeschnitten werden müssen. Nehmen Sie vier mittelgroße Seidenpapierscheiben (Ø 24 cm). Bilden Sie jeweils den kleinen Einschnitt rechts und falten Sie nach den Grundanleitungen (S. 14f.) alle Scheiben zu Sechstelkeilen. Die weiße Grundscheibe wird nicht bearbeitet.
Jeder Keil besteht aus vier dreieckigen Feldern. Das bleibende dünne Gerüst sowie der Bogenrand sind bei den Zeichnungen in Grau gekennzeichnet. Das Ausschneiden der weißen Motive beginnt bei der ersten Schicht (Zeichnung 1, S. 141). Verwenden Sie bei jedem Schnitt-

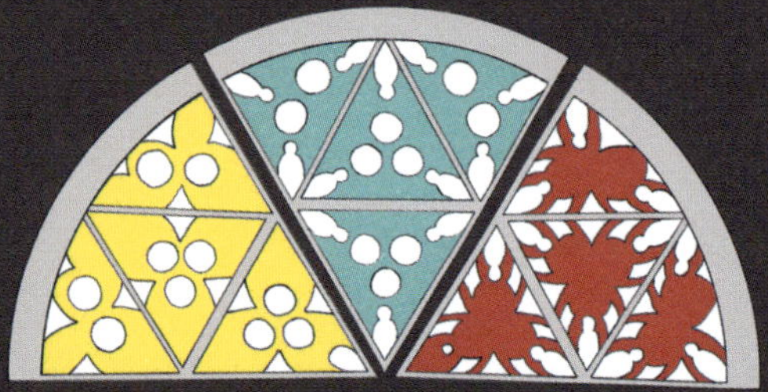

Schnittvorlagen
in Originalgröße auf S. 140, 141

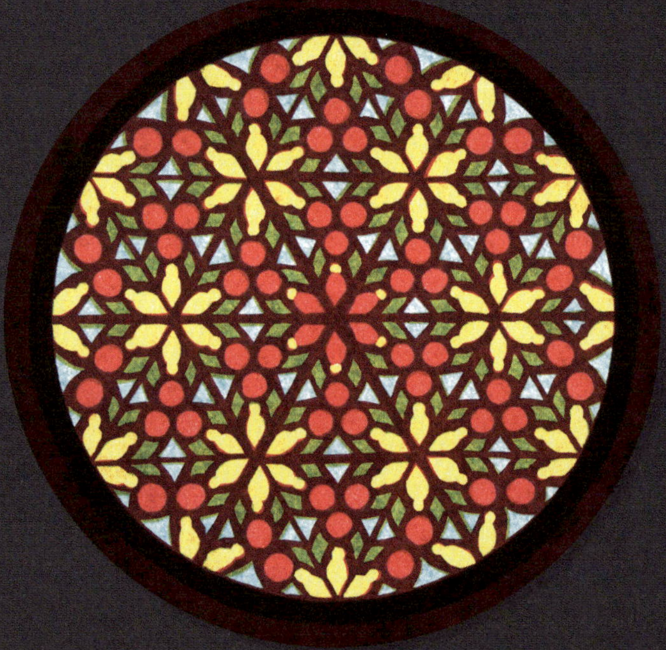

ansatz die Stecknadel. Wenn Sie alle Motive der drei farbigen Keile ausgeschnitten haben, öffnen Sie wieder alle vier Lagen, um sie leicht auszubügeln. Dann wird die Rosette zusammengesetzt und geklebt (s. S. 17). Sie braucht am Schluss viele zusätzliche Klebepunkte, mit denen alle Innenkanten und Ränder befestigt werden.

Die gewählten Farbtöne sind aus den originalen Farben der Verglasung von 1904 übernommen. Nehmen Sie also die folgenden Farben (Rosette mit dem Seidenpapier-Passepartout, rechts):

- Grundscheibe Weiß
- 1. Schicht Zitronengelb
- 2. Schicht Türkis
- 3. Schicht Zinnoberrot

Für die zweite Variante (Rosette mit Tonpapier-Passepartout, links) wurde der farbige Ausdruck leicht intensiviert:

- Grundscheibe Weiß
- 1. Schicht Goldgelb
- 2. Schicht Helltürkis
- 3. Schicht Karminrot

Und die grüne Farbe der Blättermotive? Sie ist von selbst durch die Überdeckung der zwei ersten Schichten entstanden.

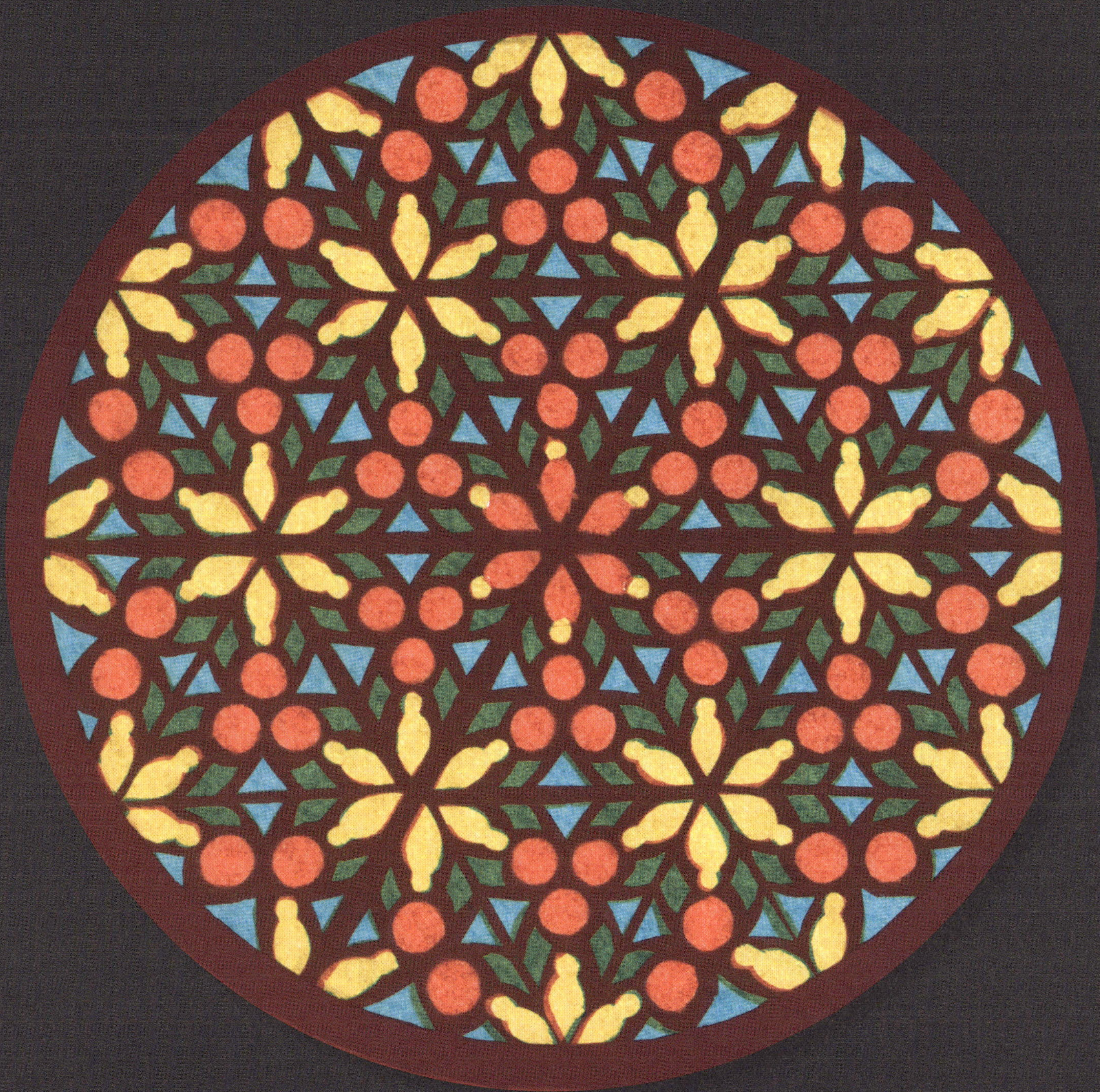

Schmetterlingskorona *****

Große Rosette, Ø 28 cm, 4-lagig

Ein fallendes Blütenblatt
es hebt sich zu seinem Zweig
ach, ein Schmetterling!

Die enge Verwandtschaft zwischen Blüten und Schmetterlingen wurde in diesem Haiku von Arakida Moritake (1473–1549) trefflich nachempfunden. Und auch in der hier vorgestellten Schmetterlingskorona zeigt sich die Verwandtschaft. Farbenfrohe, freie Lichtfalter bilden hoch am blauen Himmel einen schwebenden Sonnenreigen …

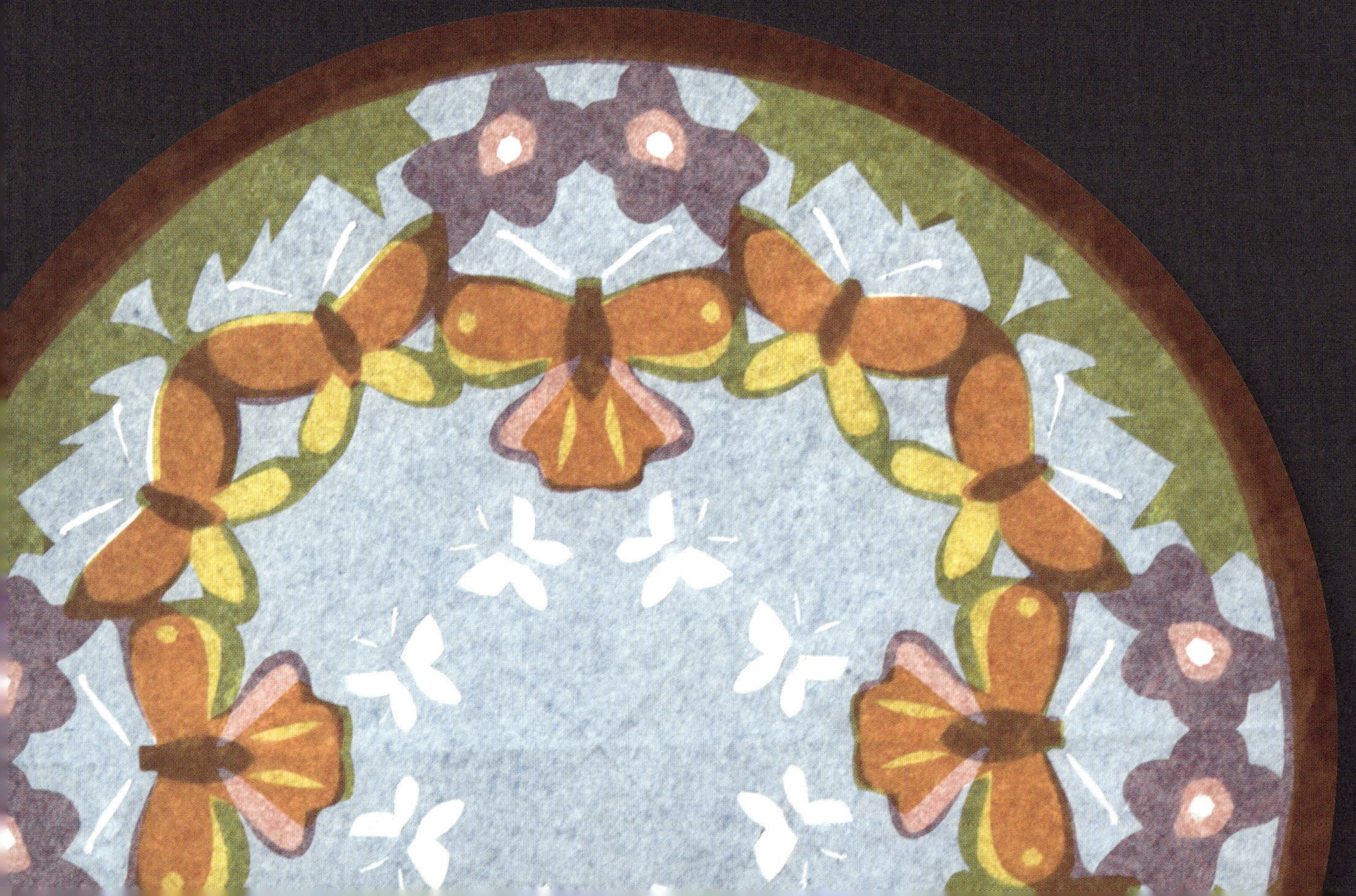

Um diese ausgefallene Rosette zu gestalten, schneiden Sie vier große Seidenpapierscheiben (Ø 28 cm) aus. Die kleinen Einschnitte rechts als Orientierung für das Zusammensetzen der Lagen vornehmen. Falten Sie alle Scheiben zu Achtelkeilen (s. S. 14f.). Die weiße Grundscheibe wird nicht bearbeitet; das Ausschneiden der Motive beginnt ab der ersten Schicht (Zeichnung 1, S. 142).
Bei diesem Modell mit dem Schwierigkeitsgrad ***** ist der Gestaltungsprozess mit einer anderen technischen Metamorphose verbunden. Das Ausschneiden der Keilmotive wird nämlich ab der zweiten Schicht umgekehrt ausgeführt. Das heißt: Statt das weiße Innere eines Motivs auszuschneiden, wird die Partie um das Motiv herum entfernt, wobei hier der graue Rand unbedingt bleiben muss. Es wird bei den Zeichnungen 2 und 3 dadurch verdeutlicht, dass diese wegfallenden Partien eben nicht koloriert sind, sondern weiß gelassen sind. Schneiden Sie also zunächst beim ersten Schichtkeil die weißen Motive heraus (Zeichnung 1).
Diese erste Papierschicht in Blau wird das Himmelszelt bilden. Wiederum ist die Verwendung der Stecknadel bei jedem Schnittansatz wichtig. Vor allem bei den Schmetterlingsfühlern ist sie unentbehrlich; stechen Sie hier die Nadel im Ansatz durch das dickere Ende der Fühler und schneiden dann einen dünnen, feinen Schlitz, indem Sie mit der Spitzschere so exakt wie möglich hin und zurück fahren. Die zwei nächsten Schichten in Rosa und in Gelb (Zeichnungen 2 und 3) verlieren durch das Ausschneiden der bereits erwähnten weißen Partien ihren Mittelpunkt, da ihre Keilspitzen wegfallen. Wenn die drei Keile entsprechend ausgeschnitten worden sind, können Sie die vier Lagen wie üblich ganz vorsichtig entfalten und leicht ausbügeln. Dann beginnt das Zusammensetzen der vier Lagen (s. S. 17).
Legen Sie die erste, blaue Schicht wie gewohnt exakt auf die weiße Grundscheibe: Kerbe auf Kerbe, Faltlinien auf Faltlinien. Kleben. Die zwei weiteren Schichten, die kein Zentrum mehr haben, wölben sich beim Zusammensetzen möglicherweise ein wenig am Kreisrand. Dann ist es beim Kleben ratsam, vorsichtig vorzugehen. Legen Sie die zweite, rosafarbene Schicht exakt auf den Kreisrand und verteilen zunächst am Rand acht Klebepünktchen auf die Faltlinien, um eine eventuelle Nachkorrektur zu ermöglichen. Ordnen Sie dabei die Motive und kleben Sie sie leicht an. Dann setzen Sie zuletzt die gelbe Schicht nach demselben Verfahren darauf. Wenn sich

das Seidenpapier beim endgültigen Kleben an einigen Stellen doch minimal wölbt, drücken Sie einfach mit dem Finger darauf. Falls die Rosette an einigen Stellen leicht zerknittert, sieht man das am Fenster, im Gegenlicht, zum Glück nicht!
Für diesen flatternden Tanz der Falter eignen sich am besten zarte und helle Farben. Nehmen Sie für die erste Variante (Rosette mit dem Seidenpapier-Passepartout, unten) folgende Farbtöne:

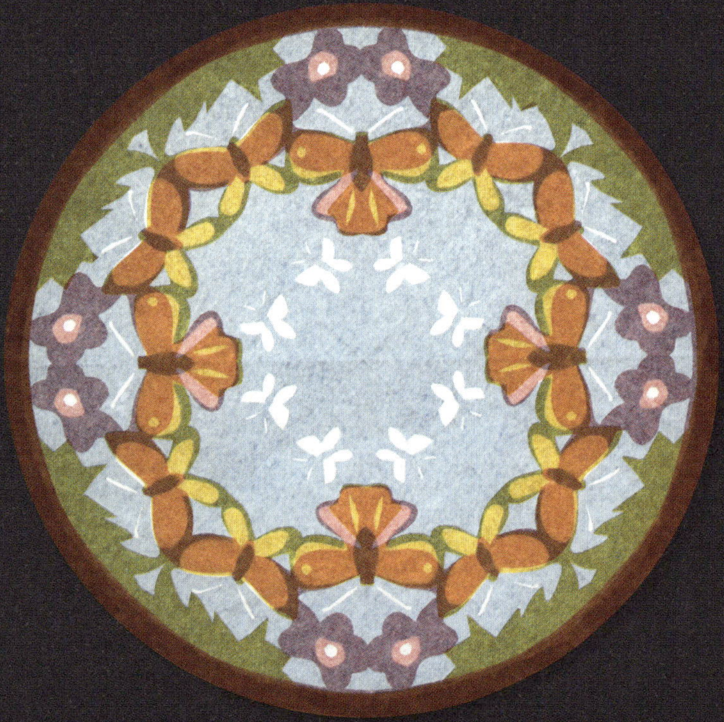

- Grundscheibe Weiß
- 1. Schicht Himmelblau
- 2. Schicht Hellrosa
- 3. Schicht Zitronengelb

Neue Farbnuancen wie Grün, Orange und Lila entstehen durch die Transparenz am Fensterlicht.
Bei der Variante mit dem Tonpapier-Passepartout (rechts) findet ein etwas intensiveres Spiel zwischen Gelb und Blau einerseits und Blau und Rosa andererseits statt. Nehmen Sie dazu:

- Grundscheibe Weiß
- 1. Schicht Helltürkis
- 2. Schicht Lachsrosa
- 3. Schicht Goldgelb

In schillernden Pastellfarben entfaltet sich die Schmetterlingskorona, hinauf in die Sphären des Lichts, wie ein Seelenflug ... Ein Auferstehungsbild!

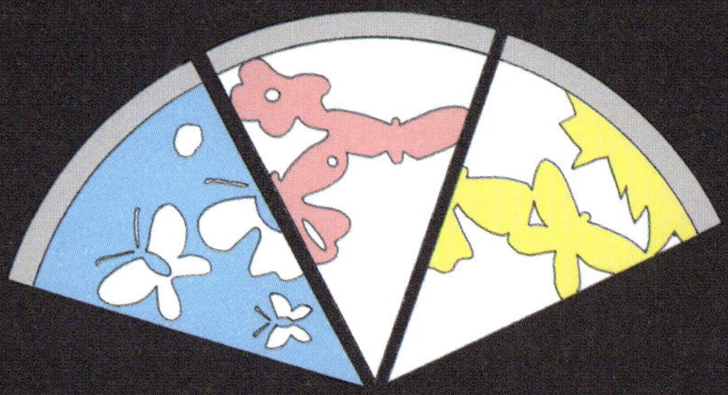

Schnittvorlagen in Originalgröße auf S. 142, 143

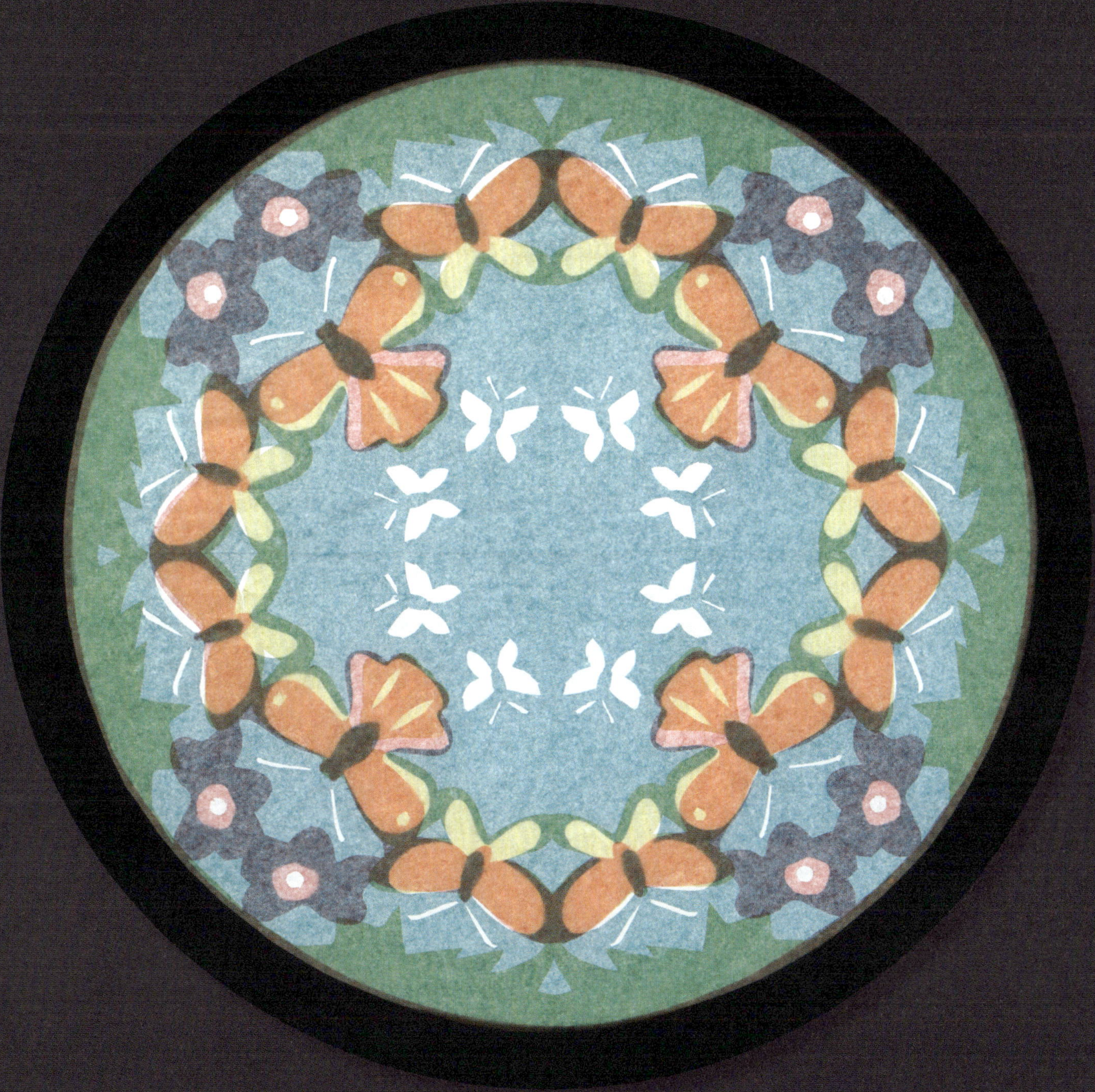

Schnittvorlagen in Originalgröße

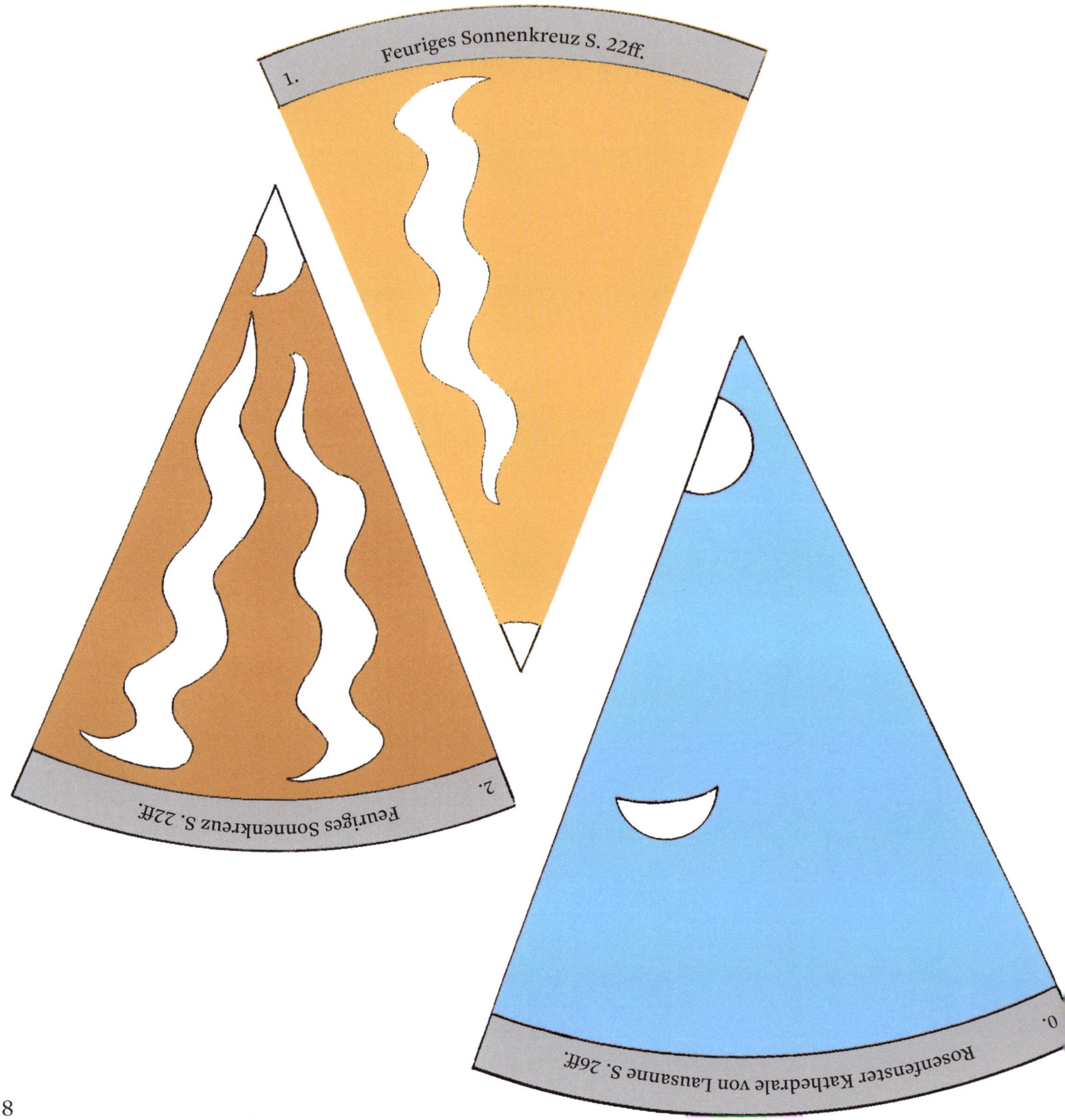

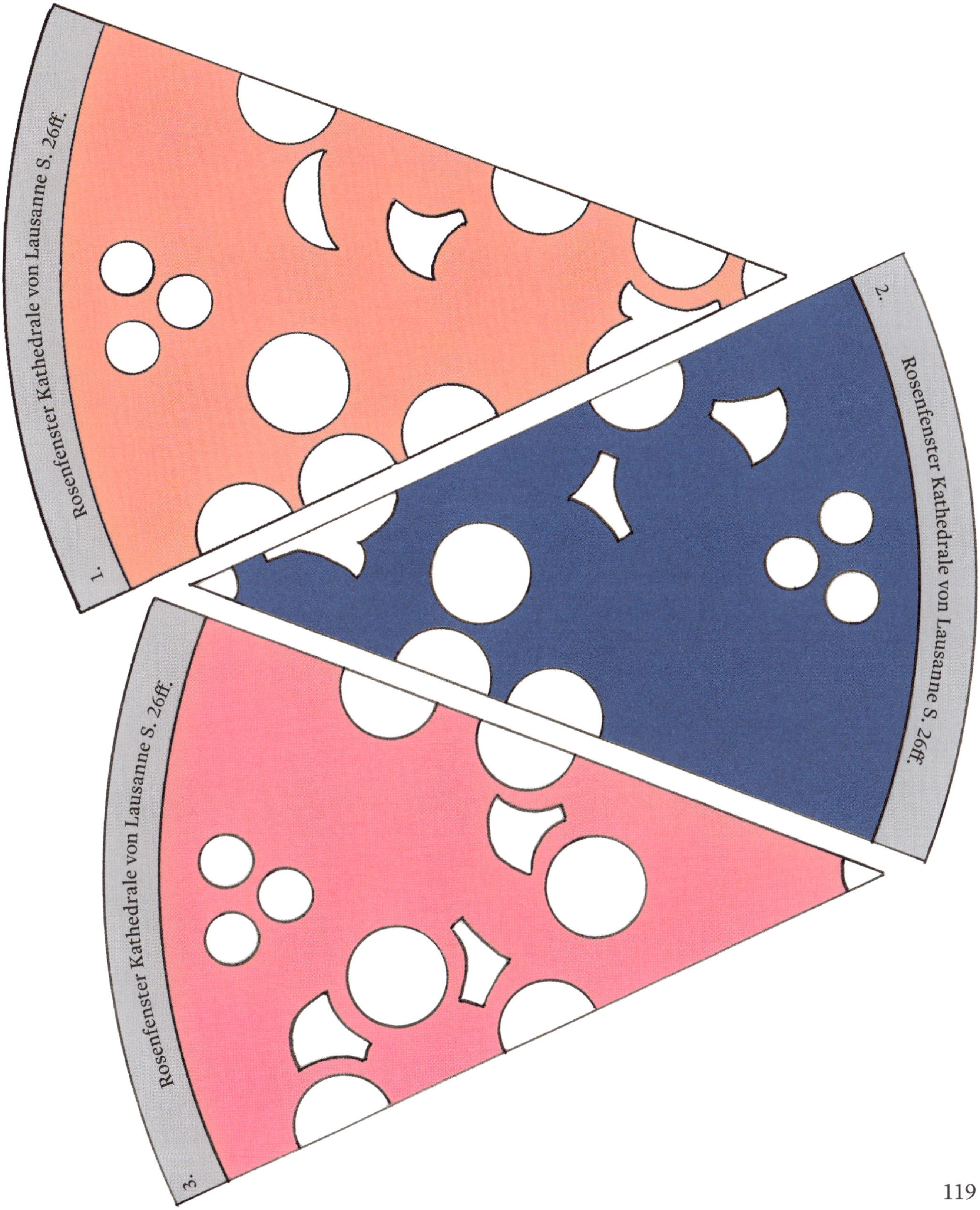
1.
Rosenfenster Kathedrale von Lausanne S. 26ff.
2.
Rosenfenster Kathedrale von Lausanne S. 26ff.
3.
Rosenfenster Kathedrale von Lausanne S. 26ff.

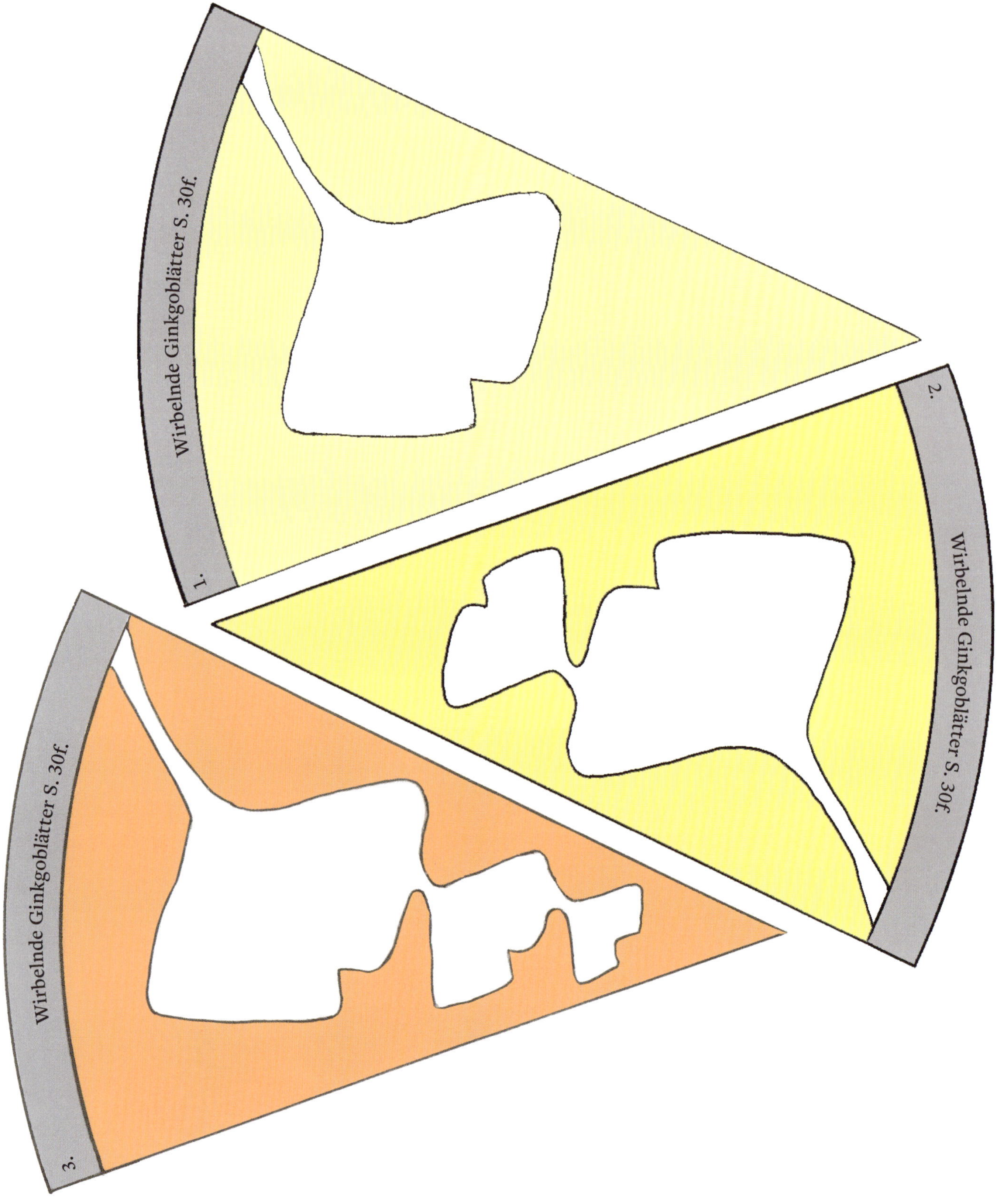
1.
Wirbelnde Ginkgoblätter S. 30f.
2.
Wirbelnde Ginkgoblätter S. 30f.
3.
Wirbelnde Ginkgoblätter S. 30f.

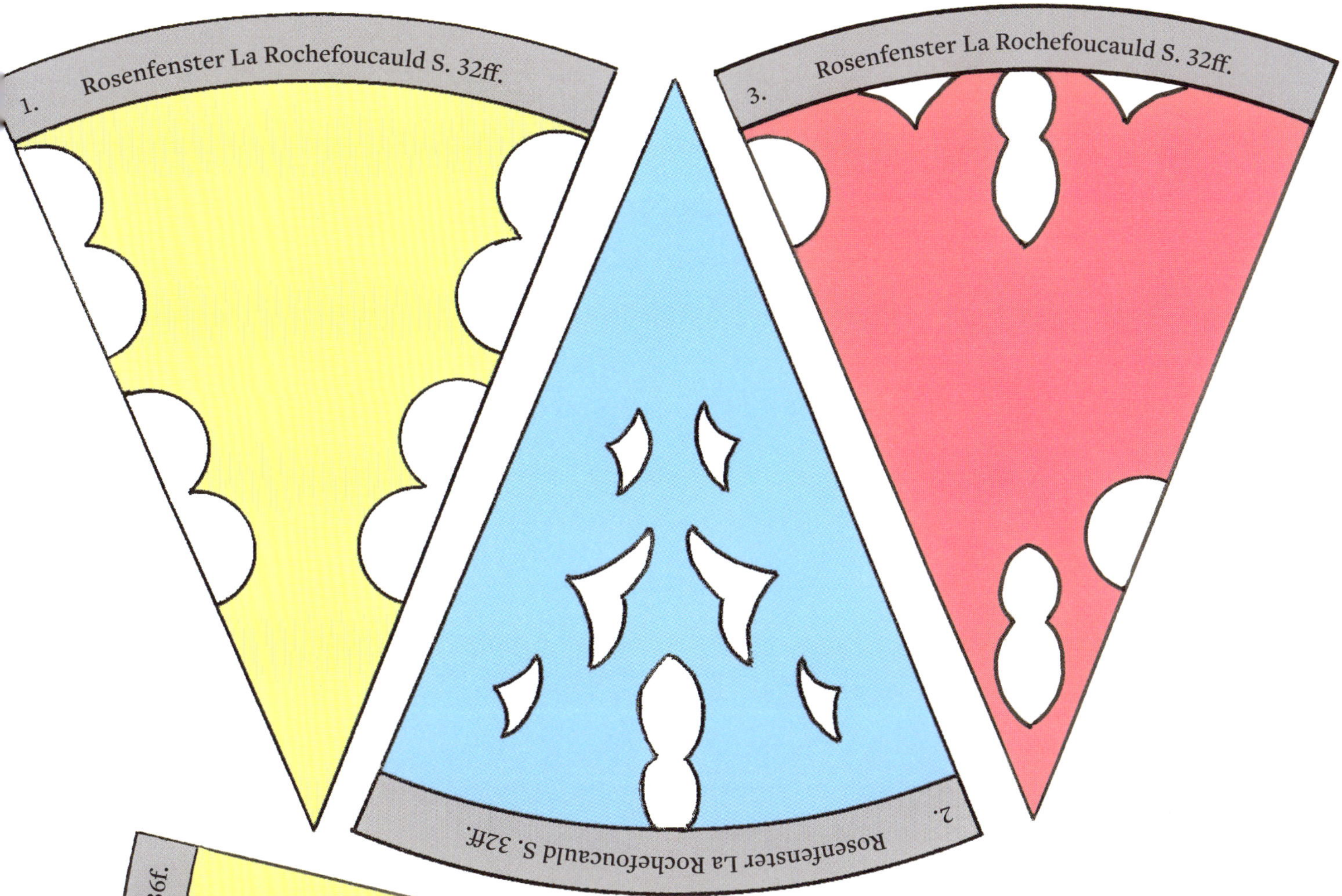
1. Rosenfenster La Rochefoucauld S. 32ff.
2. Rosenfenster La Rochefoucauld S. 32ff.
3. Rosenfenster La Rochefoucauld S. 32ff.

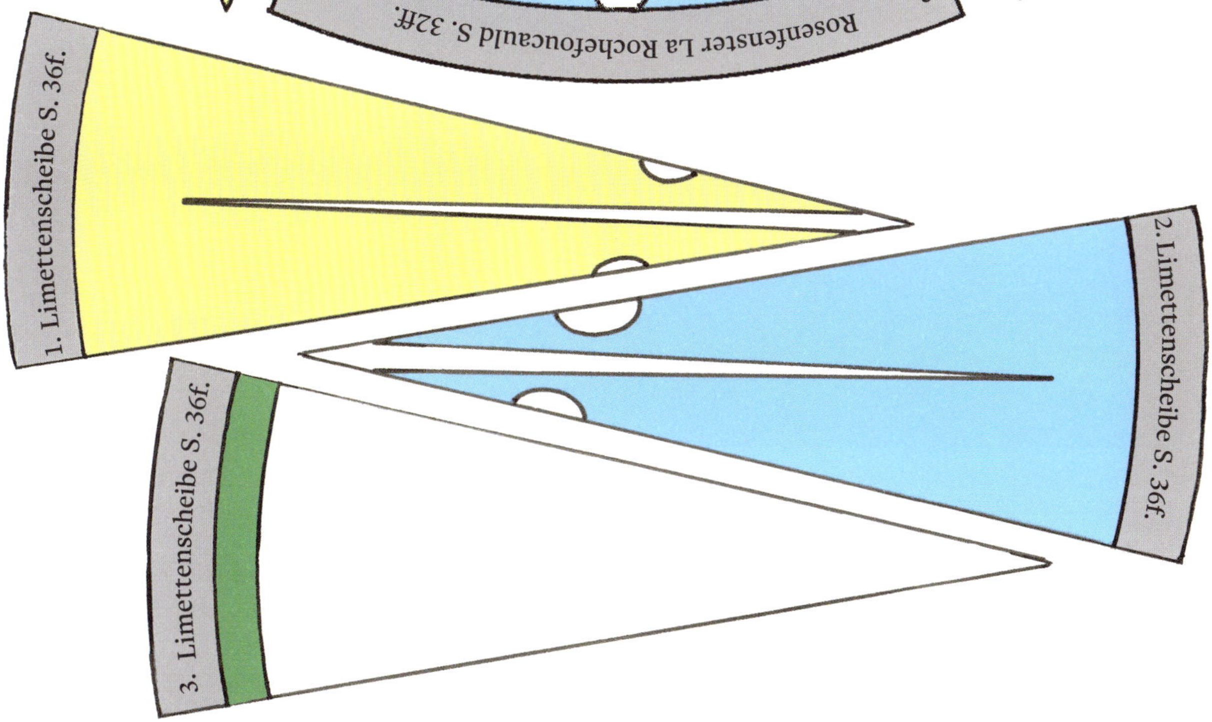
1. Limettenscheibe S. 36f.
2. Limettenscheibe S. 36f.
3. Limettenscheibe S. 36f.

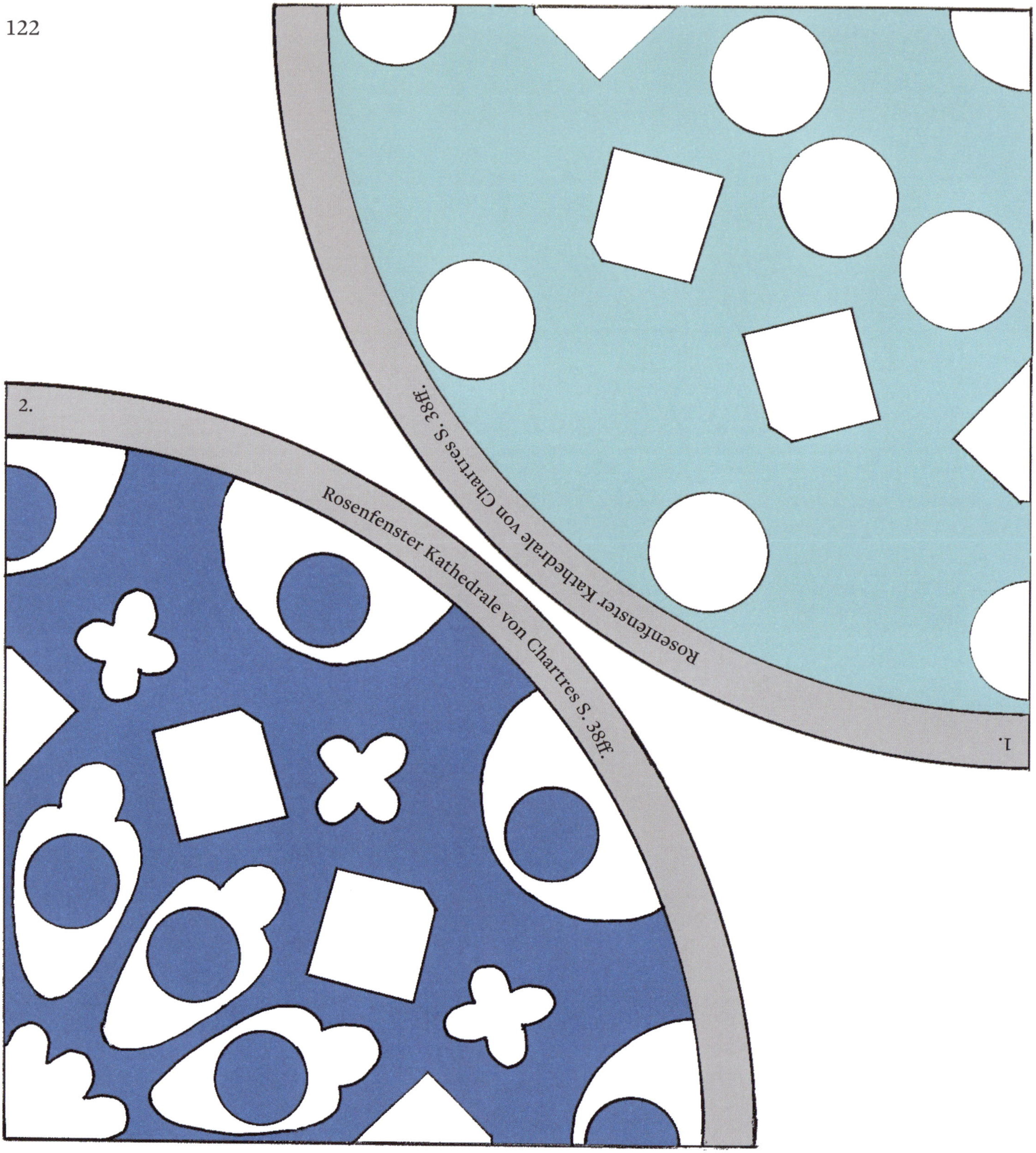
1.
Rosenfenster Kathedrale von Chartres S. 38ff.
2.
Rosenfenster Kathedrale von Chartres S. 38ff.

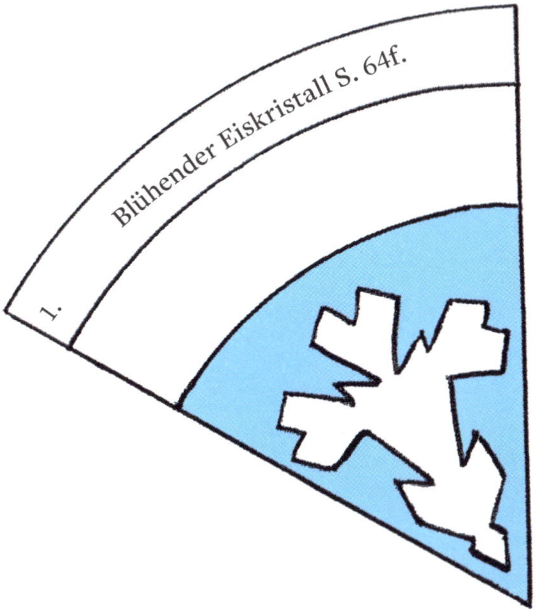
1.
Blühender Eiskristall S. 64f.

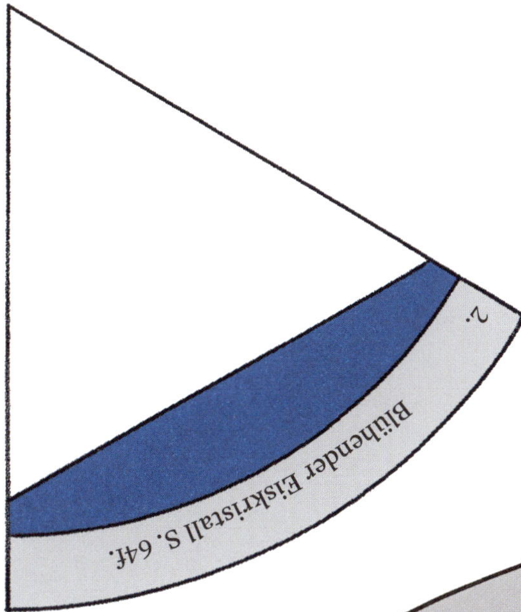
2.
Blühender Eiskristall S. 64f.

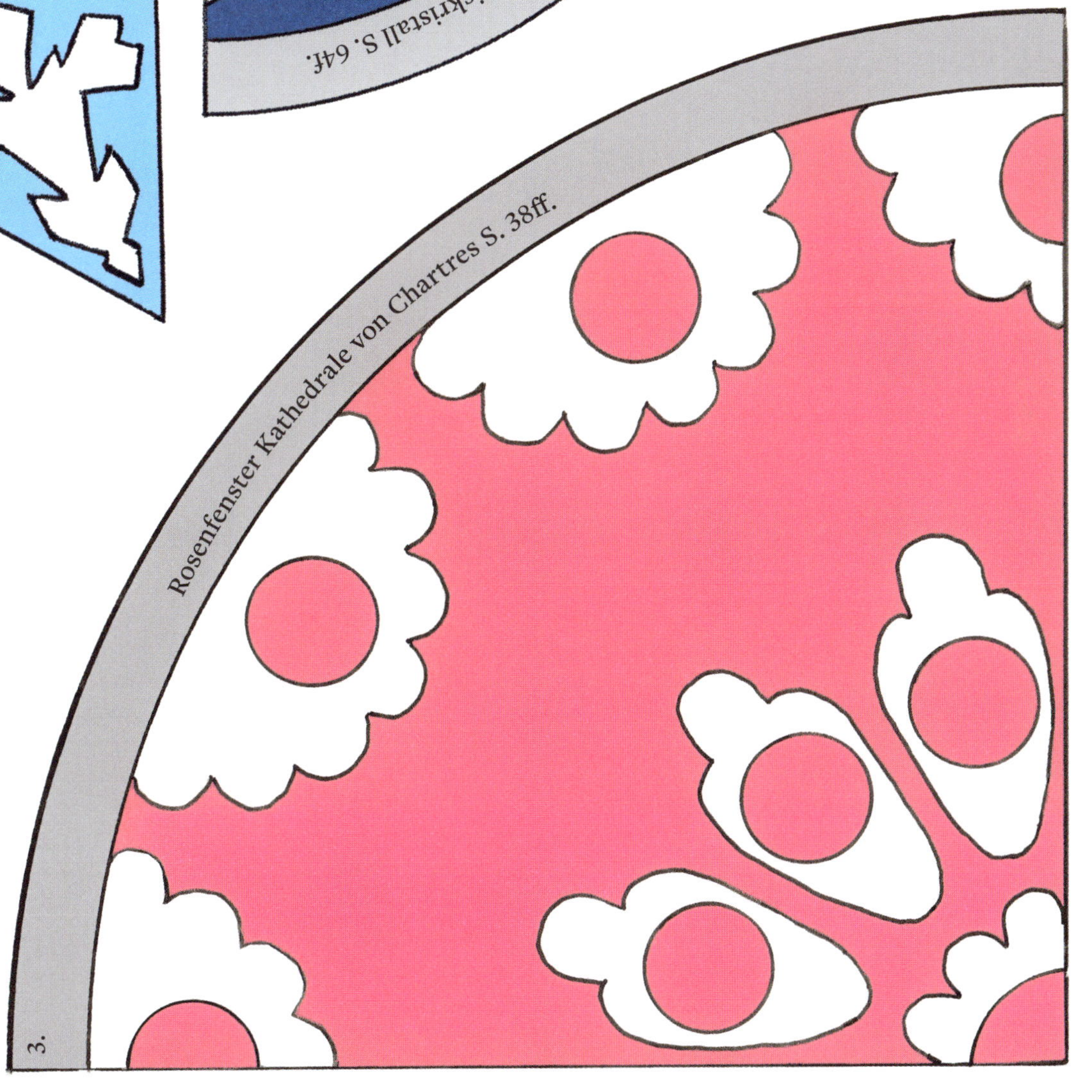
3.
Rosenfenster Kathedrale von Chartres S. 38ff.

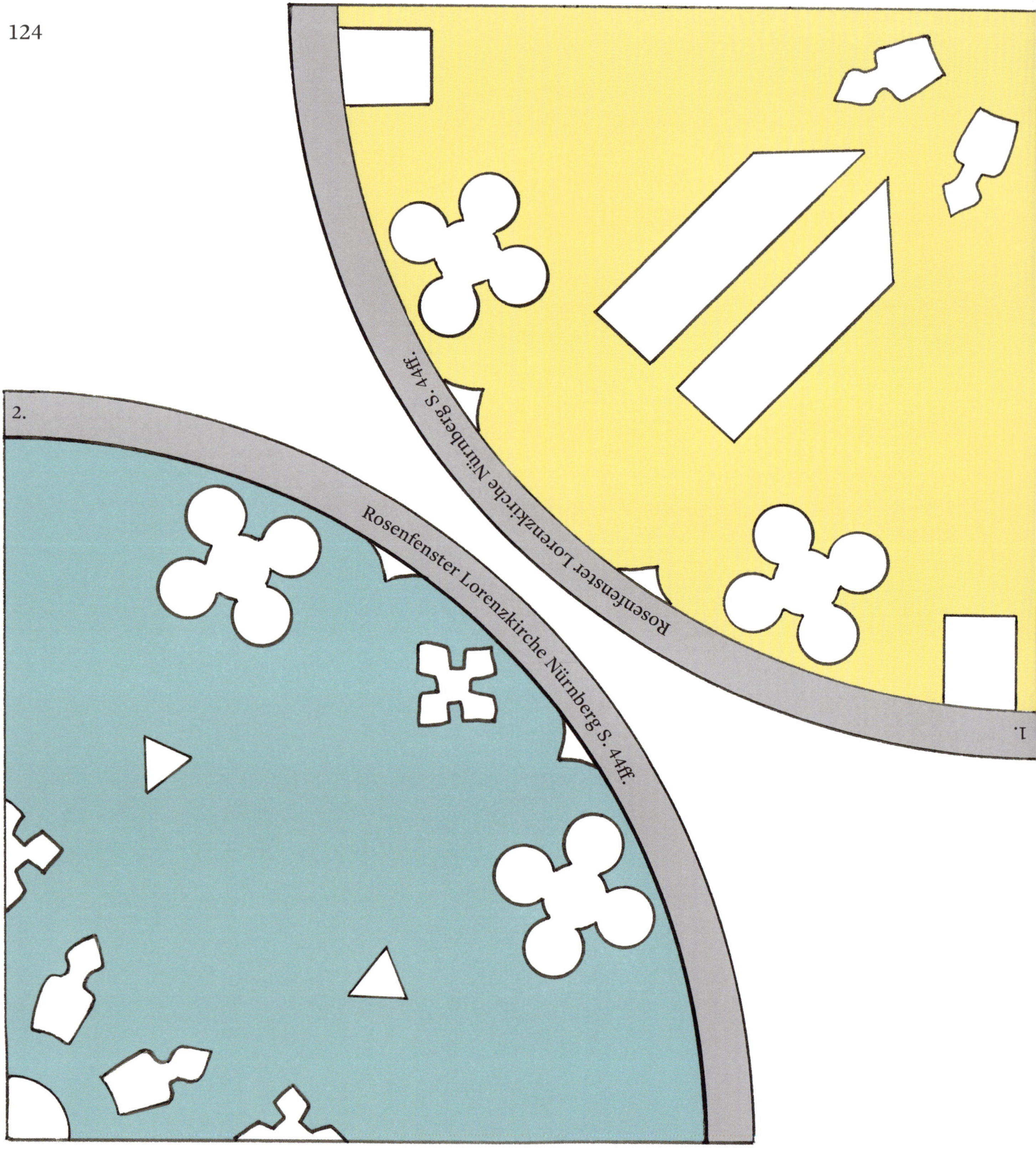
1.
Rosenfenster Lorenzkirche Nürnberg S. 44ff.
2.
Rosenfenster Lorenzkirche Nürnberg S. 44ff.

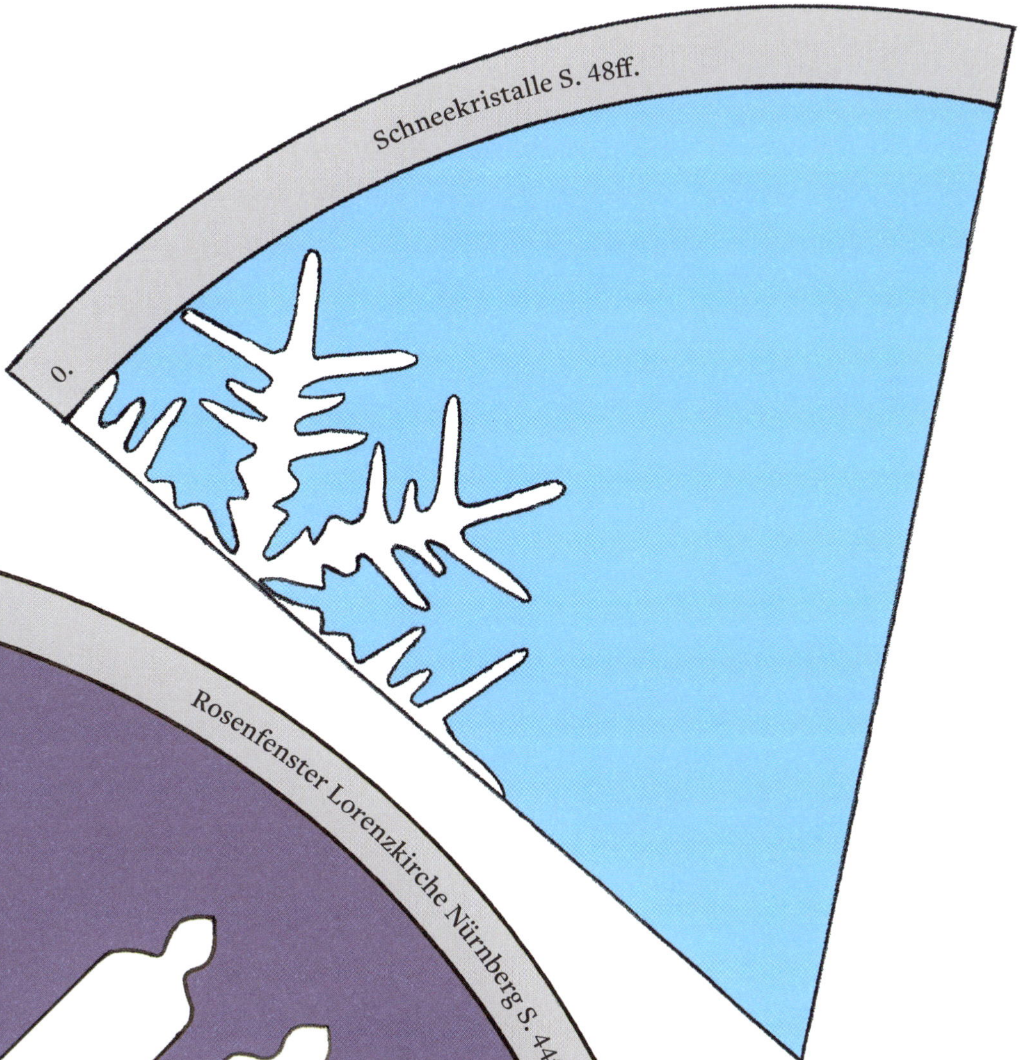
Schneekristalle S. 48ff.
6.

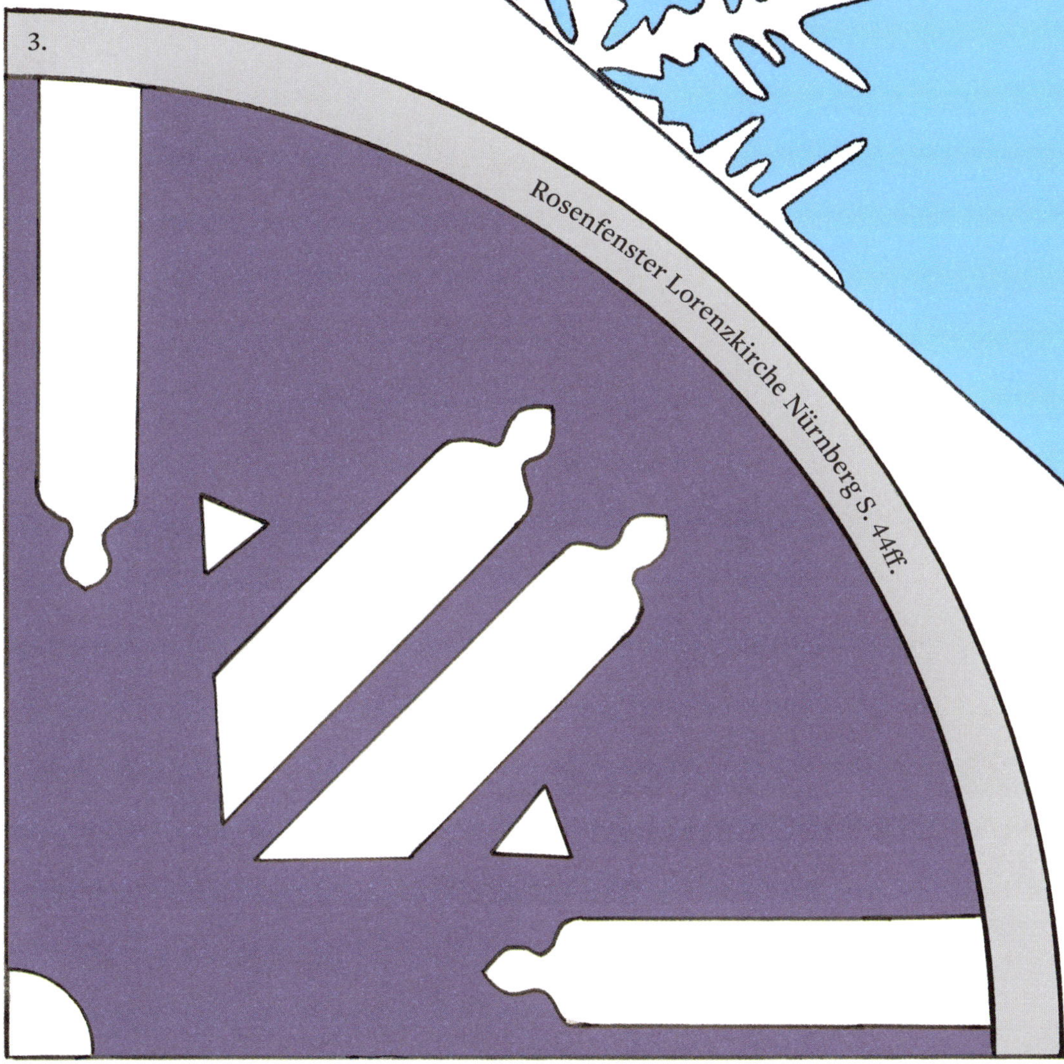
3.
Rosenfenster Lorenzkirche Nürnberg S. 44ff.

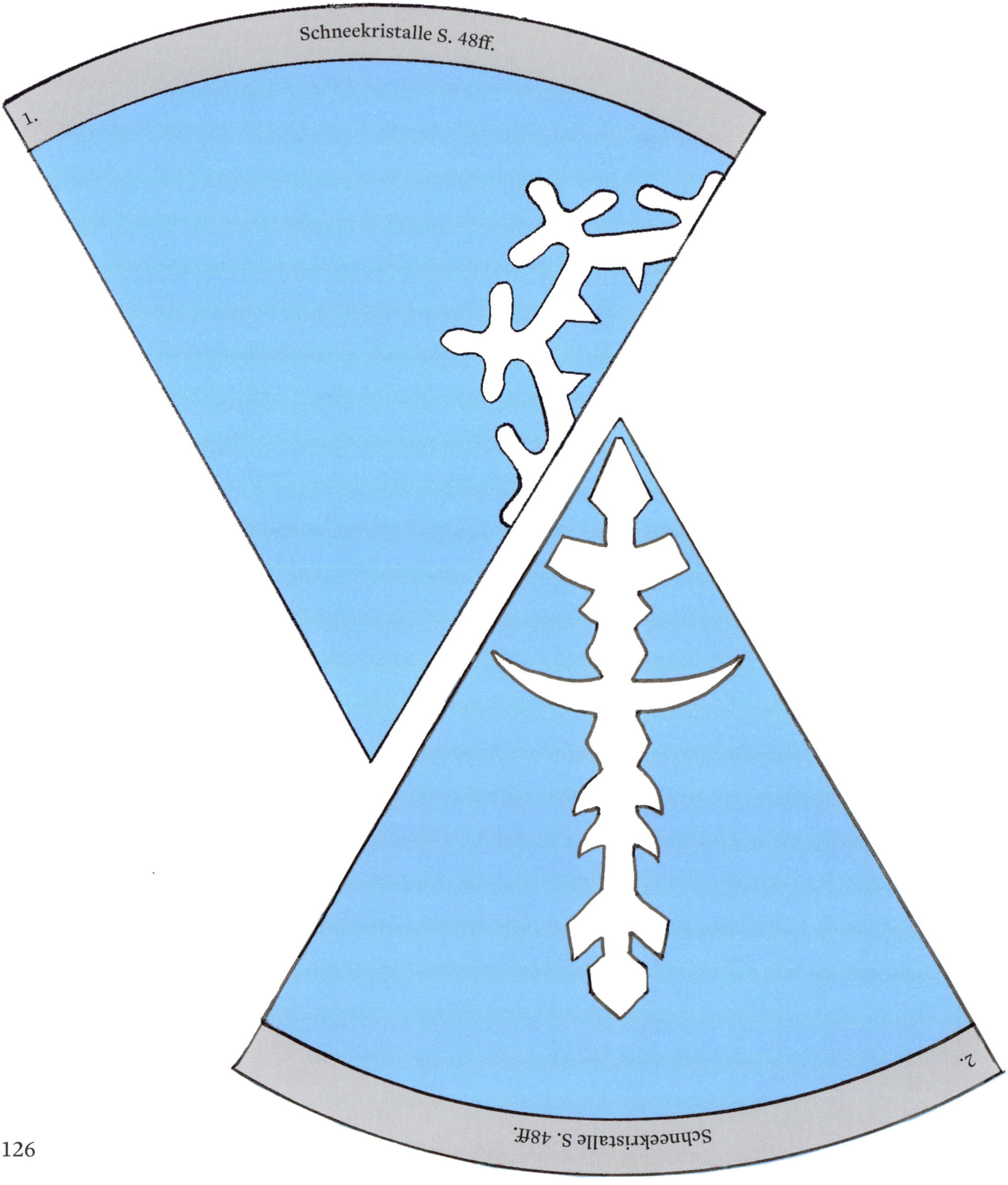
Schneekristalle S. 48ff.
1.
2.
Schneekristalle S. 48ff.

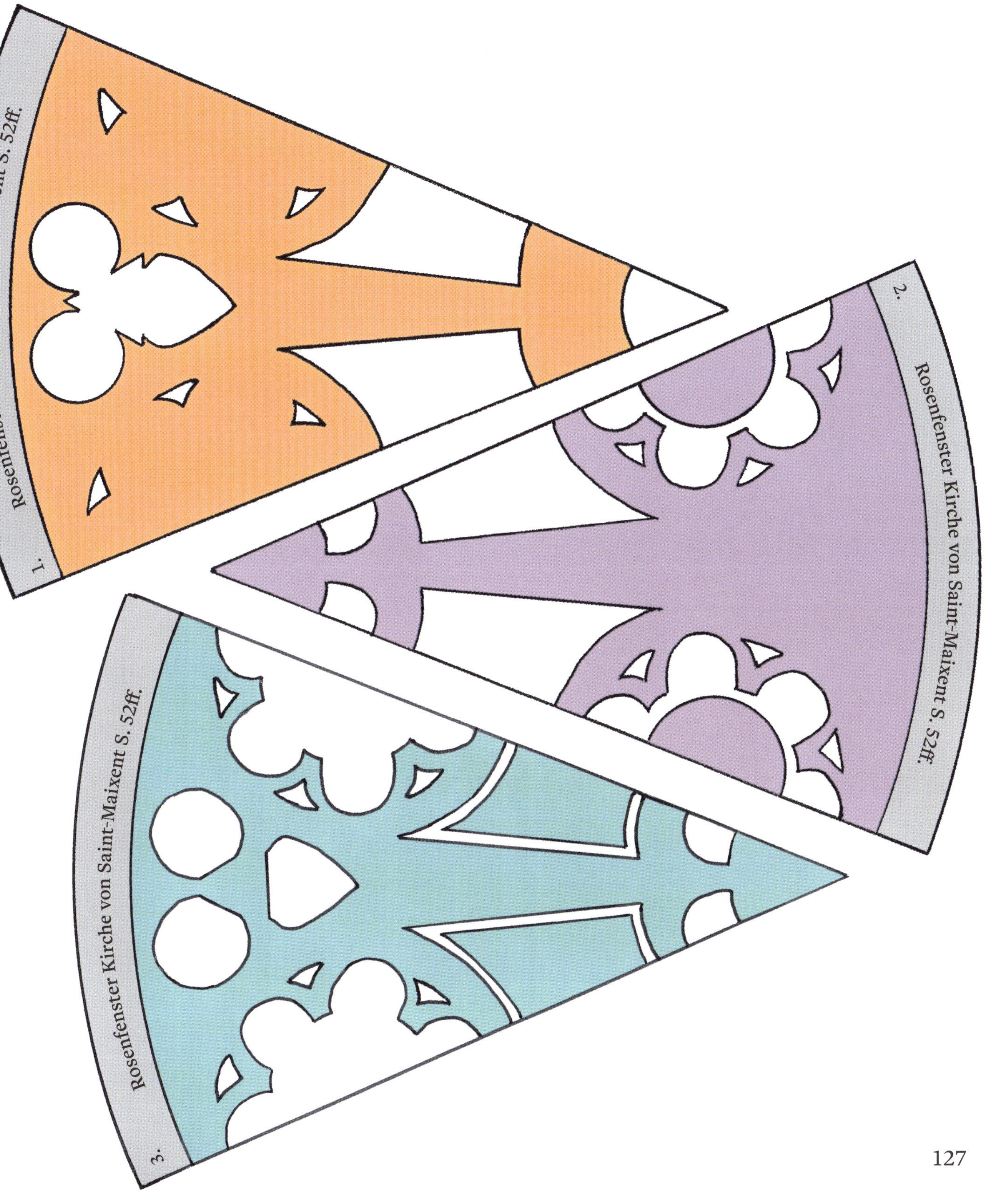
1.
Rosenfenster Kirche von Saint-Maixent S. 52ff.
2.
Rosenfenster Kirche von Saint-Maixent S. 52ff.
3.
Rosenfenster Kirche von Saint-Maixent S. 52ff.

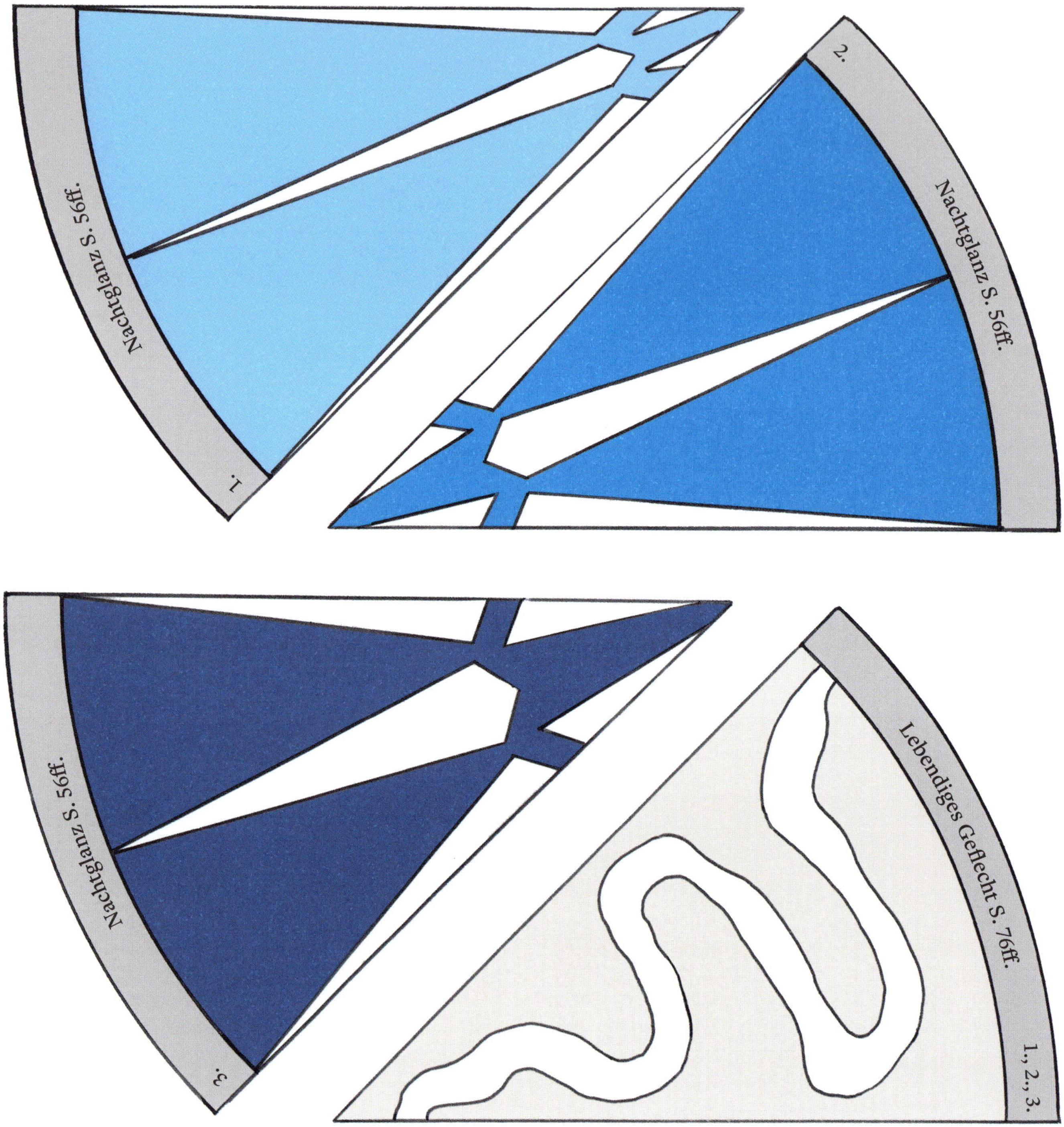
Nachtglanz S. 56ff.
1.
2.
Nachtglanz S. 56ff.
Nachtglanz S. 56ff.
3.
Lebendiges Geflecht S. 76ff.
1., 2., 3.

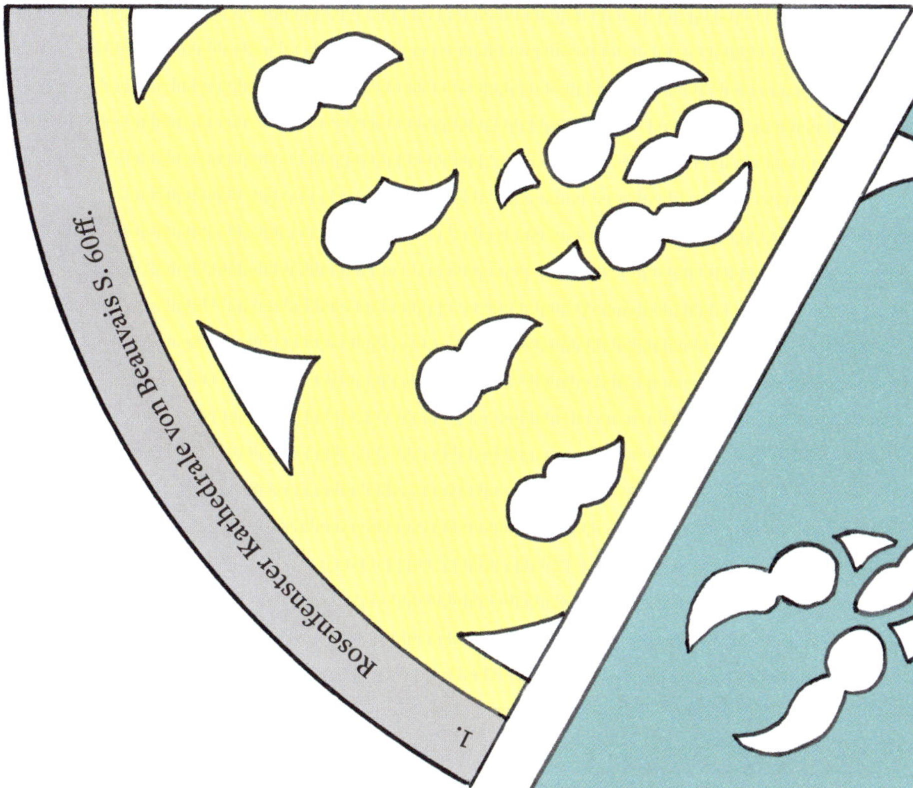
1.
Rosenfenster Kathedrale von Beauvais S. 60ff.

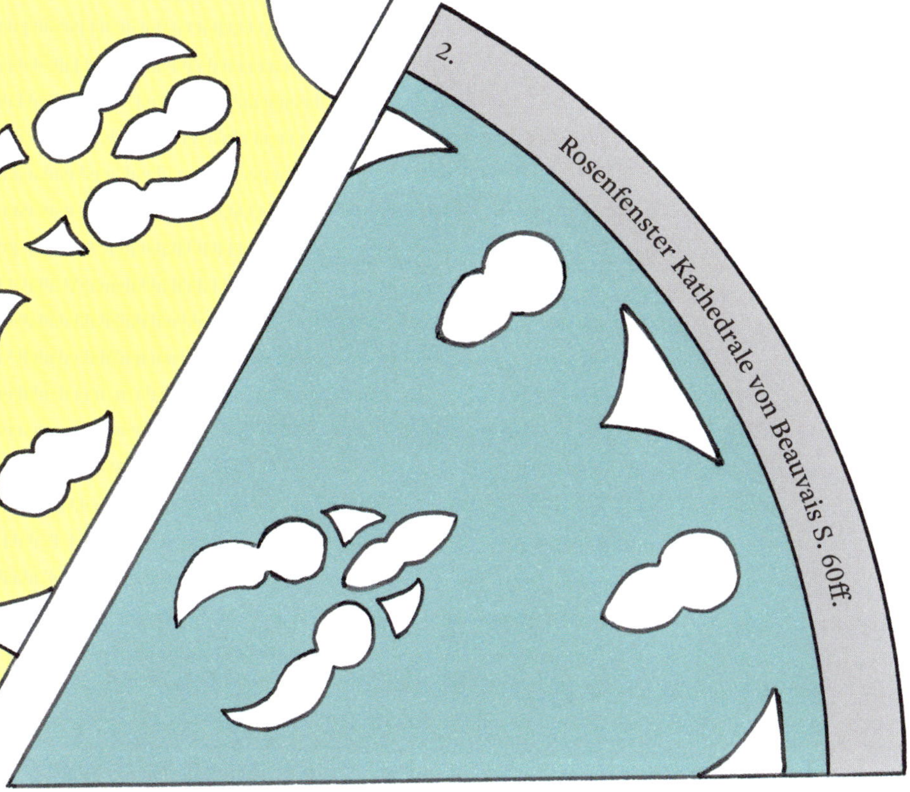
2.
Rosenfenster Kathedrale von Beauvais S. 60ff.

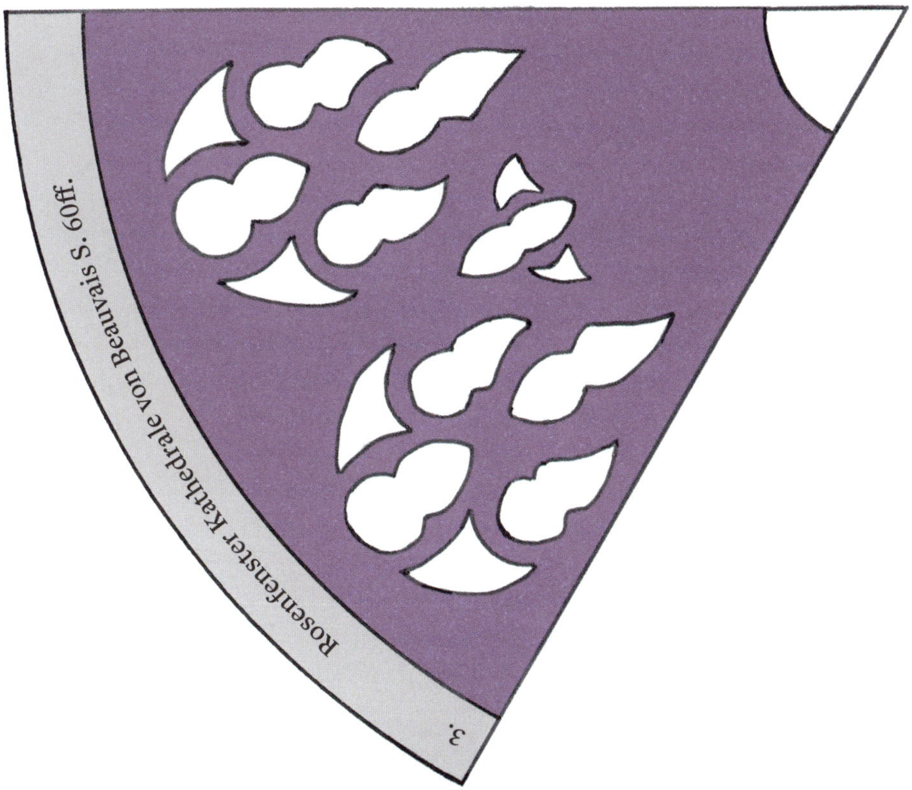
3.
Rosenfenster Kathedrale von Beauvais S. 60ff.

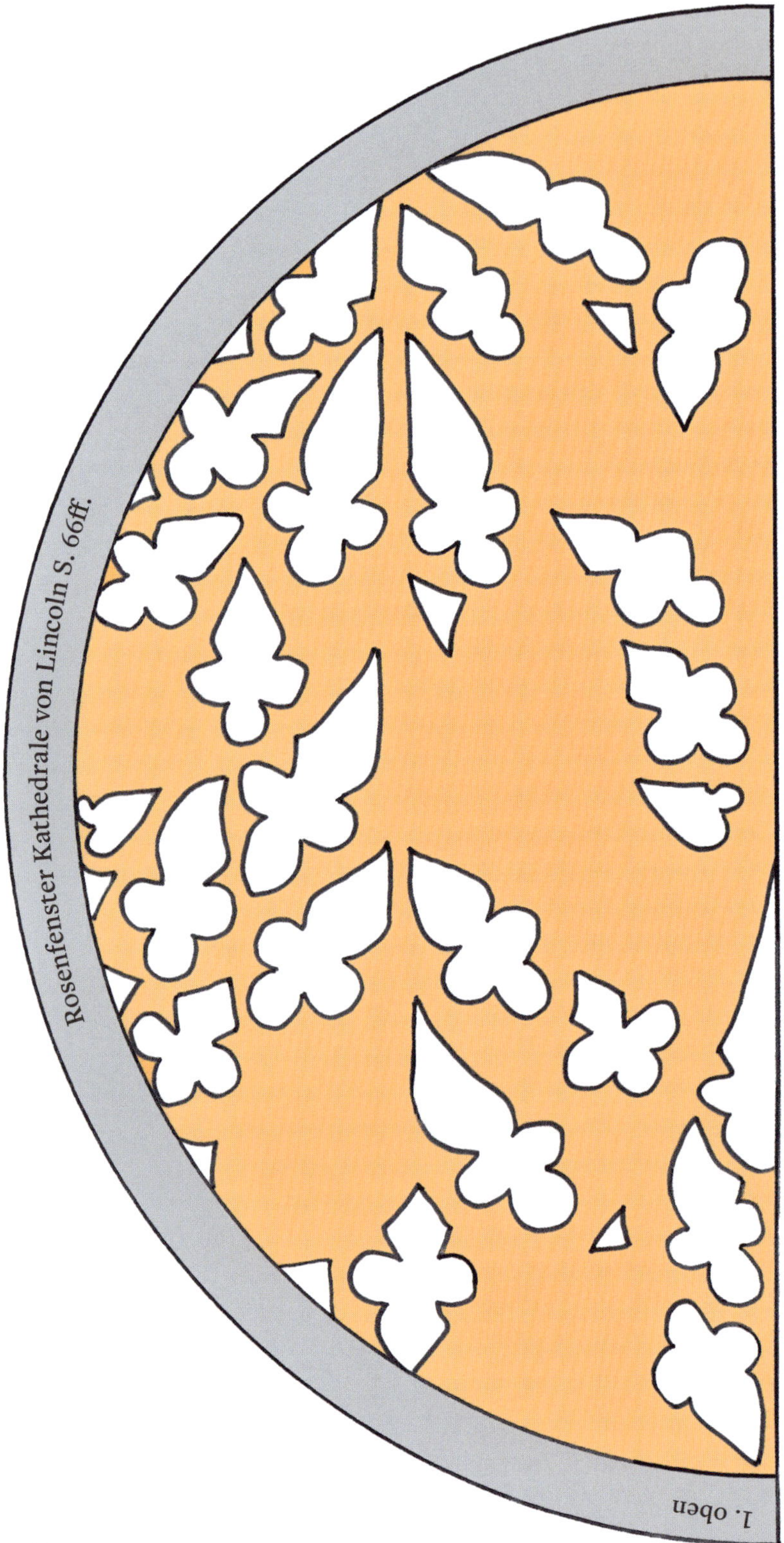
Rosenfenster Kathedrale von Lincoln S. 66ff.
1. oben

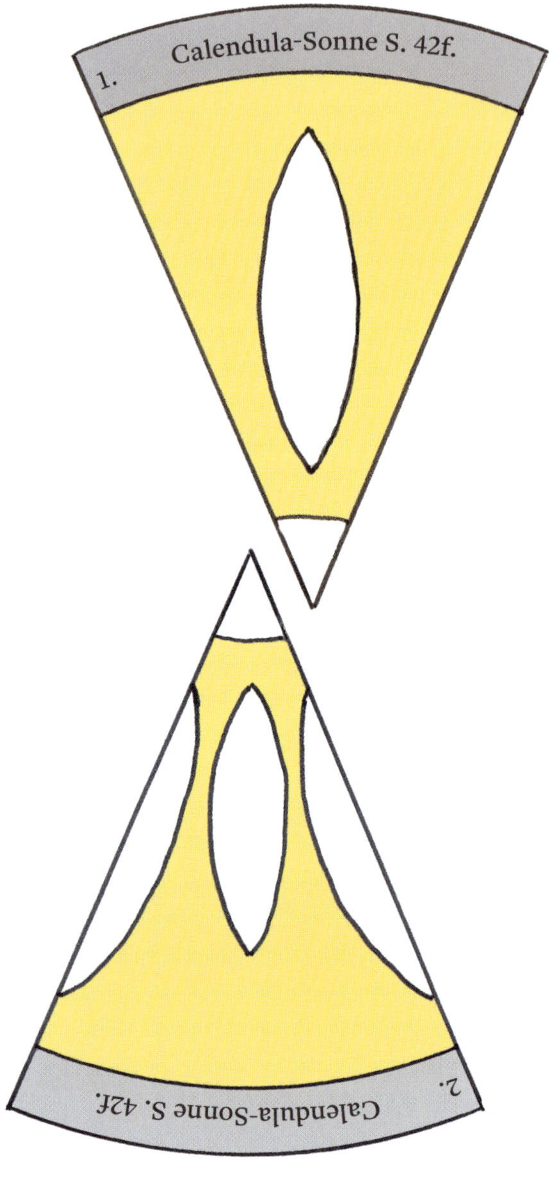
1. Calendula-Sonne S. 42f.
2. Calendula-Sonne S. 42f.

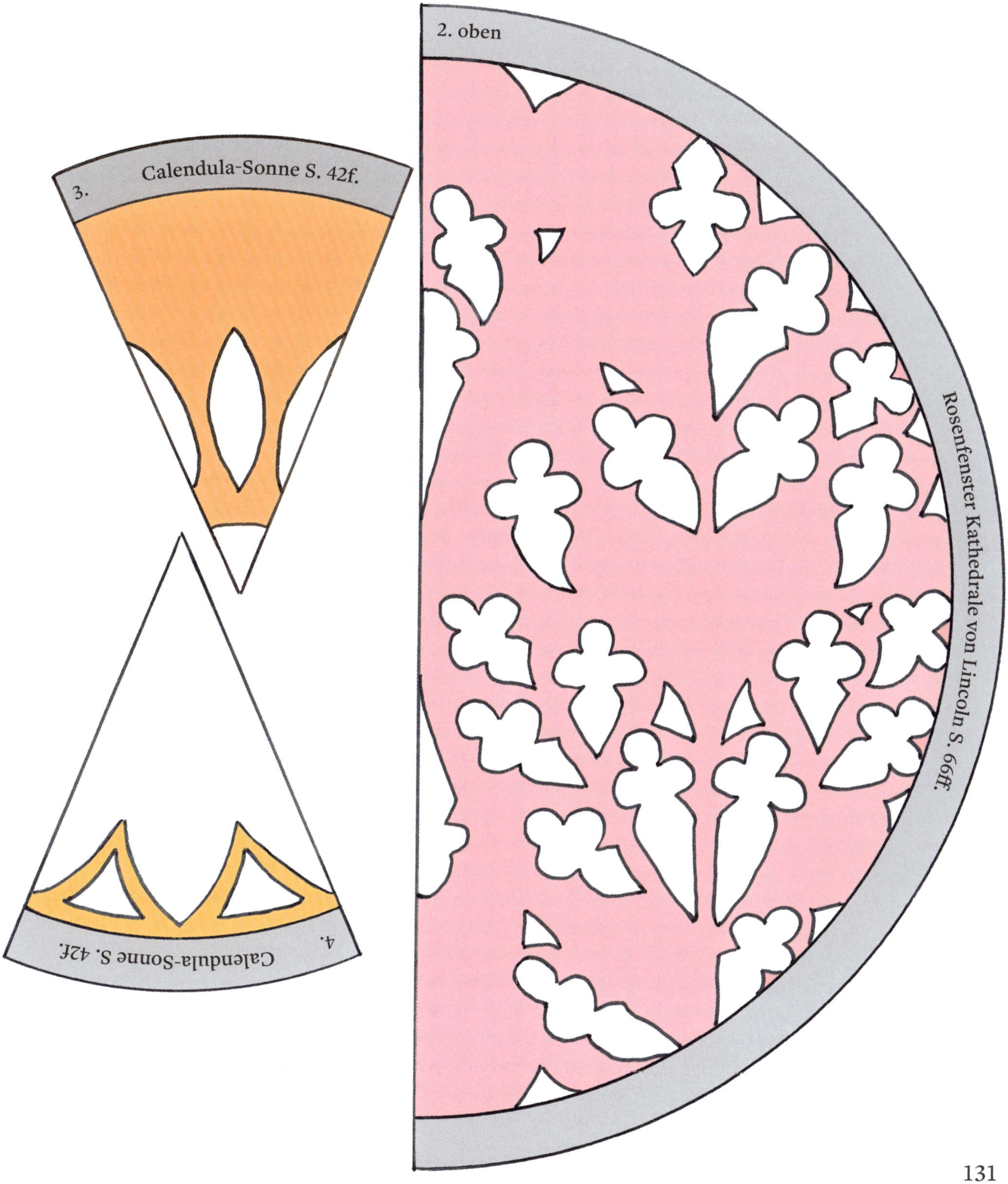
3.
Calendula-Sonne S. 42f.
4.
Calendula-Sonne S. 42f.
2. oben
Rosenfenster Kathedrale von Lincoln S. 66ff.

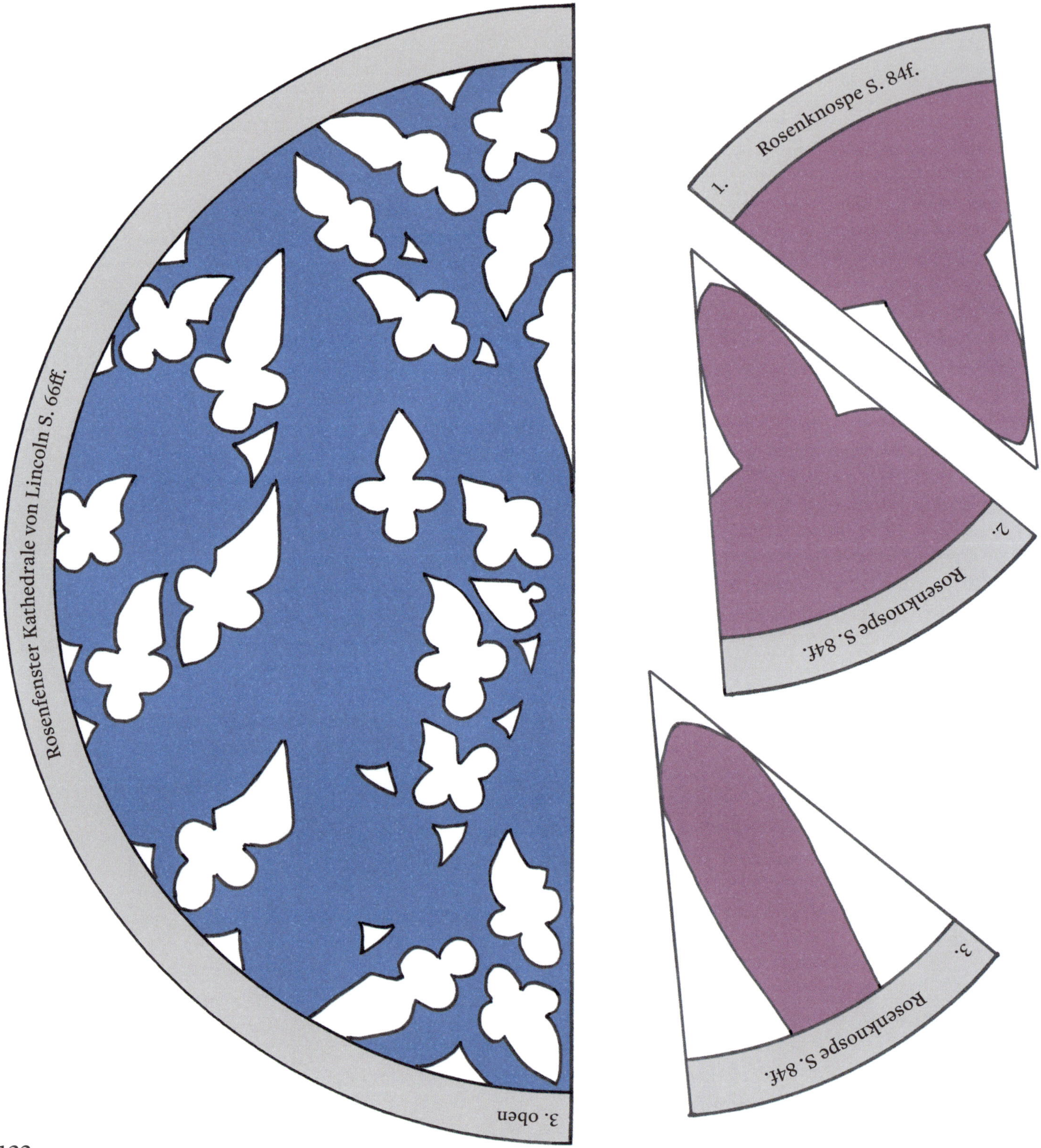
Rosenfenster Kathedrale von Lincoln S. 66ff.
3. oben
1.
Rosenknospe S. 84f.
2.
Rosenknospe S. 84f.
3.
Rosenknospe S. 84f.

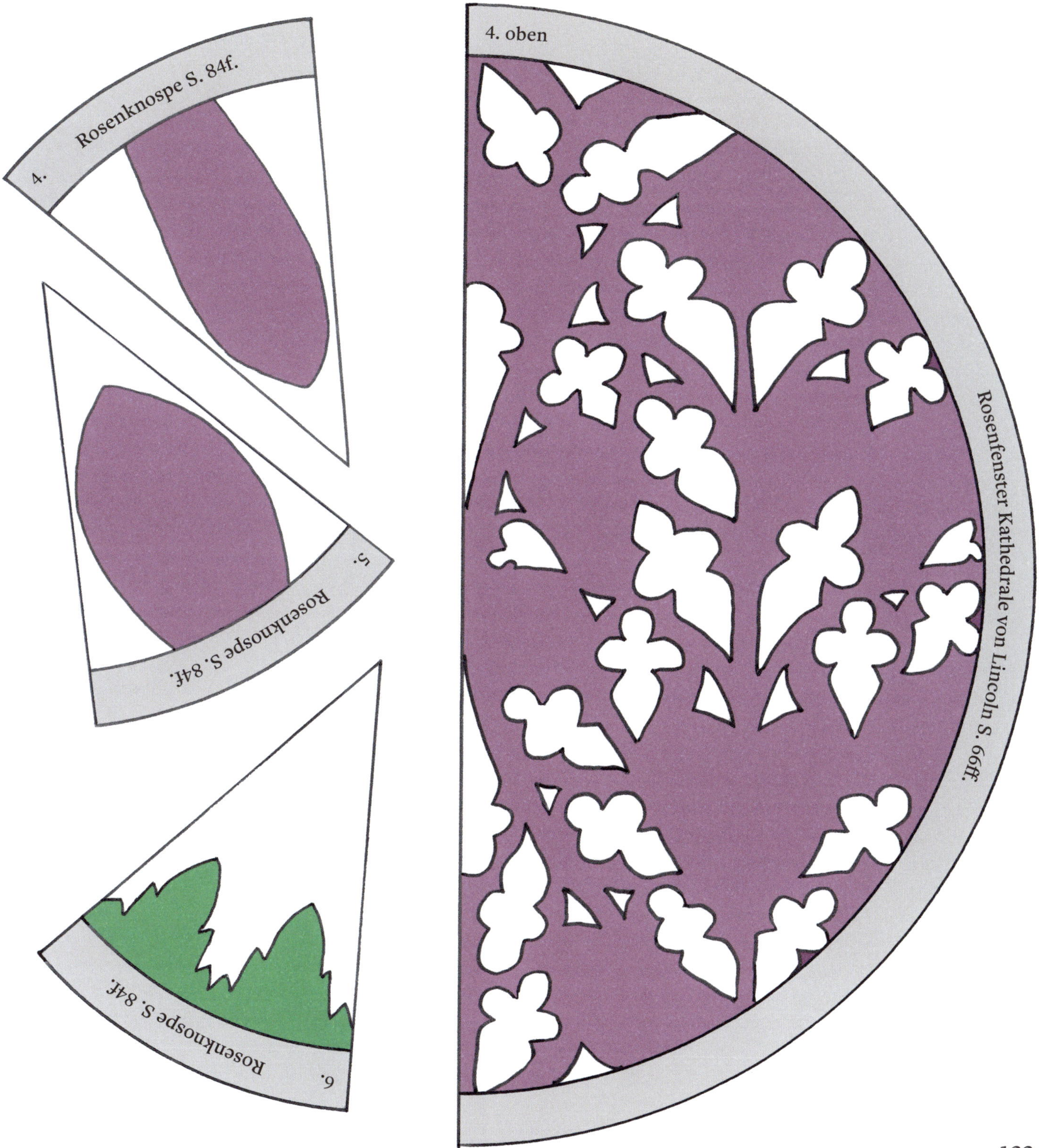
4. Rosenknospe S. 84f.
5. Rosenknospe S. 84f.
6. Rosenknospe S. 84f.
4. oben
Rosenfenster Kathedrale von Lincoln S. 66ff.

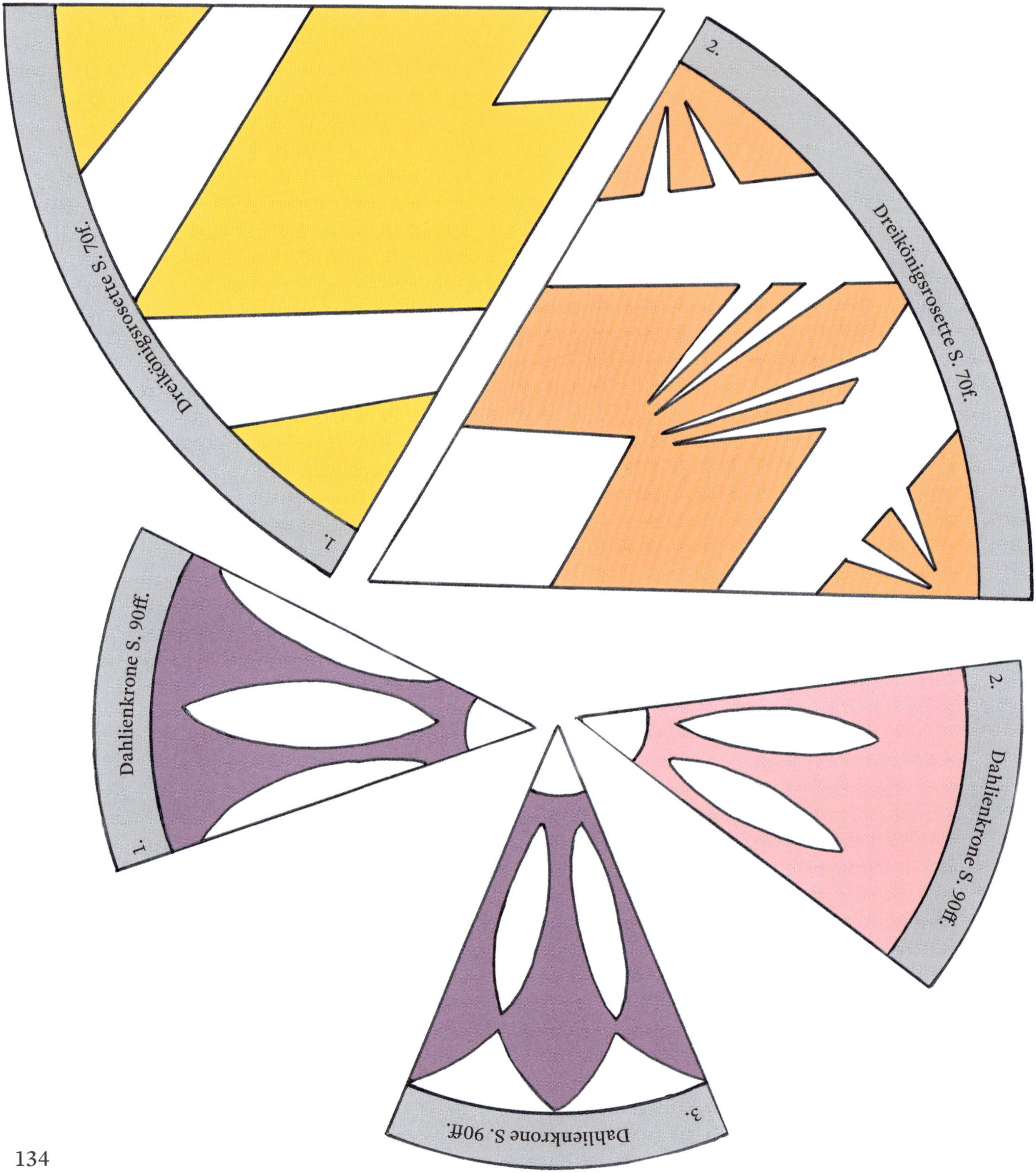
Dreikönigsrosette S. 70f.
1.
2.
Dreikönigsrosette S. 70f.
Dahlienkrone S. 90ff.
1.
2.
Dahlienkrone S. 90ff.
3.
Dahlienkrone S. 90ff.

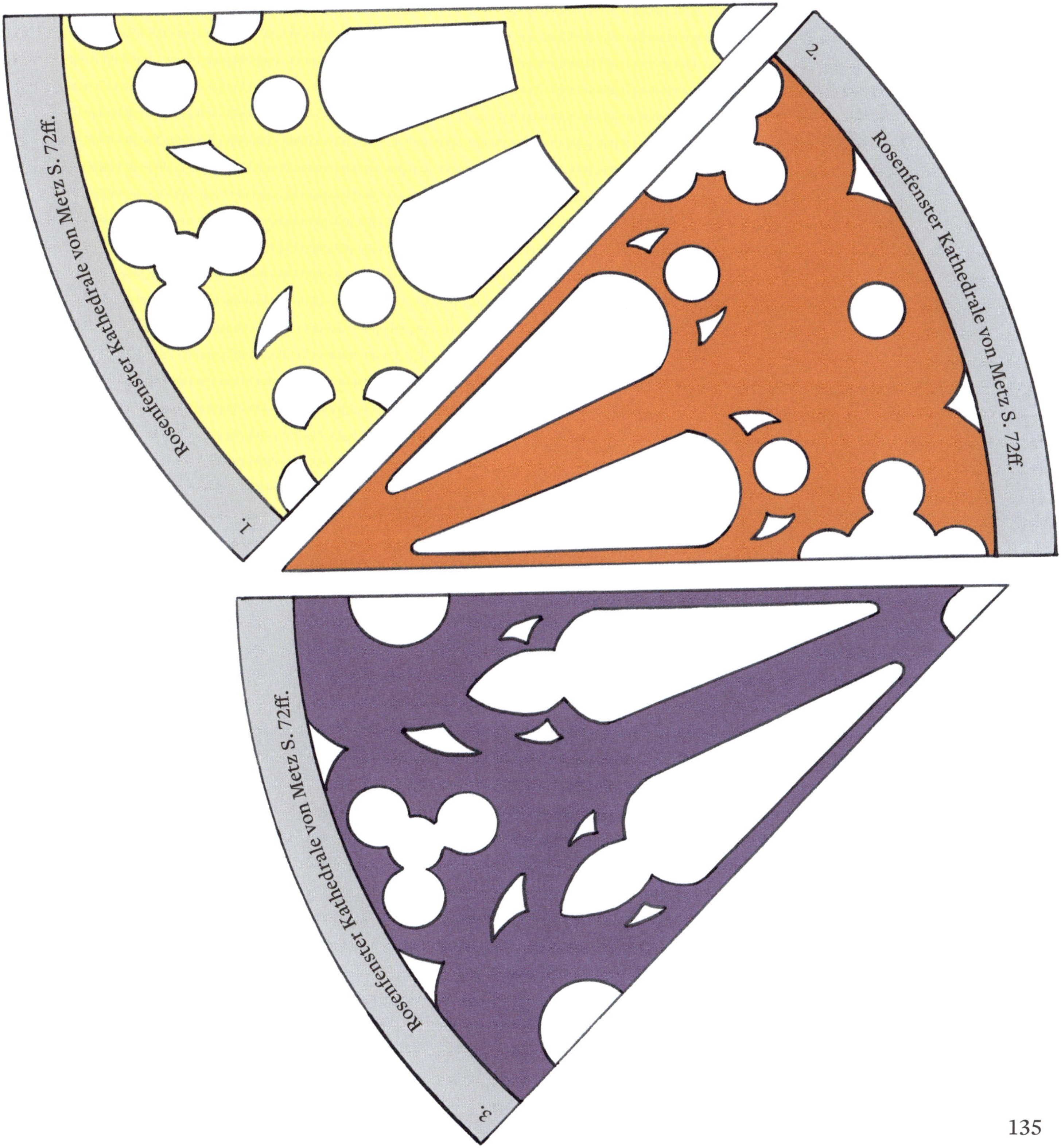
Rosenfenster Kathedrale von Metz S. 72ff.
1.
2.
Rosenfenster Kathedrale von Metz S. 72ff.
Rosenfenster Kathedrale von Metz S. 72ff.
3.

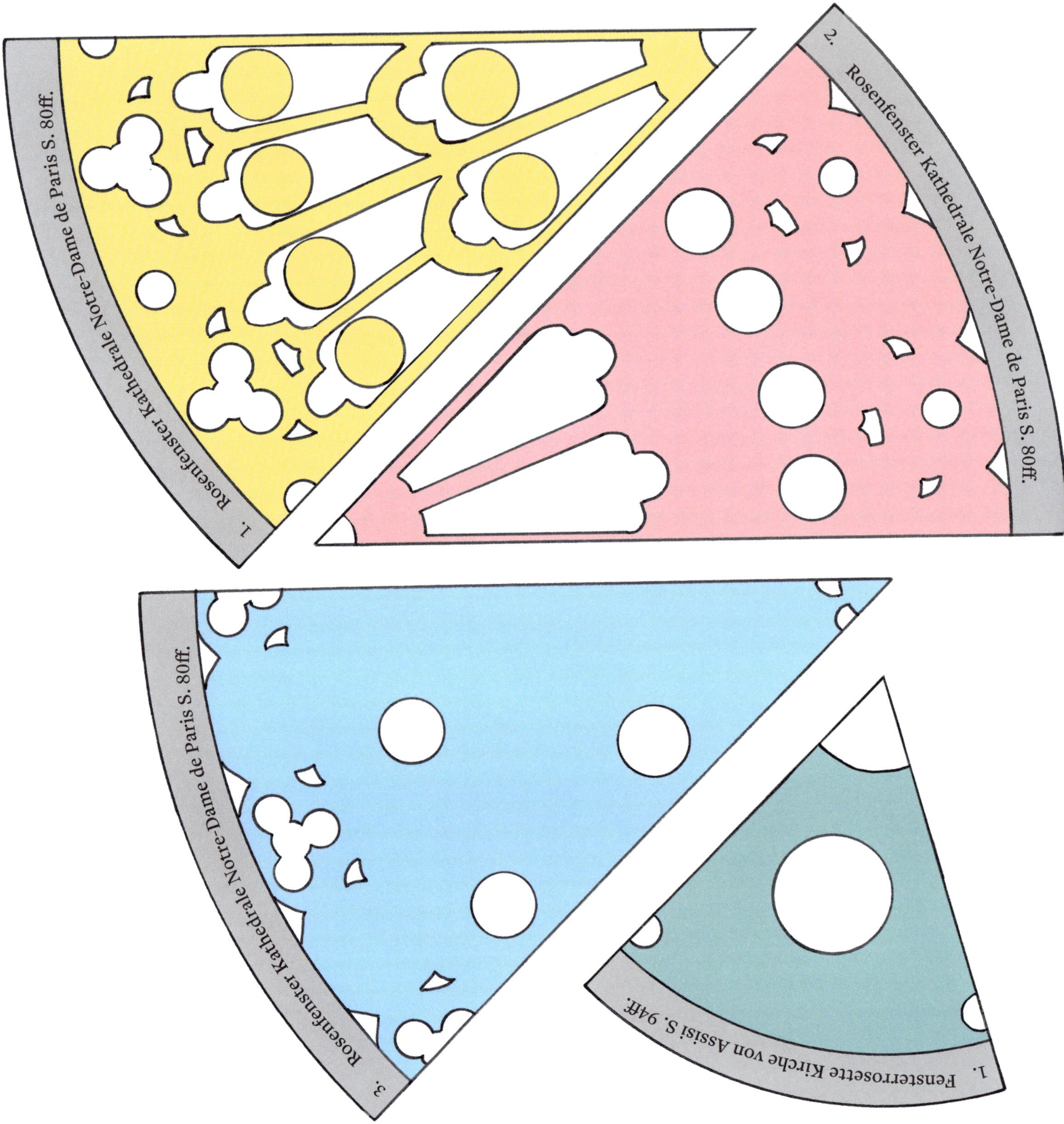
1. Rosenfenster Kathedrale Notre-Dame de Paris S. 80ff.
2. Rosenfenster Kathedrale Notre-Dame de Paris S. 80ff.
3. Rosenfenster Kathedrale Notre-Dame de Paris S. 80ff.
1. Fensterrosette Kirche von Assisi S. 94ff.

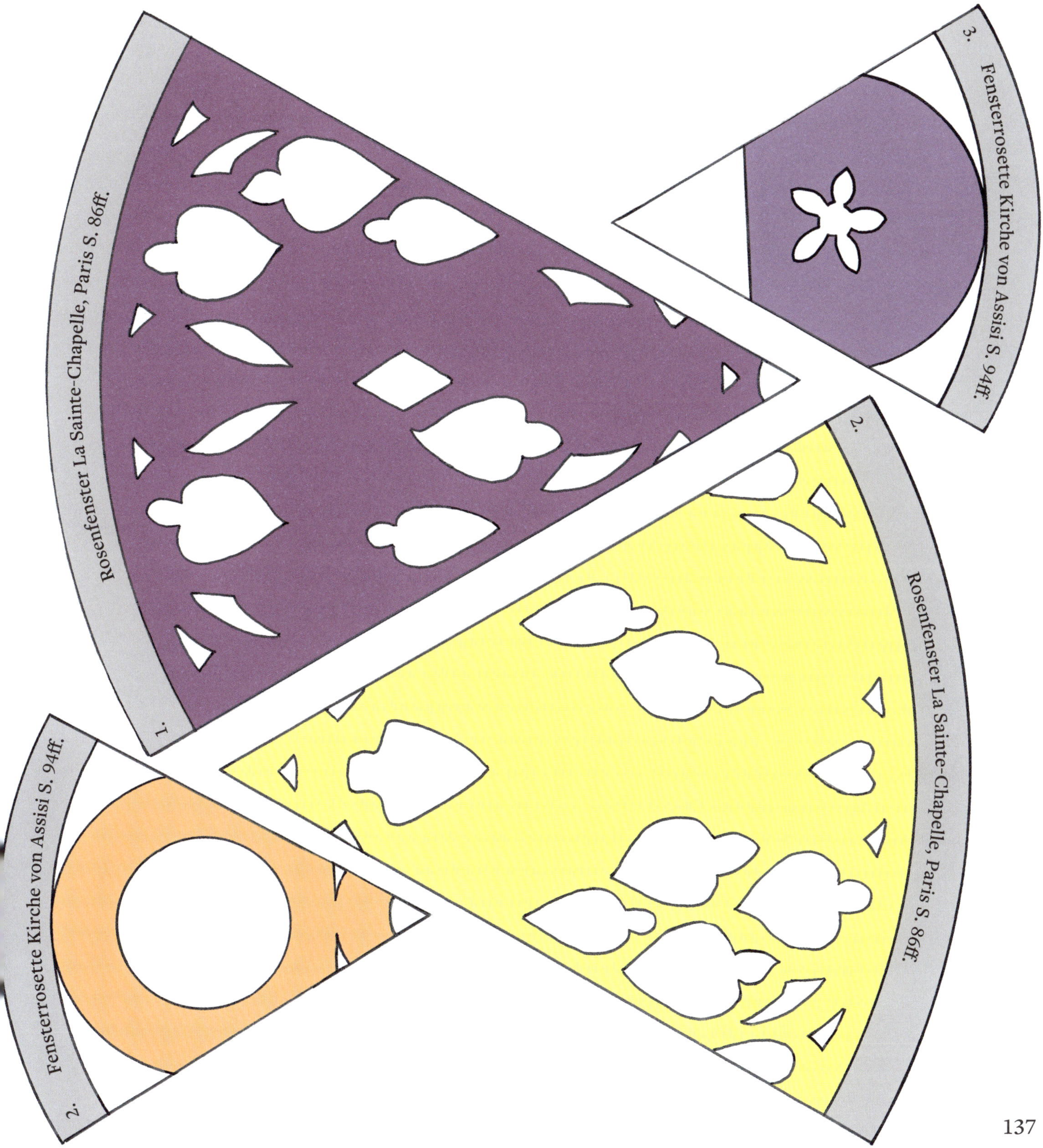

1.
Rosenfenster La Sainte-Chapelle, Paris S. 86ff.
3.
Fensterrosette Kirche von Assisi S. 94ff.
2.
Rosenfenster La Sainte-Chapelle, Paris S. 86ff.
2.
Fensterrosette Kirche von Assisi S. 94ff.

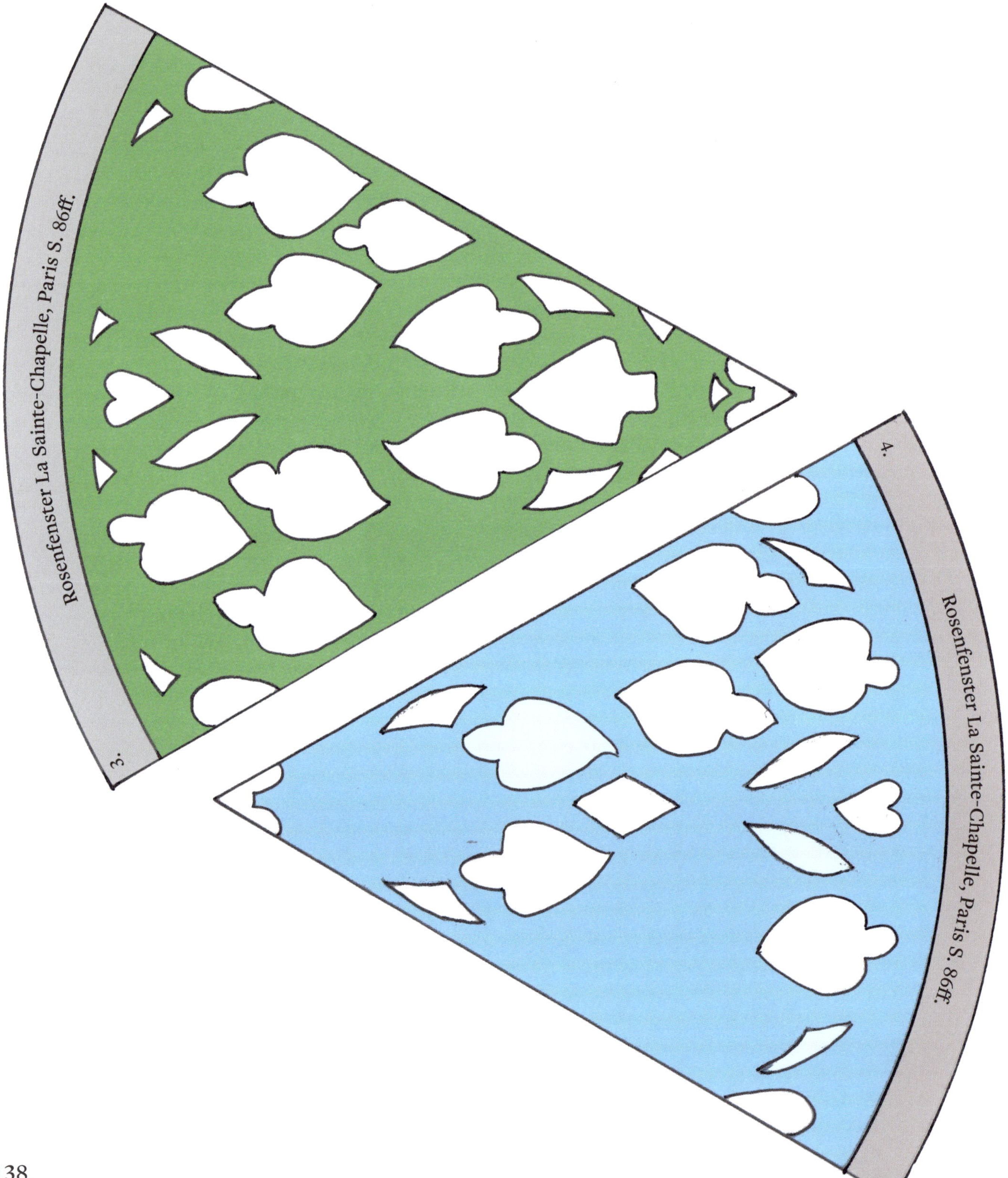
Rosenfenster La Sainte-Chapelle, Paris S. 86ff.
3.
4.
Rosenfenster La Sainte-Chapelle, Paris S. 86ff.

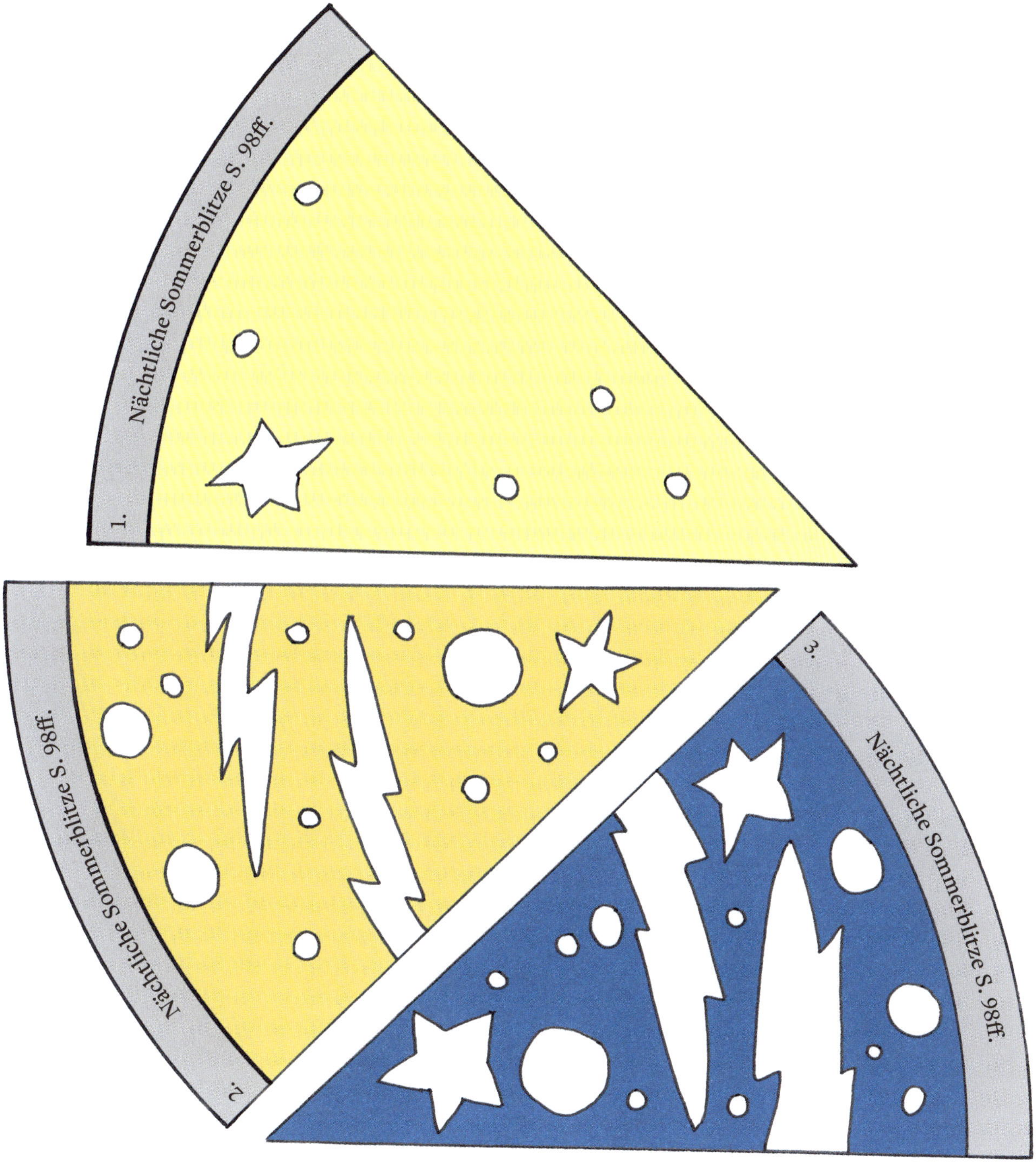
1.
Nächtliche Sommerblitze S. 98ff.
2.
Nächtliche Sommerblitze S. 98ff.
3.
Nächtliche Sommerblitze S. 98ff.

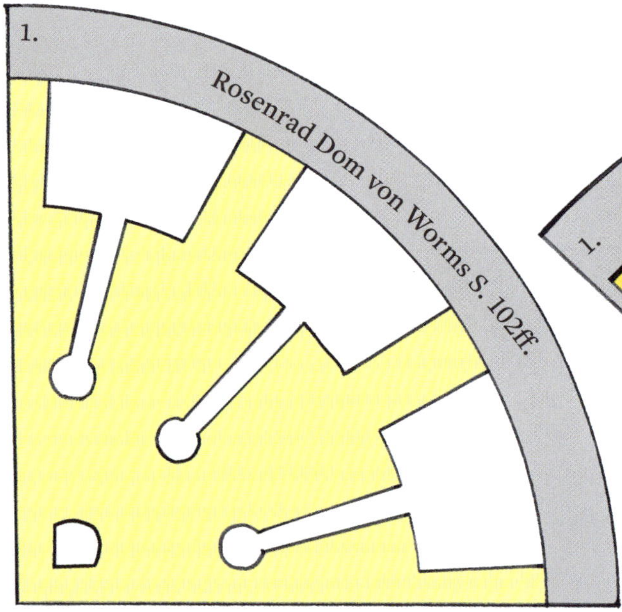
1.
Rosenrad Dom von Worms S. 102ff.

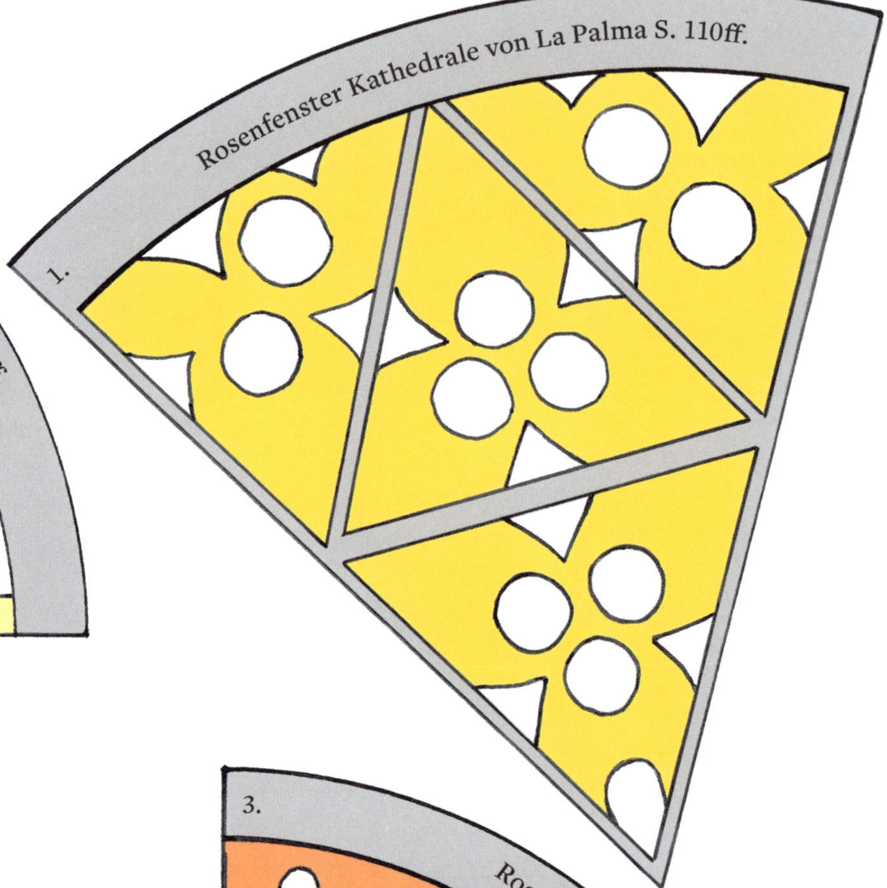
1.
Rosenfenster Kathedrale von La Palma S. 110ff.

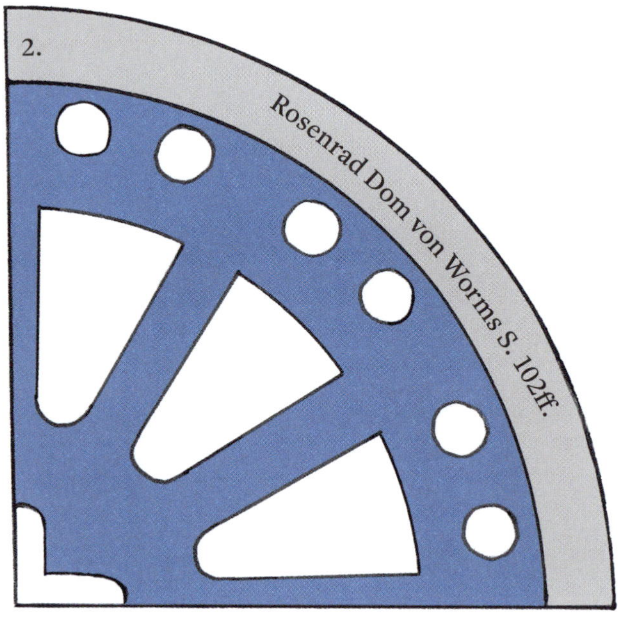
2.
Rosenrad Dom von Worms S. 102ff.

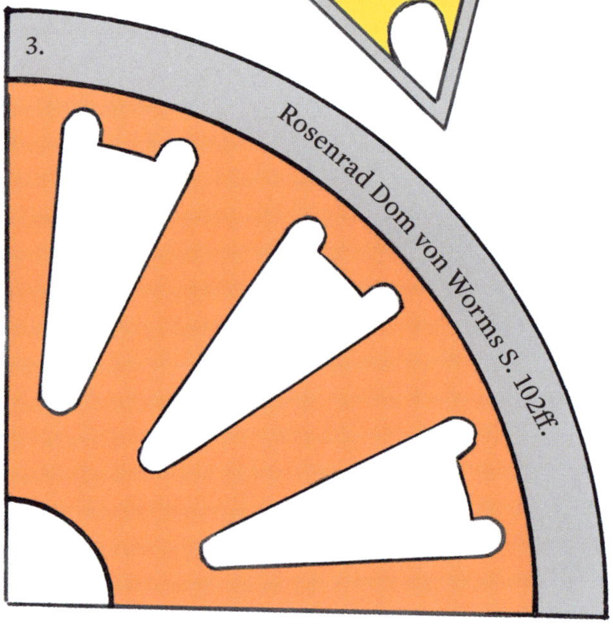
3.
Rosenrad Dom von Worms S. 102ff.

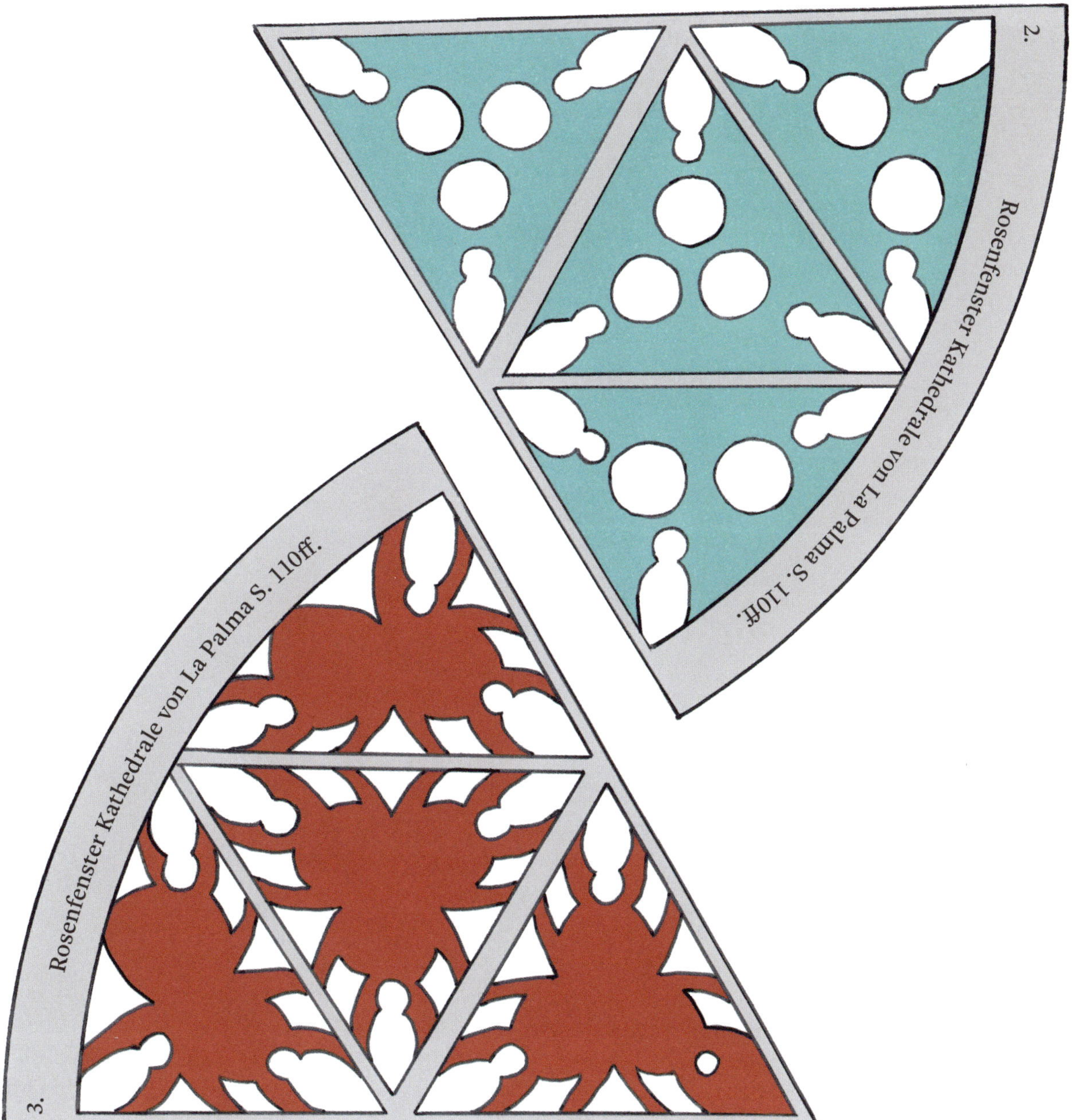
2.
Rosenfenster Kathedrale von La Palma S. 110ff.
3.
Rosenfenster Kathedrale von La Palma S. 110ff.

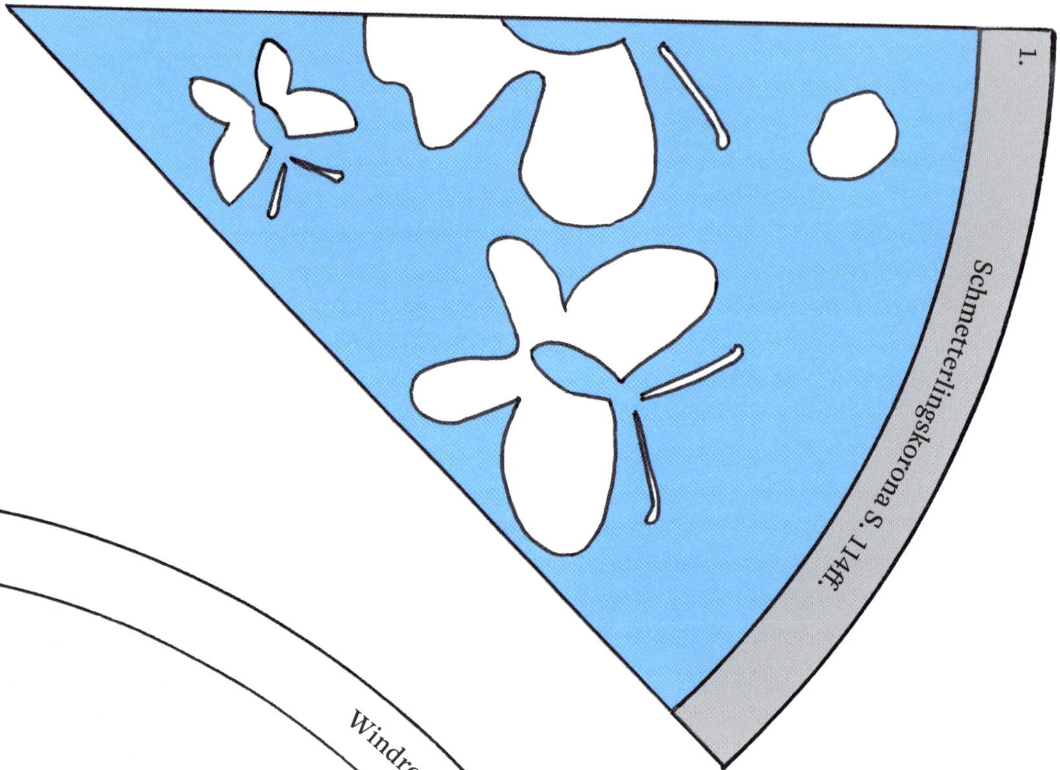
1.
Schmetterlingskorona S. 114ff.

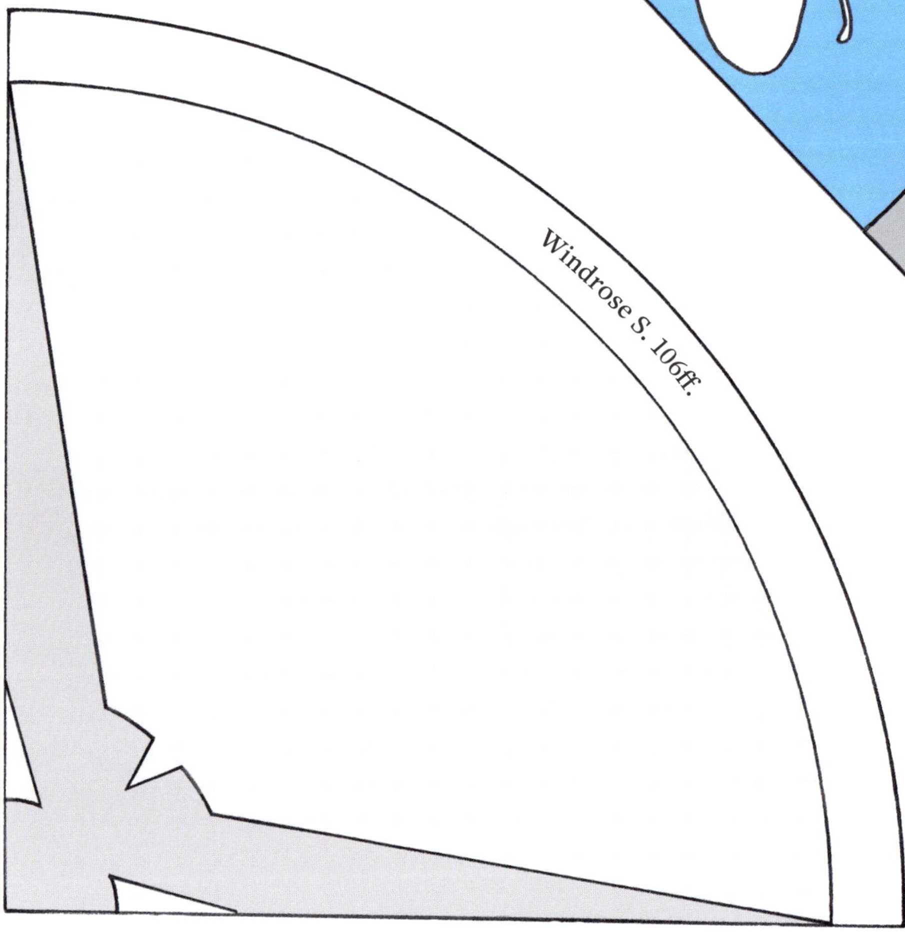
Windrose S. 106ff.

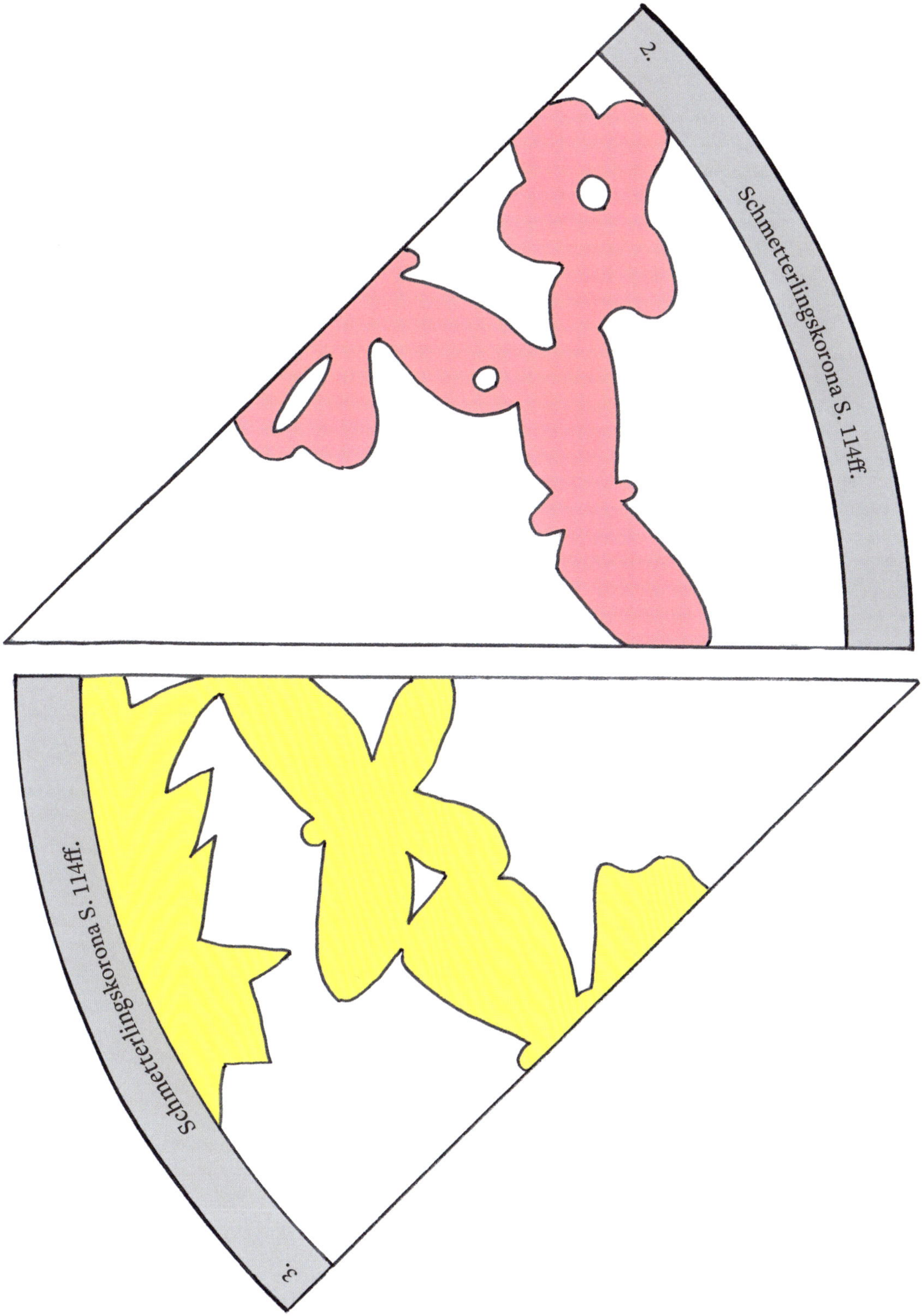
2.
Schmetterlingskorona S. 114ff.
3.
Schmetterlingskorona S. 114ff.